〈유라시아 국가 역사·문화 탐방〉 시리즈 2

벨라루스의 역사

허승철 편역

문예림

저자	**허 승 철**(고려대학교 교수)
	미국 브라운대학교 슬라브어학 박사(1988)
	미국 하버드대학교 러시아연구소 연구교수(1988-1990)
	건국대학교 러시아학과 교수(1992-1996)
	한국 우크라이나학회장(2003-2006)
	주 우크라이나 대사(2006-2008)
	고려대학교 교수(1996-)

[저서] ≪우크라이나어-한국어 사전≫(공저, 2007)
≪나의 사랑 우크라이나≫(2008)
≪Geopolitical Transformation in Eurasia≫(공저, 2009)
≪우크라이나의 이해≫(공저, 2009)
≪한국어-우크라이나어 사전≫(공저, 2011)
≪우크라이나 현대사≫(2011)
≪사고와 언어(비고츠키 저)≫(공역, 2013)
≪우크라이나의 역사≫(편역, 2015)

〈유라시아 국가 역사·문화 탐방〉 시리즈 2
벨라루스의 역사

초판 2쇄 발행   2023년 11월 10일
초판 2쇄 인쇄   2023년 11월 20일

편역자   허승철
발행인   서덕일

펴낸곳   도서출판 문예림
주소   경기도 파주시 회동길 366(서패동)
전화   (02)499-1281~2   팩스   (02)499-1283
홈페이지 www.moonyelim.com
이메일   info@moonyelim.com

출판등록 1962. 7. 12 제2-110호
ISBN   978-89-7482-857-8 (93910)

* 잘못된 책은 구입하신 서점에서 교환하여 드립니다.
* 본 책은 저작권법에 의해 보호를 받는 저작물이므로 무단 전제와 복제를 금합니다.

서 문

 국내에 백白러시아라고도 알려진 벨라루스는 유럽과 러시아 사이에 위치한 전형적인 접경지대(borderland) 국가이다. 한때 동부 유럽의 대국으로 부상했던 리투아니아 대공국의 후예라고 할 수 있는 벨라루스는 수백 년 간 러시아와 유럽의 변방으로서 주변 강대국의 부상과 몰락에 의해 그 운명이 결정되었다. 자연 방어선이 없는 평원지대인 지리적 조건으로 인해 나폴레옹 전쟁, 1차 대전, 2차 대전의 주 전쟁터가 되었고, 국토 내에서 전쟁이 없는 시기에도 자주 강대국 군대의 통과지나 숙영지가 되는 운명에 처했다. 벨라루스가 겪은 국난과 질곡의 역사는 강대국 사이에 낀 국가나 민족의 운명이 어떻게 전개되는지를 잘 보여준다. 대양세력과 대륙세력이 만나는 한반도에 위치한 우리나라의 역사와도 유사한 면이 많은 벨라루스의 역사에서 타산지석의 교훈도 얻을 수 있다고 생각한다.
 1991년 독립을 얻은 벨라루스의 민족국가 건설(nation-building) 과정도 순탄하지 않다. 벨라루스는 동슬라브 문화와 발트, 폴란드의 동유럽 문화에 교차적으로 영향을 받으며 오랜 기간 자발적, 비자발적 동화 과정을 겪었기 때문에 민족 정체성 규명과 확립에 어려움을 겪고 있다. 그러나 강대국의 지배, 통합과 수많은 고난을 인내와 끈기로 견뎌 낸 저력이 격정적이지 않으면서 깊이 있고 순화된 국민성을 만들어 냈다고도 볼 수 있다. 이러한 면은 필자의 개인적 교우와 현지 여행을 통해서도 느낀 벨라루스의 국민적 장점이다.

이 책을 편집하면서 2015년 노벨문학상 수상자로 벨라루스 소설가 스베틀라나 알렉시예비치가 선정되었다는 소식을 들었다. 그녀가 주로 다룬 주제는 2차 대전, 체르노빌 원전 사고 등 벨라루스 현대사의 가장 암울한 부분이다. 고난 속에 던져진 개인들의 회상과 서술을 바탕으로 벨라루스인들이 겪은 질곡의 현대사를 시적 언어로 기록한 것도 문학의 형식을 빌린 벨라루스 역사 쓰기 작업이라 할 수 있다.

이 책은 일반 독자들과 학생들을 위해 엮어졌고, 벨라루스 역사에 대한 몇 권의 저술을 발췌, 편역하는 방법을 취했다. 고대부터 소련 시대까지는 독자들이 쉽게 읽을 수 있도록 이야기체로 저술한 Lubov Bazan의 *A History of Belarus: A Non-Literary Essay That Explains the Ethnogenesis of the Belarusians*(London: Glagoslav Publications, 2014)을 발췌하여 번역하였다. 이 책은 저자가 러시아어로 저술한 원고를 전문 번역자가 영어로 번역하여 출간한 것이다. 국내에 벨라루스에 대한 책이 나온다는 소식에 기쁨을 표하며 자신의 책을 편역하도록 허락해 주신 바잔 박사에게 심심한 감사의 마음을 표한다. 편역을 하면서 천천히 전개되는 원전의 이야기체의 문체를 좀 더 간결한 역사적 서술체로 바꾸려고 노력하였다. 현대사 부분과 에필로그는 Andrew Savchenk의 *Belarus-A Perpetual Borderland*(Leiden: Koninklijke Brill NV, 2009)와 Andrew Wilson의 *Belarus: the Last Dictatorship in Europe*(New Haven: Yale University Press, 2011)의 일부분을 발췌하여 번역하였다. 부록으로 실린 벨라루스 역사 연표는 *Illiustrirovannaia Khronologiia Istorii Belarusi*(Minsk: Belaruskaia Entsiklopedia, 2000)을 주로 참고하였다.

2015년 9월에 출간된 〈우크라이나의 역사〉에 이어 〈유라시아 국가 역사·문화 시리즈〉의 두 번째 책을 편집, 출간해 주신 문예림의 서덕일 대표님께 감사의 말씀을 드리고, 이 책이 국내에 널리 알려지지 않고, 간행물도 많지 않은 벨라루스에 대한 이해를 넓히는데 도움이 되기를 바란다.

2015년 12월
편역자 허 승 철

목 차

- 서 문 ·· 3

*1*부 벨라루스의 지리와 국가 개황
1장 벨라루스의 자연 환경, 언어, 경제 ·· 10
- 자연환경
- 벨라루스의 인구와 언어
- 벨라루스의 경제

*2*부 벨라루스의 고대 역사
2장 벨라루스인의 초기 역사 ·· 13
3장 폴로츠크공국 ·· 20
- 폴로츠크공국
- 십자군에 대한 투쟁

4장 투로프공국 ·· 44
5장 고대 루스의 종교와 문화 ··· 52

*3*부 리투아니아 대공국
6장 리투아니아 대공국의 창설과 팽창 ·· 58
- 리투아니아 대공국의 창설
- 리투아니아 대공국의 팽창

7장 크레보 연합과 그룬발트 전투 ··· 69
8장 리투아니아 대공국의 사회와 계급구조 ··· 81
9장 모스크바공국과의 투쟁 ··· 88
10장 리투아니아 대공국의 종교와 종교개혁 ······································· 92
11장 벨라루스어, 문학과 출판 ··· 99

- 벨라루스어
- 문학과 출판

4부 리투아니아-폴란드 연합 시대
12장 루블린 연합 ································· 110
13장 종교적 대립과 브레스트 연합 ················ 114
- 종교적 대립
- 브레스트 연합과 연합교회의 탄생

14장 모스크바공국의 혼란 시기와 코자크 반란 ······ 125
- 모스크바공국의 혼란 시기
- 코자크와 농민들의 반폴란드 반란

15장 러시아와의 전쟁과 북방 전쟁 ················ 131
- 러시아와의 전쟁
- 북방 전쟁

16장 폴란드-리투아니아의 정치적 위기와 분할 ······ 141
- 폴란드-리투아니아의 정치적 위기
- 폴란드-리투아니아의 분할

17장 18세기 벨라루스의 사회와 경제 상황 ········· 152
18장 18세기 벨라루스의 문화와 교육 ·············· 159
- 귀족의 이데올로기 '사르마티즘'
- 교육과 과학
- 문학과 연극

5부 러시아 통치 시대
19장 러시아의 통치 정책 ·························· 172
20장 나폴레옹 전쟁과 반러시아 봉기 ··············· 177
- 나폴레옹 전쟁
- 비밀 결사와 반러시아 봉기

21장 농노제 철폐와 칼리노우스키 반란 ············ 193

• 농노제 철폐
　　　• 칼리노우스키 반란
　22장 19세기 후반의 사회사상과 민족자결의 문제 ················ 200
　　　• 19세기-20세기 벨라루스어의 발전
　23장 1차 세계대전과 벨라루스 ···································· 215
　24장 볼셰비키 혁명 ·· 220

6부 소련 시대의 벨라루스
　25장 1920년대-1930년대의 사회, 정치 상황 ·················· 228
　26장 2차 대전과 벨라루스 ·· 235
　27장 2차 대전부터 소련 붕괴까지의 벨라루스 ················ 239
　　　• 1945년-1985년 기간의 벨라루스
　　　• 페레스트로이카 시기의 벨라루스

7부 독립 벨라루스공화국
　28장 1991년-2000년 ·· 252
　29장 2000년 이후 벨라루스 ······································ 264

에필로그 ·· 270
　• 루카셴코가 정권에 대한 도전을 거의 받지 않으면서 장기 집권에
　　성공하는 이유
　• 벨라루스는 어디로 향하는가
　• 벨라루스에 왜 시민사회와 민주주의 정착이 이루어지지 않는가
　　- 발트 3국과의 비교

부록
　벨라루스 역사 연표 ·· 284

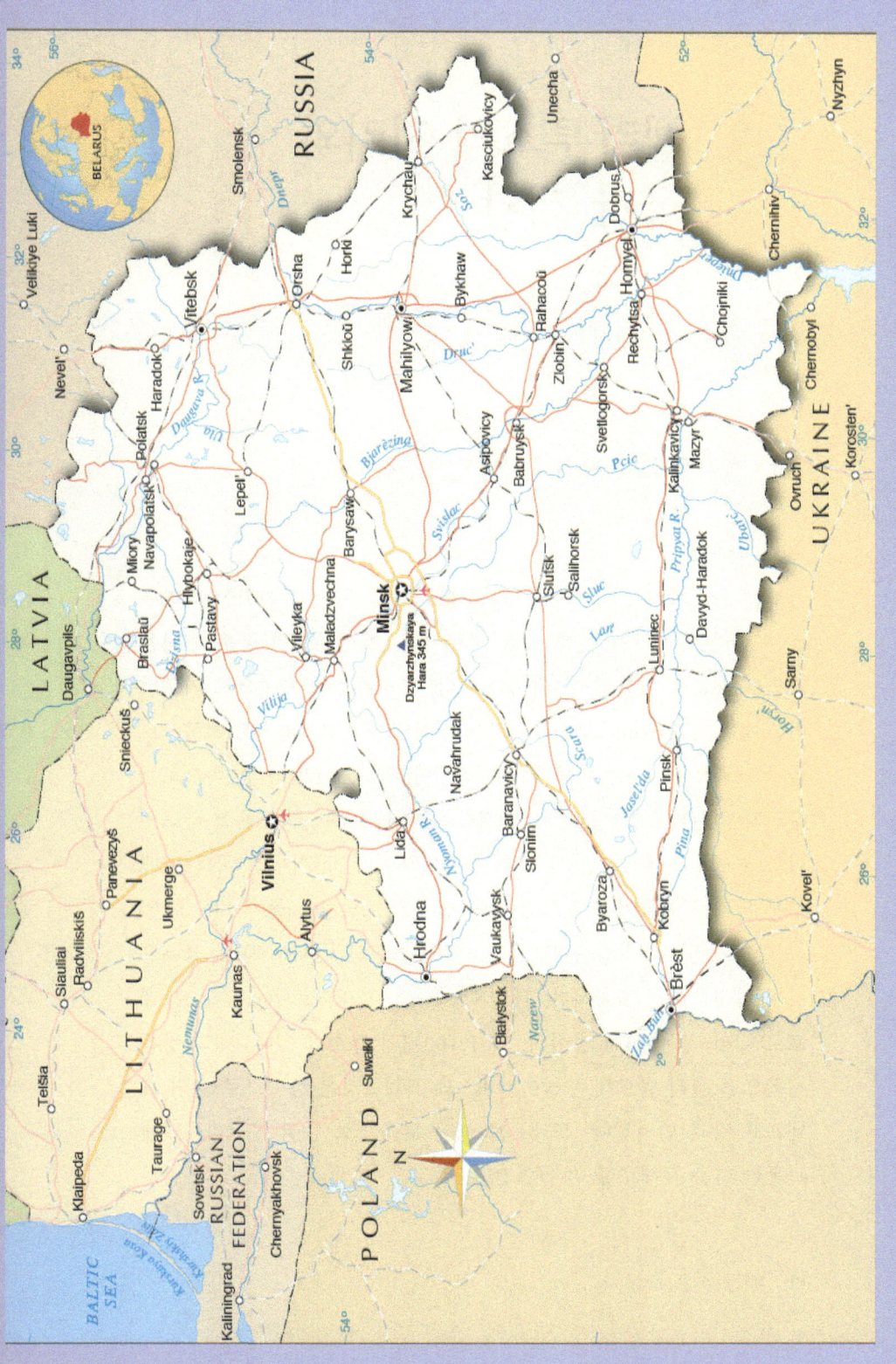

1부 벨라루스의 지리와 국가 개황

1장 벨라루스의 자연 환경, 언어, 경제

• **자연환경**

　북위 51도에서 57도, 동경 23도에서 33도 사이에 위치한 벨라루스는 바다를 접하지 못한 내륙 국가이다. 벨라루스의 국토 면적은 207,600km²로 남한의 두 배 정도이다. 벨라루스는 북쪽으로 라트비아(국경 길이 161km), 북서쪽으로 리투아니아(국경 640km), 서쪽으로 폴란드(국경 418km), 북동쪽으로 러시아(국경 1,312km), 남쪽으로는 우크라이나(국경 1,111km)와 국경을 접하고 있다. 벨라루스 국토의 남북 길이는 560km, 동서 길이는 650km이다. 벨라루스 국토는 대부분 평지로 이루어져 있으면 숲이 전체 국토의 40%를 차지하고 있고 습지가 많다. 가장 높은 산은 쟈르진스크산Dzyarzhynskaya Hara으로 해발 345m에 불과하다. 네만Neman 강, 프리퍄트Pripyat 강, 드네프로Dnieper 강이 3대 강이며, 약 1,100개의 호수가 있다. 네만 강은 서쪽으로 흘러 발트해로 들어가며, 프리퍄트 강은 동쪽으로 흘러 드네프로 강과 합쳐진다. 드네프로 강은 남쪽으로 흘러 우크라이나를 관통한 다음 흑해로 흘러 들어간다.

벨라루스는 대륙성 기후와 해양성 기후의 전이 지역(transitional zone)에 있으며, 1월 평균 기온은 영하 4-8도, 7-8월 평균 기온은 18도 정도이다. 1986년 우크라이나 체르노빌 원전 폭발사고로 인해 방출된 방사능의 70% 정도가 벨라루스에 떨어져서 토양 오염의 피해를 입었다. 벨라루스 농경지와 숲의 약 1/5이 방사능 피해를 입은 것으로 추산된다. 벨라루스는 이탄泥炭(peat)이 대량으로 매장되어 있으며, 석유와 가스가 소량 생산된다. 이외에도 화강암(granite), 백운석(dolomite), 점토(mark), 석회암 등이 매장되어 있다.

- 벨라루스의 인구와 언어

벨라루스의 인구는 9,589,689명(2015년 7월 추정치)이며, 인종 구성은 2009년 기준으로 벨라루스인 83.7%, 러시아인 8.3%, 폴란드인 3.1%, 우크라이나인 1.7%, 기타 2.4%, 인종 규정이 어려운 인구가 0.9%이다. 종교 분포는 신앙을 가진 사람의 약 80%는 정교회 신자이고, 나머지는 로마카톨릭, 개신교, 유대교, 이슬람 등을 신봉한다.

벨라루스의 공식 언어는 벨라루스어와 러시아어이다. 벨라루스어는 러시아어, 우크라이나어와 함께 슬라브어족의 동슬라브어군에 속한다. 세 언어는 일정 비율 상호 이해가 가능하다. 1999년 조사에 의하면 벨라루스 인구의 85.6%가 벨라루스어를 모국어로 여기고 있으나, 집에서 벨라루스어를 사용하는 비율은 36.7%에 불과했다. 2009년 조사에 의하면 벨라루스인의 72%가 집에서 러시아어를 사용하고 있고, 11.9%만이 벨라루스어를 가족과의 소통에 사용한다. 벨라루스인의 29.4%만이 벨라루스어를 읽고, 쓰고, 말할 줄 알고, 52.5%

는 읽고, 말할 줄만 안다. 인구의 약 1/10은 벨라루스어를 이해하지 못한다.

- 벨라루스의 경제

　벨라루스의 국내총생산은 1,723억달러(2014년, 구매력 기준)이다. 경제성장율은 1.7%(2012년), 1%(2013년), 1.6%(2014년)를 보였다. 1인당 GDP는 18,200달러(2014년, 구매력 기준)이다. 산업별 생산 비중은 농업 7.3%, 공업 37%, 서비스업 55.7%이다. 주요 공업 생산품으로는 절삭기, 공구, 트랙터, 트럭, 오토바이 등이다. 2014년 총수출액은 378억 달러이며, 주요 수출 품목은 기계 및 장비, 광물, 화학제품, 금속류, 직물, 식품 등이고 주요 수출 대상국은 러시아(45.3%), 우크라이나(11.3%), 네덜란드(9%), 독일(4.7%)이다. 총수입액은 404억 달러이며, 주요 수입 품목은 광물, 기계류, 화학제품, 식품, 금속류 등이다. 주요 수입 대상국은 러시아(53.2%), 독일(7.1%), 중국(6.6%), 우크라이나(4.8%) 등이다.

　벨라루스 경제는 소련에서 이어받은 산업 시설과 농업을 기반으로 하고 있어서 생산성이 낮고, 많은 설비 투자를 필요로 한다. 독립 초기 러시아에 석유, 가스 등 에너지 자원을 크게 의존하고, 러시아 시장에 특혜적 접근권을 가지고 있어서 경제가 그런대로 유지가 되었으나, 석유, 가스 가격 압박으로 2011년 벨라루스를 통과하여 유럽으로 가는 가스관의 소유권을 러시아에 넘길 수밖에 없었다. 최근에는 루카셴코 정권에 대한 서방의 제재로 외국 투자가 거의 이루어지지 않고 있고, 러시아 의존도가 심화되고 있다.

2부 벨라루스의 고대 역사

2장 벨라루스인의 초기 역사

벨라루스에는 약 4만년 전 구석기 시대부터 사람들이 정착해 생활한 유적이 존재한다. 25,000-30,000년 전 것으로 추정되는 구석기 시대 유적 중 대표적인 것으로는 프리퍄트Pripyat 강가 유로비치Yurovichi 마을 근교의 유적과 베르디즈Berdyzh 마을 근교 유적을 들 수 있다. 이 거주지에는 50-60명의 사람이 집단생활을 한 것으로 보여진다. 동유럽지역에 기원전 9,000-5,000년 기간 동안 지속된 중석기(Metholithic) 시대에는 사람들이 벨라루스 넓은 지역에 흩어져 살았다. 특히 물고기와 물새가 풍부한 네만Neman 강, 서西드비나Western Dvina 강, 드네프로Dniepro 강 유역에 정착지가 많았다. 기원전 9,000-8,000년 북쪽 지역에 빙하기가 물러나고 온도가 크게 상승하자 벨라루스는 사람이 살기에 알맞은 지역이 되었다. 광대한 숲과 다양한 동식물 덕분에 수렵, 채취 생활에도 적합했다. 이 시기에 벨라루스로 이주하여 정착한 사람들의 이동 경로는 대개 세 방향이었다. 먼저 러시아 평원지역에서 북동쪽지역으로 이동하거나, 발칸, 흑해 지역에서 드네프로 강 하류를 따라 올라오거나 서유럽 지역에서 폴란드를 거쳐 들어오는 길이 있었다. 이 지역들에서 오는 사람들은 다양한 인종그룹에 속했기 때문에 인종적으로 단일화된 지역이 아니었다. 드네프로 강, 네만 강, 프리퍄트 강, 서드비나 강 유역에서 고고학자들은 약 100곳의 중석기 시대 유적지를 발굴했다. 각 유적지는 20-30명의 사람이 거주했던 것으로 추정된다.

　기원전 5천년 경에 시작된 신석기 시대는 약 2천년 정도 지속되었다. 정착지는 주로 프리퍄트 강 저지와 드네프로 강을 따라 형성되었지만, 빙하기가 물러나면서 생긴 호수 주변에도 정착지가 발견된다. 후기 신석기 시대의 가장 흥미로운 유적지는 비텝스크 지방의 샨노 Syanno와 베샨코비치Beshankovich에서 발견된 정착지이다. 여기에서는 단지 도구와 생활용품만 발굴된 것이 아니라 새와 동물 모양의 조각, 심지어는 사람 형상의 작은 목조각 등 작은 조각품들이 발견되었다. 고고학자들은 흙으로 쌓아올린 방어벽을 가지고 있는 요새화된 정착지도 발굴하였는데, 이로 미루어보면 이 당시 부족 간의 충돌이 있었던 것으로 보인다.

　학자들은 구석기, 중석기, 신석기 시대 벨라루스 주민들의 정확한 인종적 기원을 밝혀내지 못했다. 그러나 고고학적 자료와 역사언어학 연구, 특히 강, 호수 등의 명칭에 대한 조사에 따르면 신석기 시대의 공동체들의 인종적 연관성을 추론할 수 있다. 기원전 약 2천 년경인 청동기 시대에는 서드비나 강과 드네프로 강을 따라서는 핀-우그르 부족들(Finno-Ugric tribes)이 거주했고, 프리퍄트 강 유역에는 인도유럽어족 부족들이 거주한 것으로 추측된다. 청동기 시대 초기에 유럽에서는 큰 인구 변화가 일어났다. 인도유럽어족에 속하는 유목 부족들이 서쪽으로는 라인 강, 동쪽으로는 볼가 강, 남쪽으로는 흑해, 북쪽으로는 스칸디나비아 섬들 사이의 지역을 빠르게 점거하기 시작했다. 이런 과정에서 인도유럽어족 중 별개의 민족으로서 슬라브족이 형성되기 시작했다. 벨라루스에 새로 들어온 이주민들은 새로운 청동 도구를 가져왔고, 쟁기를 이용한 농업과 가금류 사육도 시작하였다. 이러한 생활방식은 공동체나 가족이 부를 축적할 수 있게 하였고, 절도나 강탈 같은 범죄도 생겨나기 시작했다. 부의 축적 수단으로 다른 부족이나 공동체를 공격하고 약탈하는 일도 잦아져서, 깊은 수로와 방어벽을 갖춘 정착지들이 생겨나기 시작했다. 벨라루스 지역에는 이런 정착지가 약 1,000개 있었고, 각 정착지에는 50-75명의 주민이 거주한 것으로 보인다. 이러한 상황은 기원 후 3-7세기 로마제국의 붕괴로 일어난 '대이주(Great Migration)' 시기까지 지속되었다. 슬라브족의 이주와 이동은 다른 부족들의 이동에 의해서 촉발된 경우가 많았다. 오데르 강과 드네프로 강 사이에 거주하였던 슬라브족은 '대이주' 기간 후에 각 개별 민족의 거주지가 되는 지역으로 이동했다. 6-7세기 경 슬라브족은 발칸 지역을 관통하여 현재의 불가리아와 그리스 일부 지역에 거주했고, 일부 부족은 스페인, 시실리, 북아프리카까지 진출했다. 남슬라브족은 토착부족인 트라키아족Thracians을 동화시키면서 정착하였고, 현재의 불가리아인, 세르비아인, 크로아티아인, 마케도니아인이 남슬라브족을 구성한다. 6-7세기 슬라브족의 다른 일파는 동쪽으로 이동하여 드네프로 강과 프리퍄트 강 저지대에 정착하며 핀-우크르계 부족을 몰아내거나 동화시켰다. 이들이 새로운 슬라브족 일파를 구성하여 동슬라브족이 되었다. 이들은 8-9세기까지 이 지역에 거주하다가, 돈 강, 오카 강, 볼가 강 상류까지 이동했다. 이들은 현재의 벨라루스인, 러시아인,

우크라이나인의 조상이 되었다. 서슬라브족(폴란드인, 체코인, 슬로바키아인 등)은 원 정착지에 계속 거주했으며, 이주나 다른 민족과의 혼합이 없었다.

슬라브인들은 6-7세기에 발트계 부족들이 거주하고 있던 벨라루스에 들어왔다. 슬라브인들은 이 지역에 풍부한 강과 수로를 따라 이동했으며 요새화된 정착지를 건설하였다. 무장한 그룹이 먼저 들어오고, 그 뒤를 따라 농민들이 들어왔다. 슬라브인들은 개별적 마을에 많은 주민이 모여 거주했고 진흙으로 만든 주거지에 살았다. 슬라브인들은 발트계 부족들에 비해 문명이 앞섰던 것으로 보인다. 또한 사회, 군사 조직도 우위에 있었고, 발트계 주민들보다 앞서 영농 생활을 하며 경제면에서도 우위를 차지했다. 슬라브인들은 서드비나 강을 따라 땅을 정복하며 발트계 주민들을 복속하고 동화시켰다. 발트계 주민들은 북서쪽으로 물러나서 리투아니아인, 요트빈기아인Yotvingians, 프루시아인, 레트인Lettish의 선조가 되었다. 그러나 많은 발트계 주민들은 현재의 벨라루스가 된 원거주지에 계속 살며 12-13세기까지 수 세기에 걸쳐 슬라브족에 동화되었다. 이런 결과 네만 강과 서드비나 강 유역은 발트-슬라브족의 혼합지역이 되었고, 슬라브 방언을 사용하는 새 인종그룹이 형성되었는데, 이들이 벨라루스인의 직접 조상이 되었다. 크리비치족Krivichs, 드레고비치족Dregovichs이라고 불리는 이 슬라브계 부족들은 중세의 역사 기록에 자주 언급된다. 이 부족들에 대해서는 9세기 바바리아의 지리학자 기록, 10세기 역사가 포르피로게니투스Constantine Porphyrogenitus, 루스의 첫 연대기인 '지나간 시절의 이야기(The Tales of Bygone Years)'가 언급하고 있다. 고고학적 자료나 역사 자료를 보면 8세기에 드레고비치족이나 크리비치족은 원시적 부족제를 벗어나 계급 사회로 변하고 있었다. 노동의 분화와 선출된 공후가 담당하는 정치적 통치 형태가 형성되었다. 이렇게 해서 발트계 부족은 벨라루스 민족 형성에 기저층(substratum) 부족이 되었다. 발트계 주민들이 슬라브화되고, 슬라브인들과 혼합되면서 슬라브인들은 드레고비치족과 크리비치족으로 분화되었고, 이들의 역사적, 문화적 발전 과정에서 벨라루스어와 벨라루스 민족이 형성되게 되었다. 벨라루스인들의 인종적 기원에 대한 이러한 설명은 1960년대에 나왔고, 많은 고고학 자료와 언어 연구로 뒷받침되었다. 이러한 학설을 '발트 이론(Baltic Theory)'이라고 부른다. 그러나 소련 시기 이 학설은 철저히 탄압되었다. 벨라루스가 러시아 제국의 일부가 되었을 때와 그 이후 소련 시대에는 다른 학설이 주도권을 잡았는데, 이 이론은 '벨라루스 이론(Belarusian Theory)'이라고 불린다. 이 이론의 내용은 다음과 같다.

 동슬라브족은 6-7세기에 오늘날의 벨라루스, 우크라이나, 서부 러시아의 주류 민족이 되었다. 슬라브인들이 이 지역에 나타나면서 이전의 원시적 사회는 붕괴되고 부락이 형성되며 봉건적 질서가 나타났다. 슬라브인들 사이에서 일어난 경제, 사회적 발전은 토착 부족들의 발전과정보다 훨씬 빨랐고 집중적이어서 슬라브인들은 단기간에 토착 부족들을 동화시켰다. 9세기 말-10세기 초에는 동슬라브 부족 간에 존재하던 인종·문화적 차이를 제거하는 발전과정이 가속화되었다. 경제적으로는 봉건적 질서와 교역의 발달, 정치적으로는 유목민의 침입을 방어하기 위한 중앙집권적 체제, 문화적으로는 10세기 말의 기독교 수용으로 통합과정이 가속화되었다. 이 결과 크리비치족, 드레고비치족, 폴란족Polans, 라디미치족Radimichs, 드레블랴족Drevlyans과 기타 부족이 혼합되어 드네프로 강 중류지역에 통합된 루스족이 형성되었는데, 키예프가 동슬라브족의 중심지가 되었다. 북쪽 지방과 번영한 비잔틴제국을 연결하는 드네프로 강변에 위치한 키예프는 중요한 교역중심지로 부상했다. 새로운 루스족은 키예프를 중심으로 연합하기 시작했고, 10세기 말 키예프를 둘러싼 지역이 통합되어 공동의 이름을 갖게 되었는데, 그것이 바로 '루스Rus'이다. 이 이론에 따르면 키예프를 중심으로 둔 고대 루스(Ancient Rus)는 동슬라브족을 단일 공통체로 통합하고 북쪽의 막강한 바랴그족Varangians이나 남쪽의 카자르족Khazars, 쿠만족Cumans으로부터 국경을 방어했다. 이 국가는 공통의 슬라브어와 공통의 문화적 관습을 가지고 있었다. 12세기 첫 루스 국가가 붕괴하면서 통합되었던 루스민족은 분열되고 분산되었다. 이러한 배경을 바탕으로 시간이 가면서 러시아인, 벨라루스인, 우크라이나인이란 서로 연관된 세 민족이 나타나게 되었다.

　소련의 역사가들은 이러한 학설의 일파인 '대러시아인(Great Russians) 이론'을 공식적으로 채택했다. 이 이론은 19세기부터 많은 반론에 직면했다. '통합된 고대 러시아민족(united ancient Russian people)'이란 용어는 1950년대에 나왔고, 스탈린의 '마르크시즘과 언어의 문제(Marxism and Problems of Linguistics)'가 출간되면서 광범위하게 인정되었다. 이 이론이 정치적 동기에서 나온 것은 의심할 여지가 없으며 '장자長子 러시아인(elder Russian brother)'에서 벨라루스인과 우크라이나인 후손들이 나왔다고 주장한다. 이 민족들의 역사는 짧기 때문에 이들의 역사적 선택은 러시아인들에 의해 인도되어야 한다고 주장했다. '대러시아인' 이론을 반박하는 학자들은 고대 루스가 러시아인들로 구성된 국가가 아니라고 주장한다. 그러한 민족은 10-12세기까지 존재하지 않았고 각각 고유한 인종적, 문화적 특징을 지닌 다양한 동슬라족들이 존재했었다. 이러한 특징은 이 부족들이 동화시킨 토착 부족들에 따라 형성되고 발전되었다. 따라서 러시아 인종 그룹도 핀-우그르 기저층의 영향을 받으며 형성되었고, 우크라이나인들은 터키인들의 영향을, 벨라루스인은 발트인들의 영향을 받으며 문화가 형성되었다. 키예프 루스는 이 민족들을 일정 기간만 통합을 했고, 13세기 키예프 루스가 붕괴되자 다시 원래의 인종적, 문화적 경계선을 따라 여러 국가로 분열된 것은 우연이 아니다. 이러한 특성들이 미래의 세 민족 즉, 러시아인, 벨라루스인, 우크라이나인의 인종적 기원이 되었다.

벨라루스의 기원에 대해 '대폴란드(Great Polish) 이론'이라는 것도 있다. 이 이론은 별개의 벨라루스인의 존재를 부정하고, 벨라루스인들은 러시아어의 영향을 받은 폴란드어의 한 방언을 사용하는 폴란드인의 일부라고 주장한다. 이 이론은 18세기 폴란드-리투아니아 연합 시절에 만들어졌고, 벨라루스에 대한 폴란드의 지배권을 정당화하기 위해 만든 이론임이 분명하다. 아무런 과학적 증거도 이 이론을 뒷받침하지 못한다. 현대의 언어학 연구 결과는 벨라루스어는 어휘, 구문, 음성학, 형태론에서 별개의 동슬라브어임을 분명히 보여주고 있다. 동슬라브족이 6-9세기 벨라루스 지역에 정착한 것은 원시적 사회 체제의 붕괴와 시기가 일치한다. 농촌 공동체적인 경제생활에 개별적 농장의 특징적인 요소들이 점점 더 나타났다. 이 시기에 사회정치적 체제도 변화하여 슬라브인들은 계층적 사회로 진입하기 시작했다. 계층 분화는 초기 봉건 슬라브 국가의 탄생에 이바지했다. 중부

유럽의 불가리아제국(Bulgarian Empire), 대모라비아제국(Great Moravian Empire), 세르비아제국(Serbian Empire)이 이런 국가들이며, 벨라루스 땅에 나타난 것은 폴로츠크공국(Principality of Polotsk)이었다.

3장 폴로츠크공국

동슬라브 지역에서는 9세기 초부터 중세적 공국들이 나타나기 시작했다. 이 공국들은 이전에 있던 부족 사회를 바탕으로 형성되었다. 슬라브족들은 유목민인 페체네그족Pechenegs, 쿠만족, 카자르족의 침입으로부터 자신들을 방어해야 했다. 유목민들의 잦은 침입으로 인해 슬라브족들은 군사력을 키우고, 스스로를 방어할 수 있는 요새도시를 건설해야 했는데, 이런 최초의 도시들이 노브고로드Novgorod, 키예프Kiev, 폴로츠크Polotsk였다. 9세기에 노브고로드가 주도하던 북부의 공국들이 남부의 공국들과 합쳐지면서 키예프에 중심을 둔 단일 국가가 형성되었는데 이것이 '고대 루스(Ancient Rus)' 또는 '키예프 루스(Kiev Rus)'라고 불리는 동슬라브국가였다. 키예프에 있는 대공大公(Grand Prince)이 지배하는 군사적 군주국가인 키예프 루스는 두마Duma(러시아어 dumat' '생각하다'에서 파생)라는 국정협의체를 두었는데, 이것은 공후들의 친척과 보야르Boyar라고 불리는 군사지도자들로 구성되었다. 대공은 주요 행정기구와 업무를 관리했는데, 여기에는 '다니dani(동사 davat' '주다'에서 파생)'라고 불리는 세금 또는 공납을 관장하는 기구, 재판업무, 대공의 군대에 병사를 조달하는 업무 등이 포함되어 있었다. 대공이 통치하는 지역은 대공이 임명한 '포사드닉posadnik('posadit' '앉다', '심다'에서 파생)'이라는 지방관과 '뜨이샤츠닉tysyachnik(tyshacha, '천千'에서 파생)'라고 불리는 그의 병사들에 의해 관리되었다. 원주민인 드레고비치족, 크리비치족, 라디미치족(벨라루스인)은 슬라브국가에 통합되었다.

후에 '루신(Rusyn)'과 '러시안(Russian)', 또한 국가이름 '로시야(Rosiya, Rossiya)'의 기원이 된 '루스(Rus)'라는 단어의 기원에 대해서는 여러 설이 있다. 마그데부르그연대기(Annals of Magdeburg) 같은 서유럽의 10-12세기 역사 자료를 보면 '루신'이란 단어는 고대 루스의 북부, 북서부 종족들을 가리킨다. 루스의 영토와 인구가 커지고, 북유럽과 동유럽 지역에서의 활동이 활발해지면서 이 이름은 동슬라브지역 전체로 확대되어 사용되었다. 결과적으로 이웃한 유럽 국가들에서 '루신'이란 단어는 동부지역에 사는 모든 이민족을 뜻하게 되었고, 루스 내에서는 같은 어원에서 파생된 '루시(Rusy)', '루스키야(Ruskiya)', '루스키예(Ruskie)', '루시치(Rusichi)' 같은 단어도 널리 사용되게 되었다. 최초의 루스 국가와 루스라는 이름의 기원에 대한 가장 보편적 이론은 소위 '노르만이론(Norman Theory)'이다. 이 이론을 옹호하는 학자들은 고대 루스의 부상은 노르만인들에 의해 이루어졌고, '루스'라는 이름도 원래는 뱌라그족의 한 부족의 이름이었는데, 이들이 통치하게 된 슬라브 땅에 이 명칭을 주었다고 주장한다. 이 이론의 근거를 제공해 주는 것은 12세기에 쓰인 루스의 연대기인 '지나간 시절의 이야기(The Tale of Bygone Years)'이다. 862년경부터 전해진 이야기를 기록한 것에 따르면 "... 이 지역에 전쟁이 있었다. 주민들은 서로 싸웠다. 그들은 자신들을 법으로 지배할 공公을 찾기로 했다. 그래서 뱌랴그(루스)들이 사는 땅으로 가서 다음과 같이 말했다 – 우리의 땅은 광활하고 비옥하지만 아직 통치자가 없습니다. 우리에게 와서 공公으로 우리를 통치해 주십시오" 이후 연대기를 보면 류릭Riurik이라는 왕자가 형제들을 데리고 슬라브 땅으로 와서 드네프르 강 중류의 많은 슬라브 부족들을 통치하면서 통합했다고 기록되어 있다. '루스'라고 불리던 '뱌라그족'이 슬라브인들을 계속 통합하면서 '루스'라는 민족명(ethnonym)이 고대 루스 국가의 모든 주민들을 지칭하는 명칭으로 쓰이게 되었다. 그리고 류릭 왕조는 루스 공들의 최초의 왕조가 되었다.

 '루스'의 기원에 대한 두 번째로 영향력 있는 가설은 지리적 설명이다. 고대 슬라브인들은 언제나 강 주변에 모여 살았다. 이들의 고대 신앙은 강을 숭배했고, 강을 뜻하는 원元슬라브어(Proto-Slavic)는 '루사(rusa)'였다. 슬라브 지역에는 '루스(rus)'라는 어원에서 나온 많은 지리명이 있다. 아주 오래전부터 슬라브인들의 정착지였던 네만 강은 고대 시대에 '로스(ros)'라고 불렸다. 동슬라브 국가 명칭의 기원에 대한 지리적 명칭을 근거로 한 설명도 나름대로 일리가 있다고 볼 수 있다.

 국가 내의 질서 유지나 국경을 넘어 침범해 들어오는 유목민의 군사적 위협에 대응하여 키예프 대공大公은 강한 군대를 보유할 필요가 있었다. 키예프공국의 군대는 대공의 군대와 가신家臣들의 부대로 구성되어 있었다. 대공은 드네프로 강, 서드비나 강, 베레지나Berezina 강과 흑해에 선단도 보유했다. 고대 루스는 다양한 부속 공국으로 구성되어 있었다. 이 공국들은 대공의 가신국을 이루고 있었다. 이들은 대공이 요청하면 군사와 부대를 제공하고 그의 명령을 수행하며 자신의 주민들로부터 공물(dani)을 받아 대공의 궁정에 바쳐야 했다.

그러나 자신의 영지에서 가신 공公들은 거의 무제한의 권력을 누렸다. 공동의 경제생활로 결합된 농민 가구들이 각 지역의 부락 공동체를 이루었다. 농경지와 삼림, 수로가 공동체의 재산이었다. 일부 농민들은 공동체 중 자신만의 나델nadel(공유, 할당의 뜻을 가진 delit'에서 유래)이라고 불리는 할당 농지를 경작했다. 모든 농민들은 호밀, 귀리, 아마, 양, 닭, 꿀 등으로 나라에 공납을 바쳤다. 12세기부터 농민들은 십일조의 형태로 '데샤치나desyatina(1/10의 뜻)'를 교회에 바쳐야 했다. 포로가 된 외국인들은 '홀로피kholopy'라고 불린 노예가 되었다. 노예는 공개적으로 매매가 가능했다. 루스인들은 자신들의 땅에서는 노예가 될 수 없었다.

- **폴로츠크공국**

벨라루스 땅은 키예프공국 내에서 어떤 위치를 차지하고 있었는가를 살펴 볼 필요가 있다. 9-12세기 벨라루스 땅의 가장 중요한 정치 집단은 폴로츠크공국(Principality of Polotsk)이었다. 폴로츠크공국에 대한 최초의 언급은 862년에 나왔다. 키예프의 류릭공은 "가신들에게 자신의 도시들을 나누어 주었다. 하나는 폴로츠크 가신에게, 다른 하나는 로스토프Rostov 가신에게, 또 하나는 벨로오제로Beloozero 가신에게…"라고 언급되어 있다. 이것으로 미루어 보건대, 이 시기에 폴로츠크는 이미 존재하고 있었던 것으로 보인다. '지나간 시절의 이야기', '로렌스, 히파티, 노브고로드 사본(Laurentian, Hypatian, Novgorod codices)'이나 '리보니아 연대기(Livonian Chronicle)'는 9-10세기의 폴로츠크를 견고하게 요새화가 된 정치적, 문화적 중심으로 묘사하고 있다. 폴로츠크는 폴라트Polat 강과 서드비나 강이 만나는 지점에 건설되었으며 폴라트에서 이름이 유래하고 있다. 폴로츠크는 유리한 지리적 여건과 편리한 수로 덕에 활발한 교역을 하며 부를 축적했다. 폴로츠크는 주요 교역수로인 서드비나 강의 중류 지역 강가에 위치하고 있었다. 드비나 강과 드네프로 강은 북쪽의 스칸디나비아와 발트 지방을 남쪽의 비잔틴제국과 아랍 칼리프제국과 연결했다. 이것은 당시 중요한 국제 교역로였으며 "바랴그인들로부터 그리스인들에게 가는 수로"라고 불리었다.

폴로츠크공국과 주변국가

폴로츠크는 현재 벨라루스가 된 북동쪽의 넓은 지역의 사회, 경제, 정치 중심지였다. 폴로츠크공국은 북쪽으로는 노브고로드, 동쪽으로는 스몰렌스크Smolensk, 남쪽으로는 핀스크Pinsk, 서쪽으로는 리투아니아 부족들, 레트 부족들과 접해 있었다. 이 부족들은 폴로츠크에 공납을 바치고 군사를 제공하며 폴로츠크에 의존해 있었던 것으로 보인다. 현재의 지리 경계를 보면 폴로츠크공국은 비텝스크주 전체와 민스크주와 모길레프주의 북부 지역을 차지했다. 면적으로는 현재의 벨라루스의 1/3이 된다. 폴로츠크공국은 면적으로 보면 바바리아 공국이나 서유럽의 포르투칼 왕국과 비교해 봐도 당시 중세 공국 중 가장 큰 공국에 해당했다. 남동쪽의 슬라브 지역이 유목민들의 끊임없는 침입을 받은데 비해, 폴로츠크공국은 유목민의 침입에서 안전했다. "바랴그들로부터 그리스인들에게"로의 교역로 덕분에 부가 축적이 되었고, 독자적 정치체를 형성하게 되었다. 10세기가 되자 인종적, 언어적 동질성과 공통의 문화를 갖게 되었다. 이러한 모든 이유로 폴로츠크공국은 최초의 주권적 벨라루스 국가였다고 믿을 수 있다. 9-12세기 동안 폴로츠크는 국가의 주요한 구성요소를 다 갖추었다. '베체Veche'라고 불린 입법기관, 선출된 공公이 관장한 행정기구, 고유의 왕조, 안정적 영토와 군대를 보유하고 있었다. 폴로츠크공국은 독립적인 대외정책과 국내정책을 추진했고, 정치적, 군사적 활동도 활발했다. 공국의 경제는 농업과 가금 사육에 바탕을 두고 있었다. 사냥, 수렵, 채집 등은 부수적 역할만 하였다. 농민들은 가족을 부양하기 위한 기본적 식량을 모두 생산했고, 특별한 도구, 도기, 보석과 장신구만 다른 도시의 장인들로부터 구입했다. 농민들은 수십 가구가 모여 살며 농촌공동체를 이루었고, '포코스트pogost'라고 불린 큰 부락은 행정과 종교 중심지 역할을 하였다. 농민들의 반대편에는 귀족들과 공후들이 있었다. 토지 소유가 이들의 권력의 경제적 기반이었다. 11세기부터는 정교회와 수도원이 토지의 주요한 소유자가 되었다.

 10세기부터 11세기까지 키예프공국으로부터 폴로츠크 공후들의 독립 수준은 초기에는 높았으나 후에는 약화되었다. 이것은 모두 군사적 사건에 의해 좌우되었다. 10세기 마지막 25년 동안 로그볼로드

블라디미르 대공 동상

로그네다 성상화

Rogvolod공이 폴로츠크를 지배했고, 자신의 군사력을 과신하여 키예프 대공에게 복종하지 않고 독립적으로 통치했다. 키예프의 스뱌토슬라브Svaytoslav 대공이 죽자 그의 두 아들인 야로폴크Yaropolk와 블라디미르Vladimir 사이에 왕위 승계를 둘러싼 싸움이 벌어졌다. 로그볼로드는 야로폴크의 편을 들었고, 로그볼로드의 딸인 로그네다Rogneda는 블라디미르의 청혼을 거절했다. 야로폴크와의 싸움에서 승리하여 권좌에 오른 블라디미르는 폴로츠크를 공격하였다. 블라디미르는 폴로츠크성을 불태우고 약탈한 다음 로그볼로드와 그의 아내, 아들들을 모두 살해하고, 로그네다와 강제로 결혼했다. 블라디미르 대공Vladimir I the Great(재위 980-1015년)은 당시 기독교를 수용하기 전이라 이교도였고, 일부다처제를 신봉하고 있었다. 그는 이후 여섯 명의 아내를 더 얻었다.

키예프 연대기에 따르면 블라디미르 대공이 세례를 받고 비잔틴 황제 로마노스 2세Romanos II의 딸인 안나와 결혼한 후 로그네다는 맏아들 이쟈슬라브Iziaslav를 데리고 폴로츠크로 돌아갔다. 역사학자들은 블라디미르 대공이 이쟈슬라브를 폴라츠크의 공후로 복귀시켰다고 설명한다. 학자들은 블라디미르 대공이 기독교를 전파하기 위해 주요 공령들의 지도자로 자신의 아들들을 임명했다고 보기도 한다. 1001년 이쟈슬라브가 죽자 그의 두 아들 중 장남인 브라치슬라브 이쟈슬라비치Brachyslaw Iziaslavich(재위 1001-1044년)가 폴로츠크의 공후가 되었다. 그러나 그는 키예프에 반기를 들었다. 당시 루스는 크게 분열되어 있지는 않았지만, 폴로츠크의 '라흐발로도비치' 또는 '이쟈슬라비치' 가문과 키예프의 '야로슬라비치' 가문이 대립하는 양상을 보였다. 폴로츠크는 독자적인 주교청이 주재한 성당을 가지고 있었다. 두 가문의 관계는 종종 서로 대립했다. 연대기에 의하면 '그 시기(블라디미르 1세 시기)부터 로그볼로드의 손자들은 야로슬라브 손자들에게 칼을 겨누었다.'라고 기록되어 있다. 이쟈슬라브는 아버지인 블라디미르 대공보다 먼저 죽었고, 이쟈슬라브의 아들 브라치슬라브가 권좌를 이어받았다. 블라디미르 대공 사후 1015년부터 1019년까지 벌어진 후계 싸움에서 야로슬라브가 최종적으로 승리하고 키예프의 지배자가 되었다. 브라치슬라브가 비텝스크Vitebsk를 다시 차지하기 위해 1021년 노브고로드를 공격하자 야로슬라브 현제賢帝,Yaroslav the Wise는 군대를 일으켜 1021년 수도마Sudoma 강 전투에서 브라치슬라브가 이끄는 군대를 물리쳤다. 이 패배에도 불구하고 브라치슬라브는 자치권을 잃지 않았고 1021년 이후 발트해의 부족들을 물리치며 영역을 확장하였고, 1065년에 처음 기록에 나타나는 브라슬라우Braslaw를 세웠다.

폴로츠크공국이 기독교를 수용한 과정은 키예프나 고대 루스의 다른 지역의 상황과는 많이 달랐다고 볼 근거가 있다. 모든 연대기는 다른 지역에서 기독교를 수용하는 과정에 강압과 유혈사태가 수반되었다는 것을 기록하고 있지만, 폴로츠크의 경우에는 그러한 기록이 전혀 없다. 이것은 블라디미르 대공이 키예프에 기독교를 받아들이기 훨씬 이전에 폴로츠크에 기독교가 전파되었다는 사실에 기인한다. 기독교는 평화적이고 문명적인 방법으로 수용되었다. 폴로츠크의 공들은 자신의 지역이 기독교화된 유럽의 중앙에서 이교도 땅으로 남아있는 것을 원하지 않았다. 이들은 기독교가 국가와 국민들에게 가져올 이익을 잘 이해하고 평화적 방법으로 기독교를 전파하였다. 992년에는 폴로츠크 교구가 설립되었다. 키예프와 비교하여 폴로츠크의 교회는 중요한 역할을 하였고 주교들도 정치에서 비중 있는 역할을 맡았다. 도시의 많은 계약과 결정이 주교의 이름으로 맺어졌고, 주교의 인장이 찍혔다. 가장 중요한 문서는 대공의 인장이 찍혔다.

11세기 초 폴로츠크공국은 고대 루스에서 군사적, 경제적으로 가장 강력한 공국 중 하나였다. 이러한 세력을 바탕으로 동슬라브 지역의 주도권 쟁탈을 위해 키예프공국과 전투를 시작하였다. 1021년 이자슬라브의 아들 브라치슬라브는 노브고로드를 원정하여 정복하고 부유한 이 도시를 약탈했다. 이 공격에 분노한 키예프의 야로슬라브 대공은 군대를 이끌고 노브고로드에서 돌아오는 브랴체슬라브의 군대를 수도마 강변에서 공격했다. 삼촌과 조카 사이에 벌어진 이 전투에서 폴로츠크군은 패했지만, 이후 키예프는 폴로츠크의 힘을 두려워하게 되었다. 브라치슬라브를 회유하기 위해 그가 키예프공국을 더 이상 공격하지 않는다는 조건으로 폴로츠크를 계속 통치하게 했다. 이후 야로슬라브와 브라치슬라브는 협동하여 리투아니아와 요트빈지안족을 공격하여 북서방의 경계를 넓혔다.

폴로츠크는 12세기 후반 브세슬라브Vseslav(1044-1101년) 치세 때 가장 강력한 세력과 독립을 누렸다. 그는 통치를 시작하자마자 폴로츠크에 현재까지도 남아있는 성 소피아St. Sophia 성당을 세웠다. 물론 당시에 키예프와 노브고로드에도 성 소피아 성당이 이미 있었지만, 폴로츠크의 성 소피아 성당은 당시 아주 웅장한 건축물이었다. 건축 양식과 벽 장식은 키예프나 노브고로드 성당보다 단순했지만 오히려 이것이 웅장함과 아름다움의 핵심이었다. 절제된 벽 장식은 좁고 높은 창문을 강조하였고, 천장 아래에는 창문이 크게 확대되며 성당 안으로 햇빛을 받아들였다. 성당은 일곱 개의 돔을 가지고 있었고, 중심 돔 아래에는 '우주의 지배자 그리스도(Christ Pantocrator)' 가 그려져 있다. 성 소피아 성당은 국가의 중심이 되었다. 단순히 예배나 기도를 드리는 장소가 아니라 외국 사신을 맞고, 전쟁을 선포하고, 강화조약을 맺는 장소이고, 도서관도 가지고 있었다. 폴로츠

폴로츠크 성 소피아 성당

크 공의 국가 인장이 "폴로츠크와 성 소피아 인장(Seal of Polot나 St. Sophia)"이라고 새겨진 것도 이런 이유에서였다.

이고르 전기 그림엽서

당시 사람들은 브세슬라브에게 '마법사 브세슬라브 공(Prince Vseslav the Sorcerer)'이라는 별명을 붙여주었다. 그는 이마에 마법적인 출산반점을 가지고 태어났고, 그는 이를 가리기 위해 늘 이마띠를 두르고 있었다고 한다. 당시 사람들은 브세슬라브가 초능력을 가지고 있었다고 믿었고, 그에 관한 많은 전설이 있었다. '이고르 전기戰記 (The Tale of Igor's Campaign)'에는 "브세슬라브는 주민들의 판관이었고 도시들의 통치자였다. 그러나 밤이 되면 그는 늑대처럼 순식간에 키예프로 달려갈 수 있었다. 폴로츠크 성 소피아 성당의 종이 울리면

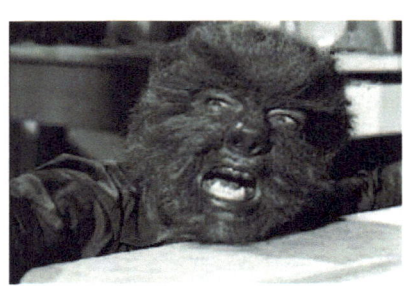

늑대로 변한 브세슬라브 영상

그는 키예프에서 그 종소리를 들을 수 있었다."라고 기록되어 있다.

브세슬라브는 다른 땅을 복속시키며 영역을 넓혀나갔다. 1065년 그는 프스코프Pskov를 복속시켰고, 다음해에는 노브고로드를 복속시켰다. 그는 자신의 힘을 과시하고 적들의 사기를 꺾고자 노브고로드의 상징인 성 소피아 성당의 종을 떼어내어 녹여버렸다. 브세슬라브는 서쪽으로는 발트해 부족들을 공격하였고, 남쪽으로는 민스크 이

남까지 진출했으며 동쪽으로는 스몰렌스크 아래 드네프로 강 상류까지 진출했다. 가장 중요한 것은 브세슬라브가 드비나 강을 따라 리가만(Gulf of Riga)까지 진출하여 발트해로 나가는 길을 확보한 것이다. 또한 그는 유럽 북부에서 흑해로 이어지는 수로의 거점이자 일시적으로 배를 육지로 올려 이동해야 하는 비텝스크 인근의 폭포 지역도 확보

브세볼로드 초상

함으로써 '바랴그들로부터 그리스인들에게' 연결되는 주교역로를 통제할 수 있게 되었고, 루스 영토를 둘로 나눌 수 있는 위협적 존재가 되었다. 브세슬라브 재위 전성기 때 폴로츠크는 서쪽으로는 브라츨라브Bratslav, 동쪽으로는 비텝스크와 오르샤Orsha, 북서쪽으로는 발트해의 예르시카Jersika 공령과 남쪽으로는 민스크(당시 민스크는 작은 도시였다)를 통제했다. 1067년 브세슬라브는 나바흐루닥Navahrudak에서 키예프의 군대를 몰아내고 이곳을 남방 공격의 거점으로 삼았다. 이에 대응하여 키예프의 이쟈슬라브 대공과 그의 동생들인 스뱌토슬라브Svyatoslav와 브세볼로드Vsevolod는 대부대를 이끌고 폴로츠크를 공격하였

로스티슬라브 성상화

다. 1067년 폴로츠크를 공격하는 길에 이들은 폴로츠크공국의 주요 도시 중 하나인 민스크를 포위하였다. 민스크 주민들은 성문을 닫고 방어전을 펼쳤으나 결국 민스크는 키예프군에 함락되었다. 민스크가 함락되었다는 소식을 들은 브세슬라브는 이에 대한 보복으로 키예프를 침공하였다. 1067년 3월 네미가Nemiga 강에서 양측의 군대가 전투를 벌여서 양측 모두 많은 사상자를 내었다. 전투의 진행과정에 대한 자세한 기록은 남아있지 않지만 '이고르 전기'에는 "네미가 강의 피로 얼룩진 강둑에는 루스인들의 뼈가 뿌려졌다."라고 기록되어 있다. 브세슬라브 군대는 이 전투에서 패배했다.

　전투에서 승리한 이후 키예프 군대는 폴로츠크를 자주 침입하여 약탈을 했다. 자신의 공국이 위험에 처한 것을 깨달은 브세슬라브는 키예프에 사절을 보내 강화를 요청했다. 키예프 대공은 브세슬라브를 용서할 생각이 없었지만 그의 특이한 성격과 민중들 사이의 그의 인기를 고려하여 속임수를 써서 그를 유인하기로 했다. 이쟈슬라브인 브세슬라브가 키예프로 직접 와서 직접 화평을 요구하면 그동안 정복된 땅을 모두 돌려주고, 그에게 아무 해도 입히지 않겠다고 약속했다. 이 약속을 믿은 브세슬라브는 두 아들과 함께 키예프로 왔으나 즉시 체포되어 감옥에 갇혔다. 그는 감옥에 1년 정도 갇혀있었지만 하늘은 다시 한 번 그를 도왔다. 키예프를 지배하고 있던 이쟈슬라브가 폴로비츠인들을 막아내는데 실패하자, 키예프의 주민들은 이쟈슬라브에게 반기를 들고 브세슬라브를 감옥에서 구출하였다. 브세슬라브는 7개월간 키예프를 통치하고 1068-1069년에는 전 루스의 대공이 되었다. 그가 고대 루스의 대공이 되었을 때 동슬라브 땅의 절반 정도가 그의 통치하에 들어왔다. 그러니 이번에는 쫓겨난 이쟈슬라

브세슬라브 동상

브가 폴란드왕 볼레스와우Bolesław의 군대를 끌고 들어와 브세슬라브를 쫓아내었다. 브세슬라브는 키예프의 평민들에 의하여 대공의 자리에 올랐지만, 귀족층인 보야르들은 그를 퇴위시킬 기회를 엿보고 있었다. 브세슬라브는 폴로츠크로 돌아와 계속 주민들의 지지를 받으며 통치하였다.

고대 루스에 대한 영향력과 주도권을 두고 폴로츠크공국과 키예프공국은 11-12세기 싸움을 계속했다. 11세기 말 북동쪽 블라디미르공국의 공소 블라디미르 모노마흐Vladimir II, Monomakh(재위 1053-1125년)가 공후들의 싸움에 뛰어들었다. 블라디미르 모노마흐는 뛰어난 전략가였으며 몇 차례에 걸쳐 남부 루스들의 땅을 통합하였다. 그는 폴로츠크를 중앙 통제 아래 복속시키고자 하였다. 1077년과 1078년 그는 폴로츠크 지역에 두 번에 걸쳐 공격을 하였고, 남부 지역 공국들뿐 아니라 북쪽의 노브고로드도 이 공격에 가담하였다. 블라디미르 모노마흐는 브세슬라브를 두 번 공후의 자리에서 쫓아내는 데 성공했으나, 그때마다 브세슬라브는 주민들의 지원을 힘입어 복귀했다. 1078년 모노마흐의 공격에 대한 복수로 브세슬라브는 스몰렌스크를 점령하고 약탈했다. 1084년 모노마흐는 민스크를 공격했다. 부유하고, 강력하며 독립적인 폴로츠크공국은 키예프대공에게 끊임없는 골칫거리였다. 브세슬라브에 대한 관심이 얼마나 컸는가는 그의 죽음에 대한 연대기의 자세한 기록으로도 알 수 있다. "6609년(서기 1101년), 수요일, 4월의 열 네번째 날, 아침 9시에 폴로츠크의 브세슬라브 공은 신의 눈앞에 누여졌다."라고 연대기에 기록되었다. 브세슬라브의 정력적인 국내, 대외 활동은 폴로츠크공국의 번영에 크게 이바지하였다. 브세슬라브가 노년에 고대 루스의 가신 공후들의 회의에 참석하지 않았다는 사실은 폴로츠크가 키예프에 예속되어 있지 않았다는 것을 보여준다.

사회적 정책을 보면 브세슬라브는 자신의 행정권을 강화했고, 주민들의 재산권을 보호했다. 브세슬라브는 폴로츠크 정치에서 늘 중요한 역할을 했던 '베체'와도 좋은 관계를 유지하며 통치를 했다. 통상과 경제도 중시하여 브세슬라브는 교역과 세납에 대한 규정을 만들고 이를 엄격히 수행했다. 폴로츠크에 성 소피아 성당을 세움으로써 교육과 문화의 발전에도 기여했다. 성 소피아 성당이 제대로 운영되기 위해서는 교육받은 사제들과 서적과 종교적 기물들과 성상화가 필요했다. 폴로츠크의 주민들은 자신들을 통합된 민족으로 보았고, 키예프의 중앙권력에 대한 브세슬라브의 투쟁을 후원했다. 브세슬라브가 고대 루스에 끼친 영향에 대해서는 의견이 갈린다. 고대 루스의 중앙집권화와 통합을 지지하는 관점에서 보면 그는 분리주의자였고 분란을 일으키는 공후였다. 그러나 고대 루스의 해체가 자연적 역사 과정이었다는 것을 고려하면 그는 벨라루스의 발전에 필요한 객관적 조건을 잘 이해하였고, 이를 위해 국가의 주권을 지키고 강화하기 위해 노력을 기울였다고 볼 수 있다.

브세슬라브는 보리스Boris, 다비드David, 글렙Gleb, 로만Roman, 스뱌토슬라브Svyatoslav, 로스티슬라브Rostislav 여섯 아들을 남겼다. 키예프와의 끊임없는 투쟁으로 나름대로 전력을 키워온 아들들은 모두 각자의 영역을 확보하기를 원했다. 폴로츠크 땅은 아들들이 분할해 통치했고, 비텝스크, 민스크, 드루츠크Drutsk, 라호이츠크Lahoystk, 이쟈슬라브, 고로데츠Gorodets에 중심을 둔 각각의 공국을 만들었다. 폴로츠크의 공후 자리가 가장 중요했고, 폴로츠크가 문화적 정치적 중심지 역할을 계속했지만, 이전의 중앙집권과 통합은 더 이상 존재하지 않았다. 형제들은 끊임없이 동족상잔을 하였고, 그 결과 12세기 초 폴로츠크는 전쟁과 살육이 끊이지 않았다. 1103년 민스크의 다비드David 공은 남부 공국들과 힘을 합쳐 오랜 적이었던 쿠만족을 공격하였다. 기록을 유추해보면 원정은 성공적으로 끝났다. 다비드가 남부 공국들과 밀접한 동맹을 맺자 불안해진 그의 형제들은 다비드를 쫓아내고 그 자리에 글렙을 앉혔다. 그러나 1년 뒤인 1104년 다비드는 블라디미르 모노마흐의 도움을 받아 글렙을 공격하였다. 공격군이 민스크 방어군보다 훨씬 숫자가 많았지만 민스크를 정복하지 못하였고 글렙은 공후 자리를 지켰다.

내분에도 불구하고 폴로츠크의 공후들은 함께 협력하여 영토를 넓히고 주권을 강화하는 노력도 하였다. 1102년 보리스공은 요트빈지안(발트해 연안의 발트계 부족)을 공격하여 몇 차례 승리를 거두었다. 이 승리를 기념하여 보리소프Borisov('보리스'의 도시라는 뜻. 현재 민스크주에 소재)가 세워졌다. 1106년 폴로츠크의 모든 공후들은 힘을 합쳐 폴로츠크 공후에게 공납을 거부한 세미갈리안족Semigallians(네만 강 하류 부족)을 공격하였다. 그러나 이 공격은 대실패로 끝나 폴로츠크는 약 9천 명의 병사를 잃은 것으로 기록되었다. 이 원정의 패배는 폴로츠크공국의 전략적 지위에도 영향을 주었다. 폴로츠크는 오랫동안 발트해로 통하는 드비나 강 하류지역에 영향력을 행사하지 못하였다. 베체는 준비를 제대로 하지 않고 원정을 떠난 보리스를 퇴위시켰다. 이러한 사건들 이후 부유한 민스크공국의 공후인 글렙이 폴로츠크 역사의 중심으로 떠올랐다. 다른 공후들보다 글렙에 대한 역사적 자료가 훨씬 많으며, 아마도 그는 뛰어난 원정의 성과로 당대에 유명해진 것 같다. 그는 서쪽으로 폴로츠크의 영역을 확대하는데 힘을 써서 드네프로 강, 프리퍄트 강, 네만 강 유역의 땅을 얻었다. 이 주요한 하천들을 장악함으로써 민스크공국은 교역 기회를 확장했고 민스크의 부는 증대했다. 1113-1116년 사이 민스크공국은 드루츠크, 코피스Kopys, 오르샤 등 주요한 도시를 얻었다. 그러나 글렙의 정복은 무자비한 방법으로 진행되었다. 프리퍄트 강부터 드네프로 강까지의 지역과 네만 강 상류부터 서드비나 강 지역 마을들은 모두 불에 탔다. 글렙은 수천 명의 사람들을 잡아서 노예로 팔았다. 키예프 대공 블라디미르 모노마흐는 글렙의 야만적 행위를 비난하며 이 사람들이 "이교도 유목민이 아니라, 자신의 신민인 기독교인들"임을 지적했고, 키예프의 대주교는 글렙을 파문시켰다.

  글렙의 과도하게 공격적인 정책과 잔혹한 원정은 고대 루스의 많은 지역에서 원성을 불러일으켰다. 블라디미르 모노마흐가 민스크에 대한 원정을 준비하자 루스와 리투아니아의 많은 공후들이 이에 호응했다. 이 원정의 지휘는 모노마흐의 아들인 야로폴크Yaropolk가 맡았다. 원정군은 민스크를 정복하고 글렙을 포로로 잡은 후 노예 시장이 열리던 드루츠크로 진격하여 노예들을 풀어주었다. 글렙은 키예프로 압송되어 선친 브세슬라브가 수감되었던 감옥에 갇혔다. 소문에 의하면 그에게는 아무 음식도 주어지지 않아 굶어죽었다고 한다. 1068년 브세슬라브가 감옥에서 나와 키예프의 권력을 탈취한 것을 기억하는 키예프의 공들은 글렙을 신속하게 제거하였다. 글렙은 비록 비참한 최후를 맞았지만 벨라루스 지역을 통합시킨 그의 업적은 역사에서 지워지지 않았다. 그는 민스크의 영역을 넓히고 강화하는 데 온 힘을 바쳤고, 네만, 프리퍄트, 드네프로 강변의 도시들을 병합하려던 그의 시도는 민스크를 수도로 하는 미래의 벨라루스 국가의 역사에서 종종 제대로 평가받지 못했다.

민스크공국을 파괴한 블라디미르 모노마흐 대공(재위 1113-1125년)은 폴로츠크의 내정에 점점 깊이 간섭했고, 폴로츠크는 키예프의 가신국임을 강조했다. 그러나 폴로츠크는 이러한 상황을 인정하지 않고 점령된 민스크를 되돌려줄 것을 요구했다. 모노마흐는 폴로츠크가 중앙의 권력에 복종하지 않으면 루스의 모든 공후들이 폴로츠크를 공격할 것이라고 위협했다. 폴로츠크가 계속 복종을 거부하자 1127년 여러 공국의 연합군이 모노마흐의 아들인 므스티슬라브Mstislav의 지휘 아래 침입해 왔다. 원정군은 폴로츠크시, 로고이스크시Logoysk, 이샤슬라블시Isyaslavl를 점령한 후 이 도시들을 약탈했다. 므스티슬라브의 딸이 브랴체슬라브에게 시집을 왔음에도 불구하고 이샤슬라블의 브라체슬라브 공의 궁전은 완전히 파괴되고 약탈당했다.

폴로츠크공국의 군대는 회복할 수 없는 피해를 당해 더 이상의 저항은 불가능하였다. 폴로츠크 '베체'는 패배의 책임을 다비드 공에게 물었고, 제위를 보리스에게 물려주었다. 오랜 전쟁에 지친 므스티슬라브도 베체의 결정을 받아들이고 전쟁을 종결지었다. 브세슬라브의 아들들은 키예프의 지배에 대한 의견이 서로 엇갈렸다. 1년 뒤 키예프대공 므스티슬라브가 쿠만족과의 전쟁을 위해 군대 동원을 요구하자, 폴로츠크의 공후들은 이를 거절하였다. 이에 화가 난 므스티슬라브는 폴로츠크로 사절들을 보내 주민들에게 더 이상 공후들을 보호하지 말 것을 요구하였다. 키예프의 공격으로 다시 도시가 파괴될 것을 염려한 폴로츠크시의 '베체'는 므스티슬라브의 요구에 복종해서 다비드, 로스티슬라브, 스뱌토슬라브를 체포하여 키예프에 넘겨주었다. 이들 공후들에 대한 재판은 키예프 대공의 궁정에서 열렸다. 이들에 대해서는 가벼운 형벌이 내려졌다. 아무도 죽임을 당하지 않았고, 대신 비잔틴으로 추방되어 비잔틴군에서 복무하도록 하였다. 콘스탄티노플에 도착한 이들은 아랍과의 전쟁에 출전해 많은 공을 세우고 비잔틴 황제로부터 훈장을 받았다. 이렇게 키예프는 세 차례에 걸쳐 복종을 거부하는 폴로츠크를 다스렸다. 980년 처음으로 로그볼로드와 아들들을 징벌하였고, 두 번째로 1067년에는 브세볼로드와 아들들을 체포하였었다. 이제 폴로츠크의 공후들을 비잔틴으로 추방한 후 키예프의 므스티슬라브 대공(재위 1125-1132년)은 폴로츠크 공국의 유일한 지배자가 되었고, 아들 이쟈슬라브를 보내 폴로츠크를 통치하게 했다. 그러나 폴로츠크의 패배는 키예프가 다른 지역을 복속시킨 마지막 원정이 되었다. 1132년 므스티슬라브는 죽었고 이후 고대 루스는 여러 공국으로 나뉘어져 형제들 간의 싸움이 치열해졌고 다시는 중앙집권적 국가를 이루지 못하였다.

키예프로부터 자유로워진 폴로츠크 베체는 비잔틴에 유배 중인 스뱌토슬라브의 아들인 바실카Vasilka공(재위 1132-1145년)을 새로운 지도자로 선출하였다. 12세기에 폴로츠크에 공화국과 유사한 정부형태가 존재했었다는 것을 언급할 필요가 있다. 중세 유럽에 이와 유사한 정치제제는 존재하지 않았다. 1166년부터 1180년까지 브세슬라브 바실코비치가 폴로츠크를 통치했다. 그는 매우 존경받는 지도자였고, 연대기에 따르면 주민들은 그의 지성과 자비, 정의감을 크게 존경했다. 그가 죽자 공후를 선출할 권한이 있었던 '베체'는 그에 필적할만한 공후를 지명하는 것이 불가능하다고 생각하고 대신 30명의 원로를 선출하였다. 원로들은 귀족뿐만 아니라 평민층에서도 선발되었다. 원로들이 통치하는 공화국 체제는 1190년까지 10년 간 지속되었다. 그러나 주민들은 이러한 체제를 좋아하지 않았고, 자신들을 아끼고 보호하는 공후가 없는 것을 아쉬워했다. 30명의 지도자가 있는 상태에서는 누가 세금 수납의 의무나 실패한 군사 원정에 대한 책임을 져야하는지가 불분명했다. 그래서 베체는 브세슬라브의 아들인 블라디미르 공을 공후로 지명했다.

13세기 말 벨라루스 지역의 정치적 중심이 나바흐루닥으로 옮겨가면서 폴로츠크공국의 영향력은 크게 감소하였다. 나바흐루닥을 중심으로 폴로츠크, 투로프, 민스크, 브레스트, 핀스크의 공국들이 뭉치기 시작했다. 이 공국들은 공통의 언어와 정신을 가진 벨라루스 민족의 형성 과정을 계속 이어나갔다.

• 십자군에 대한 투쟁

폴로츠크공국은 동슬라브 지역에서 적극적 정치적 역할을 한 데 그치지 않고, 북부와 북서부 지역에서도 자신들의 이익을 방어하였다. 이 지역에서는 수심이 깊고 배의 운항이 가능한 서드비나 강이 폴로츠크를 발트해와 연결시켜 주었다. 10-12세기 동안 강의 근원부터 발트해까지 서드비나 강 유역 전체는 폴로츠크에 속해 있었고, 폴로츠크와 비텝스크는 강변에 위치해 무역 중심지가 되었다. 발트해 연안에 거주하는 리보니아족Livonians, 라트갈리아족, 요트빈지안족, 세미갈리아족이 폴로츠크에 공납을 바쳤다는 많은 증거가 있다. 이 부족들은 이러한 예속관계를 벗어나기 위해 애를 썼고, 1106년에는 세미갈리아족이 폴로츠크군대를 공격하기도 하였지만, 완전히 폴로츠크의 예속에서 벗어나는 데는 성공하지 못했다. 폴로츠크의 공후들은 발트해의 여러 도시들에 자신의 심복을 심거나 아니면 직접 이 지역들을 통치했다. 이 도시들에는 발트인들뿐만 아니라 슬라브인들도 많이 살았다.

12세기 전략적으로 중요한 발트연안 지역은 독일, 스웨덴, 덴마크 지도자들의 영토 확장의 목표가 되었다. 1184년 독일인들이 서드비나 강 어귀에 상륙했다. 얼마 있지 않아 새 땅과 로마카톨릭교회의 수입원을 찾고 있던 수도사 마인하르트Meinhard가 폴로츠크의 블라디미르 브세슬라비치 공에게 접근하여 그의 영역에서 설교할 권리를 달라고 요청했다. 블라디미르는 이것이 폴로츠크와 백百루스 지역에 가져올 영향을 제대로 보지 못하고 이를 허락했다. 설교할 권리를 얻자 독일 선교사들과 상인들, 직업 군인들이 계속 불어났고, 동쪽과 동남부 내륙으로 더 많은 사람을 들여보냈다. 서유럽인들은 카톨릭만이 진정한 기독교이며 정교회 신앙은 이교도들과 배교들을 위한 것이라고 믿었기 때문에 카톨릭의 영역을 동쪽으로 넓히는데 관심이 많았다. 이러한 상황은 발트계 부족들을 기독교도가 되게 했을 뿐만 아니라 정교회교회와 신도들을 축소시켰다.

 1201년 서드비나 강 어귀 리가Riga에 독일인들이 요새를 건설하여 폴로츠크가 발트해로 나가는 길을 막았기 때문에 폴로츠크의 이익은 큰 타격을 받았다. 1202년 다음 행동으로 독일 선교사들은 교황의 지시를 받고 '검의 형제기사단(order of Brothers of the Sword)'을 창설했다. 이 기사단은 명칭이 보여주는 것처럼 유일하게 진정한 종교인 카톨릭을 위해 싸울 준비가 되어 있었다. 기사들은 붉은 십자가가 그려진 흰색 갑옷을 입고, 이들의 검은 깃발에는 흰 십자가가 그려져 있었다. 이러한 형태 때문에 이들은 '십자군(Crusaders)'이라고 불렸다. 기사단의 기사들은 전사이며 동시에 수도사였다. 이들은 가족을 거느릴 수가 없었으며 기사단 단장(Grand Master)에게 절대적으로 복종해야 했다. 폴로츠크와 '검의 형제기사단'의 첫 충돌은 1203년 일어났다. 폴로츠크의 블라디미르 공은 리가 동쪽의 요새를 포위하고 리보니아인들과 라트갈리아인들에게 공납을 받아내었다. 그러나 귀환하는 길에 '검의 형제기사단'의 습격을 받아 폴로츠크

검의 형제기사단 그림

군은 큰 피해를 입었다.

　기사단의 무서운 힘과 이들이 카톨릭을 전파하는 잔인한 방법과 경제적 압제를 경험한 발트지역의 주민들은 폴로츠크의 보호를 받기를 원했다. 1206년 리보니아의 전권대표가 폴로츠크로 와서 공후에게 자신들을 보호해 주고 십자군과 싸워 물리쳐 줄 것을 요청했다. 이들은 기사단과의 전투에서 큰 피해를 입었으며 자신들의 리더인 아코Ako는 전사했고, 독일 기사들은 그의 머리를 전쟁의 획득물처럼 카톨릭 주교 알베르트에게 선물로 주었다고 설명했다. 그러나 알베르트 주교도 폴로츠크 공을 무마하기 위해 선물을 보내고 리보이나인들의 주장을 반박하게 했다. 폴로츠크는 리보니아인들의 편을 들고 군대를 조직해 골름Golm의 요새를 공격했다. 폴로츠크군은 11일 간 요새를 포위했으나 이를 공략하지는 못하였다. 원정은 실패로 끝났고, 폴로츠크는 기사단이 방어하는 견고한 요새 하나도 제압하지 못했다.

　폴로츠크의 가신 도시였던 코크네세Koknese와 예르시카Jersika도 기사단의 공격을 막아내지 못하였다. 이 두 도시는 1207-1214년 사이 점령당하고 기사단에 복속되었다. 파괴된 코크네세 위에 기사단은 코켄하우젠Kokenhausen이라고 불리는 독일식 요새를 건설하였다. 이 요새는 이후 십자군의 전진을 위한 거점이 되었다. 이러한 결과로 폴로츠크 공후는 리보니아 땅으로부터 공납을 받을 수 없게 되었다. 이러한 패배에도 불구하고 폴로츠크공국은 아직도 세력이 건재하여 독일 기사단은 그 영토에 발을 들여놓을 수 없었다. 1210년 '검의 형제 기사단'과 폴로츠크 공 사이에 협정이 맺어져 폴로츠크는 더 이상 리보니아 땅에 대한 권리를 주장하지 않고 대신 상인들이 이 지역에서 자유롭게 교역하며 리가를 통해 발트해로 나갈 수 있는 권리를 확보했다.

1216년 폴로츠크의 블라디미르 공이 죽자, 교황의 명령에 의해 독일 기사단이 리가로 파견되었다. 이들은 검은 십자가와 흰 십자가기를 앞세우고 발트 지역에 대한 대규모 원정을 감행했다. 라트갈리아족과 리보니아족은 요새로 된 방어거점을 가지고 있지 못했다. 또한 철제 갑옷과 무기로 무장된 기사들에 비해 무장도 보잘 것 없었다. 에스토니아와 라트비아 지역은 기사단에 의해 쉽게 점령되었고, 기사단은 고대 루스의 경계에까지 도달했다. 만일 루스의 여러 공후들이 힘을 합쳤다면 10만 이상의 병력을 동원할 수 있었고 기사단도 쉽게 격퇴할 수 있었을 것이다. 그러나 키예프, 모스크바, 폴로츠크, 민스크의 공후들은 끊임없이 서로에게 칼을 겨누며 싸우고 있었다. 그러나 외부의 큰 세력이 북서 경계지역을 위협하자, 폴로츠크와 노브고로드는 협상을 하여 군사동맹을 맺었다. 두 공국은 혼인으로 동맹을 강화했다. 노브고로드의 알렉산드르 공은 폴로츠크의 브랴체슬라브 공의 딸과 결혼했다. 1240년 스웨덴 기사단과의 역사적 전투가 네바 강변에서 벌어졌다. 알렉산드르가 이끄는 노브고로드와 폴로츠크 연합군은 기사단을 전멸시켰고, 이 승리로 알렉산드르에게는 '넵스키Nevsky'라는 별명이 붙었다. 2년 후 페이푸스Peipus 호수에서 다시 전투가 벌어졌지만 알

알렉산드로 넵스키 초상

렉산드르는 다시 한 번 큰 승리를 거두었다. 두 번의 승리로 수십 년간 벨라루스 땅의 북서부 지역에서 십자군의 공격은 저지당했다.

4장 투로프공국

남부 벨라루스 지역에 이른 시기에 형성된 또 하나의 주요한 중세 공국은 9세기 말에 세워진 투로프공국(Principality of Turov)이었다. 투로프시는 공국의 행정, 상업 중심지로 자리 잡은 후 980년 '지나간 시절의 이야기'에 처음 언급되었다. '투로프'라는 이름은 이 지역을 통치한 투로프 공公에서 유래한 것으로 믿어진다. 이 공후에 대한 기록은 아주 드물어서 많은 역사가들은 그를 가공적 인물로 생각한다. 투로프는 북쪽으로 폴로츠크공국과 경계를 하고, 로그볼로드 치세 때에는 폴로츠크에 포함되었었다. 그러나 988년 키예프 블라디미르 대공이 로그볼로드에게 승리한 후 블라디미르가 투로프를 지배했다.

투로프시는 흑해, 중동, 중앙아시아, 발트지역과 폭넓은 교역 관계를 유지하고 있었고, 당대의 무역과 문화의 중심지였다. 투로프는 동과 서를 연결하는 프리퍄트 강변에 위치해 있었다. 비잔틴 문화의 영향을 강하게 받고 있던 벨라루스 동부 지역과 비교하면, 투로프 지역은 물질적인 면에서나 정신적 면에서 밀접한 관계에 있는 폴란드와 서방 카톨릭 세계에서 큰 영향을 받고 있었다. 키예프의 대공들은 투로프를 늘 의심스러운 눈으로 바라보았다. 우선 투로프는 키예프에 반항적이었던 폴로츠크공국에 속해 있었다. 다음으로 키예프처럼 비잔틴으로부터 문화적, 종교적 영향을 받지 않고, 서유럽과 폴란드의 영향을 많이 받고 있었다. 투로프의 지리적 여건도 폴로츠크와는 달랐다. 투로프는 세력이 강한 키예프에서 멀리 떨어져 있지 않았고 거의 이웃에 있다시피 했다. 그래서 투로프는 독립을 유지하기가 어려웠고, 폴로츠크처럼 키예프에 대해 오만하게 행동할 수가 없었다.

988년 정교회를 수용한 후 키예프의 블라디미르 대공은 자신의 영토를 아들들에게 나누어주어 적극적으로 기독교를 전파시키도록 했다. 투로프에는 스뱌토폴크Syatopolk를 지사(980-1019년)로 보냈다. 블라디미르의 아들들이 맡은 가신공국은 키예프의 중앙권력에 복종하고 공납을 바치며 군대를 제공해야 했다. 그러나 연대기의 기록을 보면 스뱌토폴크는 아버지의 기대대로 움직이지 않았다. 먼저 그는 카톨릭 교도인 폴란드의 볼레스워우 왕의 딸과 결혼을 했다. 그녀는 투로프로 카톨릭 주교 라인베른Reinbern을 데려왔고, 라인베른은 스뱌토폴크의 신임을 얻은 후 그를 키예프에 대항하게 만들었고, 심지어 카톨릭으로 개종할 것을 권하기도 했다. 투로프의 독립 시절을 그리워하는 투로프의 귀족들도 이러한 반키예프 성향을 지원했다. 스뱌토폴크의 아내는 아버지인 폴란드왕이 군사적 지원을 제공할 것이라고 거들었다. 스뱌토폴크는 결국 키예프에서 떨어져 나오기로 결정하고 전투를 준비했다. 아들의 배신적 행위에 크게 분노한 블라디미르 대공은 1013년 투로프를 공격했다. 스뱌토폴크와 아내, 주교는 체포되어 키예프의 감옥에 감금되었다. 그러나 1015년 블라디미르 대공이 후계자를 결정하지 않고 갑자기 죽자, 장남인 스뱌토폴크는 감옥에서 풀려나와 대공의 자리를 이어받았다. 그러나 그의 즉위에 대해 다른 모든 형제들이 반기를 들었고, 스뱌토폴크는 동생인 보리스와 글렙을 죽였다. 두 형제가 어떻게 죽임을 당했는지에 대해 자세한 기록이 남아 있지 않다. 그러나 1072년 야로슬라브 현제의 아들인 이쟈슬라브는 보리스와 글렙을 성인으로 시복하여 이들은 러시아 정교회 최초의 성인이 되었다. 이들의 초상은 러시아와 벨라루스의 많은 교회에 보관되어 있다.

스뱌토폴크의 만행을 들은 노브고로드의 야로슬라브 공은 군대를 이끌고 키예프로 진격하여 큰 어려움 없이 키예프를 점령하였다. 이미 키예프의 민심이 스뱌토폴크로부터 떠나있었기 때문에 이런 일이 가능했다. 스뱌토폴크는 폴란드로 도주하였고, 그의 아내는 야로슬라브군에 체포되었다. 상황이 이렇게 되자 이번에는 폴란드 왕 볼레스워우가 싸움에 뛰어들었다. 그는 폴란드군뿐 아니라 용병도 동원하여 키예프를 공격하였다. 그의 군대에는 300명의 독일병사, 500명의 헝가리병사, 1,000명의 페체네그병사가 포함되어 있었다. 전투는 폴란드군의 승리로 끝나 야로슬라브는 자신의 근거지인 노브고로드로 피신했다. 1018년에 폴란드군은 다시 한 번 키예프를 공격하여 이번에는 거의 저항을 받지 않고 도시를 점령했다. 키예프는 폴란드군이 도시를 파괴하지 않는다는 약속을 믿고 항복을 하였지만, 폴란드군과 용병들은 도시를 약탈했다. 독일인과 헝가리인, 페체네그인들은 전리품을 챙겨서 고향으로 돌아갔다. 스뱌토폴크는 다시 키예프로 돌아와 대공의 자리를 차지했다. 야로슬라브는 자신의 영향력을 강화하기 위해 스웨덴 왕 올라프Olaf의 딸과 결혼했다. 스웨덴 왕의 딸은 이교도였지만 결혼 후 정교회 세례를 받고 이리나Irina라는 기독교 이름을 얻었다. 그녀는 혼수품으로 스웨덴군을 데려왔고, 야로슬라브는 스웨덴군과 함께 키예프로 진격했다. 스웨덴의 우스튜그Ustyug연대기의 기록에는 야로슬라브는 4만 명의 병사를 거느렸는데, 그 중 18,000명이 스웨덴군이었다. 야로슬라브의 대군을 감당할 수 없었던 스뱌토폴크는 다시 폴란드로 도망하는 길에 루스 땅과 폴란드의 접경 도시인 브레스트Brest에 잠시 머물렀다. 이로 인해 브레스트가 1097년 연대기에 최초로 언급되었다. 브레스트 이후의 스뱌토폴크의 행적은 전해지지 않는데, 아마 브레스트에서 사망한 것으로 보인다.

키예프 대공의 자리에 오른 야로슬라브는 역사에 야로슬라브 현제(재위 1019-1054년)로 기록되었다. 그는 키예프 루스의 영역을 크게 넓혀 놓았고 내정에서도 많은 업적을 남겼는데, 영토 확장은 군사적 원정보다도 주로 외교적, 정치적 수단으로 이루었다. 야로슬라브 현제 시대에 투로프는 키예프공국의 주요한 도시가 되었다. 서쪽으로 나가는 프리퍄트 강변에 위치한 지리적 여건으로 교역중심지가 되었고, 폴란드와 폴로츠크에 대항하는 군사적 요충지가 되었다. 투로프는 장기적으로 독립을 유지할 물질적 자원을 가지고 있지는 못했지만, 서유럽과 폴란드의 영향을 받은 지역적, 인종적 정체성은 잃지 않았다.

12세기 전반 투로프공국의 가장 뛰어난 지도자는 블라디미르 모노마흐의 아들인 뱌체슬라브공Prince Vyacheslav(1083-1154년)이었다. 뱌체슬라브가 통치하는 동안 투로프는 이전에 상실한 영토를 되찾았을 뿐 아니라 새로운 도시들도 정복했는데, 그 중 대표적인 곳이 볼로디미르-볼린스키 Volodymyr Volynsky이다. 투로프는 작은 공국들로 분할되는 운명을 피하기는 했지만, 1142년 다른

뱌체슬라브 공 성상화

2부 벨라루스인의 고대 역사 47

왕조들에 의해 네 공국으로 나누어지기도 했다.

유리Yuriy가 공후가 된 후 이러한 상황은 완전히 바뀌었다. 그는 공국을 쪼개어서 키예프의 왕자들에게 나누어주던 관행을 끝내고, 투로프에 대한 키예프의 간섭도 허용하지 않았다. 키예프의 이쟈슬라브 대공은 이런 불복종에 대응하여 군대를 이끌고 와 투로프시를 포위하였다. 그러나 주민들의 완강한 저항으로 투로프성은 공략하지 못하고 주변의 마을들만 불태우고 키예프로 돌아갔다. 1158년의 이 승리는 투로프가 키예프로부터 완전히 독립한 것을 의미했다. 1162년 유리는 공식적으로 키예프로부터의 독립을 인정받았다. 유리는 투로프 공후들의 왕조를 설립하고, 그의 후손들은 오랜 기간 투로프를 통치했다. 그러나 핀스크, 슬루츠크Slutsk, 고멜Gomel, 그로드노Grodno 같은 가신공국들이 계속 생겨나면서 13세기 초 투로프는 영향력을 점차적으로 상실해 갔다. 슬루츠크는 11-12세기 전환기에 부상했다. 1116년 연대기는 "민스크의 글렙 공이 드레고비치인들과 전쟁을 시작하여 슬루츠크를 완전히 불태웠다"라고 기록하고 있다. 고멜은 1142년 슬루츠크와 같은 방식으로 연대기에 서술되어 있다. "스몰렌스크의 로스티슬라브 공이 라디미치인들을 공격하여 고멜시에 불을 놓았다" 그로드노는 고고학적 자료를 보면 연대기에 언급되기 2-3백 년 전에 세워진 것으로 보인다. 연대기에는 "1183년 하늘의 번개와 천둥으로 화재가 일어나서 돌로 만든 성당까지 불에 탔다"라고 기록되어 있다. 현재 이 세 도시는 벨라루스의 주요한 행정, 산업 중심지이다.

폴로츠크공국과 투로프공국이 어느 정도 키예프 루스에 의존하고 있었는가 하는 문제와 어느 범위에서 이 두 공국을 최초의 벨라루스 정치체로 인정할 것인가 하는 문제에 학자들의 논란이 집중되어 있다. 최근 20여 년 간 벨라루스 역사학자들은 폴로츠크와 투로프를 최초의 벨라루스 국가로 인정하는 경향을 보여 왔다. 그러나 러시아 역사학자들은 루스 민족의 보루이자 모든 루스인들의 보호자로서 키예프 루스의 국가성만 인정하고 있다.

키예프 루스의 붕괴 원인에 대해서는 다음 사항들을 고려할 필요가 있다. 루스의 공국들의 끊임없는 투쟁과 전쟁은 좀 더 심층적인 내부적 원인을 가지고 있다. 정치적 부문에서 키예프는 가장 큰 영토를 가진 공국으로서 가신 공국들의 정치적, 군사적 복종을 요구하였다. 그러나 각 공국들의 경제적 연대는 약했다. 고대 루스 제국의 공고화 과정은 이전의 부족 연합체들의 인종적, 정치적 전통과 종교적, 문화적 특수성에 의해 제약을 받았다. 이런 특수성과 차이점은 지역적 분리주의와 완전히 키예프의 예속으로부터 벗어나려는 수많은 시도와 독립적인 공국 탄생에 기여하는 여건을 만들어 주었다. 이러한 공국들 중 폴로츠크, 노브고로드, 투로프 같이 가장 강하고 발전된 공국들은 독립을 얻는데 성공했다. 그러나 12세기 말 키예프 루스는 결국 6-7개의 독립적 공국으로 분리되어 중앙집권화된 국가로서의 존재는 막을 내렸다.

벨라루스의 역사에서 또 하나 논란의 주제가 되는 것은 언제, 어떻게 벨라루스가 지리적, 민족적, 정치적 실체로 등장하게 되었는가이다. 이 주제에 대한 통일된 견해는 없다. 일부 학자들은 벨라루스는 8-9세기에 독자적 민족집단을 형성하기 시작했고, 키예프 루스가 붕괴한 12세기에는 이를 완성했다고 본다. '대러시아(Great Russian)론'을 옹호하는 사람들은 벨라루스의 민족집단의 형성 과정은 키예프 루스가 붕괴한 후 시작되어 14−15세기에 완성되었다고 본다. 벨라루스라는 현대적 명칭은 두 단어로 구성되어 있다. 러시아어에서는 '벨라야 루스(Belaya Rus, 'White Rus')', 라틴어에서는 '로시아 알바(Rossia Alba)' 또는 '루테니아 알바(Ruthenia Alba)', 이태리어에서는 '로시야 비안카(Rossia Bianka)', 프랑스어에서는 '라 루시 블랑쉬(la Russie Blanche)'이다. 이것이 서유럽 연대기에 나타난 벨라루스의 명칭이다. '루스'라는 명칭의 기원에 대해서는 이 책의 앞부분에 서술한 바가 있다. '흰, 백白(white)'이라는 형용사는 어디에서 나왔는지에 대해서도 다양한 제안과 이론이 있다. 아래가 대표적인 설명들이다.

- 흰색은 '아름답다'라는 말과 동의어이다.
- 흰색은 겨울에 내리는 많은 눈에서 유래한다.
- 흰색은 깨끗하거나 순수한 것을 뜻한다.
- 흰색은 몽골과 타타르의 지배를 받지 않았다는 뜻이다(몽골군과 타타르군은 벨라루스 지역까지 다다르지 못했다).
- 흰색은 '백白루스인(White Rus)'들이 금발이나 흰 머리카락(fair-haired)을 가지고 있기 때문이다.
- 흰색은 '백루스'의 기독교가 일찍 수용되어 키예프 루스 지역처럼 피를 흘리지 않고 평화적으로 전파되었기 때문이다.

역사적 자료에서는 '백루스'를 12세기부터 블라디미르−수즈달과 관련하여 언급한다. 1169년 안드레이 보골륩스키Andrey Bogolyubkiy 공은 키예프를 점령하였다. 그러나 키예프가 더 이상 키예프 루스의 수도가 아니었으므로 그는 거기에 거주하기를 원하지 않았다. 그는 키예프는 다른 종교를 믿는 사람들이 많이 살았으므로 정교회의 순수성을 잃었다고 생각했다. 그래서 그는 자신의 칭호를 '루스의 대공(Grand Prince of Rus)'에서 '백白루스의 대공(Grand Prince of White Rus)'으로 바꾸었다. 즉 정교회 신앙의 순수성을 지키고 있는 땅인 '백러시아(White Russia)'를 통치한다는 사실을 강조하고 싶었던 것으로 보인다. 13세기부터는 폴로츠크, 비텝스크, 모길레프 지역이 '백루스'로 불렸다. 이 명칭은 14세기에는 문서에 고정적으로 나온다. '히파티아 사본(Hypatian Codex)'에는 1325년 폴란드의 카시미르왕 Casimir이 리투아니아 대공 게데미나스Gedeminas의 딸인 안나Anna와 결혼할 때 '백루스'라는 명칭이 쓰였다. 1413년 프러시아의 왕은 리투아니아의 비타우타스 대공에게 쓴 편지에서 프러시아가 곧 '백루스의 군대(unit den Weissen Russen)'와 싸워야 한다고 했다. 15세기 초 군사 서신에서 폴란드 총리는 폴로츠크를 '백루스의 거점(stronghold of White Rus)'이라고 기술했다. 이태리, 독일, 스웨덴의 지도들과 15-16세기의 많은 역사연대기에서는 '백루스'가 현재의 벨라루스의 동쪽지역과 러시아 땅의 일부 지역, 즉 노브고로드, 모스크바, 프스코프를 포함했다. 이러한 사실은 1569년 러시아 짜르 이반 칼리타Ivan Kalita가 교황에게 보낸 편지에도 드러난다. 여기에는 "로마의 지도자 식스투스에게 백루스의 대공 이반이 씀(Sixtus, Leader of Rome, writes Ivan, Grand Prince of White Rus…)"이라고 적혀 있다.

16세기 중반부터 '백루스'가 지칭하는 지역은 그 영역이 크게 넓어져서 민스크와 그로드노를 포함했고, 17세기에는 이 명칭이 벨라루스 민족의 영토를 지칭하는 말로 고정되었다. 17세기 독일 황제의 대사인 메예르베르그Meyerberg는 '모스크바로의 여행(Journey to Muscovy)'이라는 책을 썼는데, 여기에 "백루스라는 이름은 프리퍄트 강, 드네프로 강, 서부 드비나 강 사이의 지역을 말하고…, 나바흐루닥, 민스크, 므스티슬라블, 스몰렌스크, 비텝스크, 폴로츠크 시와 이에 딸린 모든 지역을 뜻한다"라고 했다. 17세기에는 '백루스'라는 명칭과 함께 '벨라루스(Belarus)'도 쓰이기 시작했다. 19세기 러시아 제국의 공식문서에서는 이 이름을 인정하지 않았고, 행정 문서에서 벨라루스 지역을 '러시아 영토의 북-서부 지역'이라고 지칭했다.

5장 고대 루스의 종교와 문화

 동슬라브인들의 연대기에는 "이들은 신의 법(Law of God)을 따르지 않고 자신들의 신을 만들었다"라고 나온다. 다른 말로 하면 슬라브인들은 원시 다신교도(pagan)였다. 원시 다신교는 수천 년의 세월을 두고 형성되었다. 처음에 조상 숭배로 시작된 슬라브인들의 신앙은 시간이 지나면서 수많은 신을 갖게 되었다. 벨라루스인들의 조상들에게 가장 강력한 최고의 신은 천둥과 번개의 신인 페룬Perun이었다. 이 신에 대한 숭배는 청동기 시대인 인도유럽어족 시기부터 시작된 것으로 보인다. 스바록Svarog은 하늘의 신이고 햇빛의 신인 다즈보그Dazhbog는 그의 아들이다. 호르스Hors는 태양의 신으로 숭배되었고 벨레스Veles는 가금류의 신이었다. 스트리보그Stribog는 바람을 관장하는 신이었고, 가뭄 때 비구름을 몰고 왔다.

 고대 벨라루스인들에게 가장 중요한 의식은 장례를 포함한 조상숭배였다. 일 년에 몇 차례씩 죽은 조상들을 기렸다. 벨라루스에서는 지금도 이러한 기념일을 '쟈듸(Dzyady, 노인이나 조상을 뜻하는 말)'라고 부르고 매년 11월 2일 이 기념일을 지킨다. 의식을 위해 정성껏 준비를 하며 집안을 청소하고 장식하며 특별한 음식을 마련한다. 장례나 조상숭배와 함께 중요시된 의식은 출생, 결혼과 관련된 의례였다.

다즈보그 형상

출생에는 산파의 역할이 중요하였고, 마을에서 출산을 순조롭게 하는 마술적 주술과 기술을 알고 있는 나이 든 여자가 산파로 선택되었다. 가까운 친척 사이의 결혼은 엄격히 금지되었다. 결혼 의례가 진행되는 동안 신부는 동물가죽 위에 앉는데, 이것은 신부가 야생의 동물처럼 건강하고 다산을 하라는 기원을 담고 있다. 여러 자연신들 중에 폐룬을 기리는 축제가 가장 성대하게 열렸다. 폐룬은 피의 제물을 원하기 때문에 황소나 암소, 때로는 사람이 제물로 바쳐지기도 했다. 폐룬 축제가 열리는 7월 말은 보리 수확철이기 때문에 사람들은 폐룬에게 좋은 날씨를 기원했다.

988년 키예프의 블라디미르 대공이 비잔틴 정교를 수용하면서 동슬라브 지역에 기독교가 전파되기 시작하였다. 당시 비잔틴제국은 기독교 세계의 주도적 역할을 하고 있었고, 키예프 루스는 비잔틴제국과 그 수도인 콘스탄티노플과 오랜 정치적, 상업적, 문화적 관계를 맺고 있었다. 1054년 로마카톨릭 교회와 비잔틴 동방정교회가 정식으로 분리되면서 동방정교회는 더 이상 로마 교황의 권위를 인정하지 않고 고유의 길을 가기 시작했다. 로마 카톨릭이 밑에서부터 위로 전파된 기독교였다면, 슬라브 땅에 전파된 동방 정교회는 지도자들이 먼저 받아들이고 하향식으로 전파하였다는 점이 특징이다.

벨라루스에 정교회가 주도적 신앙이 되는 데는 시간이 걸렸다. 몇 세기 동안 동슬라브인들은 이중적 신앙을 유지했다. 많은 주민들이 고대의 다신교 신앙을 유지하며 다신교 의례를 지켰기 때문에 정교회는 이를 포용해야만 했다. 특히 가족과 농사와 관련된 전통 의식은 정교회의 종교축일 달력에 포함되었다. 블라디미르 대공이 공식으로 기독교를 수용하기 훨씬 이전에 벨라루스에 기독교인들이 나타난 것으로 알려져 있다. 9세기에 쓰인 아이슬란드의 '기독교의 책(The Book of Christianity)'에는 여행가인 소르발트(Thorvald the Traveller) 수도사에 대한 얘기가 나온다. 그는 아이슬란드를 방문하여 기독교를 전파하고 팔레스타인 성지를 방문한다. 귀환 길에 그는 슬라브 땅을 지나게 되어 986년 폴로츠크를 방문한다. 이곳에서 그는 로그볼로드 공의 따뜻한 환영을 받고 성 세례 요한 수도원을 세웠고, 1002년 죽자 이 수도원에 안장된 것으로 기록되어 있다.

비교적 평화적으로, 또 단계적으로 벨라루스에 기독교가 전파된 것은 중요한 의미를 갖는다. 첫 벨라루스 공국인 폴로츠크공국 시대 이후 벨라루스는 언제나 다른 종교에 대해 존중과 관용의 태도를 보여 왔다. 벨라루스는 러시아에서와 같은 종교적 분열(schism)이나 서유럽에서와 같은 종교 전쟁을 겪지 않았다. 벨라루스의 정교회는 비잔틴 교회의 조직과 원칙을 그대로 수용했다. 10-11세기 벨라루스의 공국들은 주교가 이끄는 교구를 설치하였다. 992년 폴로츠크에 세워진 주교 교구가 동슬라브 지역의 최초의 교구였다. 정교회의 수장인 대주교는 키예프에 머물렀기 때문에 주교들은 먼 곳에 있는 대주교보다는 각 지역의 공후들과 밀접하게 협력하며 일했다.

  기독교의 수용은 벨라루스의 진보와 궤적을 같이 했다. 이것은 벨라루스의 국가 형성 과정에 매우 긍정적 영향을 미쳤다. 원시 다신교와 다르게 단일 신에 대한 신앙은 대공의 국가에 대한 절대적 통치와 연결되었고, 세속 권력을 신성화하는데 이바지했다. 그러나 동시에 로마카톨릭이 아니라 동방정교회를 선택한 것은 이후 벨라루스의 군사적 충돌과 전쟁의 원인이 되기도 했다. 10-11세기 비잔틴제국이 쇠퇴하면서 서유럽은 경제적으로나 문화적으로 비잔틴을 추월했고, 한 번 상실된 우월권은 다시는 회복되지 못하였다. 정교회로 인해 벨라루스는 비잔틴의 영향력 범위를 벗어나지 못하였고, 이는 벨라루스를 서유럽 문화와 문명과 단절시키는 역할을 하였다. 또한 서유럽의 사상적 변화와 발전도 벨라루스로 침투하지 못하게 만들었다. 벨라루스가 동방정교회를 수용한 지 2세기가 채 안되어 카톨릭 십자군의 벨라루스 지역에 대한 침탈과 공격으로 벨라루스인들은 많은 피해를 겪어야 했다. 그러나 정교회 수용은 벨라루스인들의 정신적, 물질적 문화에 진보적이고 긍정적인 영향을 미친 것도 사실이다. 교회가 세워지고, 교육받은 인재들로 이루어진 새로운 사회계층인 사제들이 나타났다. 교회를 통한 비잔틴문화와의 접촉으로 문자해독, 교육, 문학, 미술 등이 빠르게 발전되었고, 수도원은 학교교육, 필사, 번역, 역사 장르인 연대기 저술 등의 중심지가 되었다.

  모라비아, 판노니아Pannonia, 불가리아에서의 키릴과 메포디이 형제의 선교 활동과 성서 번역 덕분에 고대교회슬라브어로 쓰인 성서 필사본과 교회의식 관련 서적들이 나왔다. 키릴의 제자들이 불가리아에서 개발한 키릴 문자는 벨라루스어, 우크라이나어, 러시아어의 표기체계가 되었다. 11-12세기 폴로츠크, 비텝스크, 브레스트에서 필사자와 번역가들은 성서 번역에 몰두했다. 오늘날까지 이 당시 필사되고 번역된 사본들이 전해져 온다. 이 중 11세기에 쓰여진 '투로프 복음서(Turov Gospels, 리투아니아 과학아카데미 도서관 소장)', 12세기에 쓰여진 '폴로츠크 복음서(Polotsk Gospels, 상트 페테르부르그 국립도서관 소장)', 13세기에 쓰여진 '오르샤 복음서(Orsha Gospels, 우크라이나 과학아카데미 중앙도서관 소장)' 등이 대표적이다. 이 필사본들은 수백 장의 양피지로 되어 있고, 성자나 전도자의 작은 초상과 정교하게 그려진 활자로 장식되어 있다.

교육의 필요성이 점차 인식되고 뛰어난 종교적 선각자들이 이 부문에 큰 역할을 했다. 벨라루스 초기 선각자의 대표적 인물은 여성으로, 폴로츠크의 유프로신(Euphrosyne of Polotsk, c.1102-1173년)이다. 브세슬라브 대공의 손녀이며, 폴로츠크 귀족 가문 출신인 여자大대수도원장(Mother Superior) 유프로신은 기독교 신앙에 헌신했다. 그녀에 대한 기록은 '폴로츠크 대수도원장, 성 유프로신의 생애와 죽음(The Life and Death of the Holy and Blessed and Venerable Euphrosyne, Mother Superior of the Monastry of the Holy Savior in the City of Polotsk)'에 남아있다. 아마도 이 책은 그녀의 제자 중에 한 사람이 12세기에 쓴 것으로 여겨진다. 몇 세기에 걸쳐 이 기록은 여러 연대기에 포함되었고, 유프로신에 대한 전기적 정보를 담은 중요한 자료이다. 어려서부터 신앙이 깊었고, 인생의 의미에 대한 고뇌를 한 유프로신은 부모의 허락을 받지 않고 수도원으로 들어갔다. 그녀는 1120년 주교의 허락을 받고 성 소피아 사원의 골방에 자리를 잡고 성 소피아 도서관의 책들을 필사하기 시작했다. 시간이 지나면서 필사, 출간을 위한 공방이 만들어졌다. 공방에서는 번역가, 필사가, 제본가, 화가들이 같이 일했고 여기에서 나오는 책은 벨라루스 전역에 팔려나갔다. 서적 판매에서 얻은 수익은 가난한 사람들을 돕는데 쓰여졌다. 1120년대 후반 유프로신은 '우리의 구세주 여성 수도원(Women's Monastery of Our Savior)'을 창설하였다. 유프로신의 꿈과 이상에 감동을 받은 두 여동생도 큰 기부금을 가지고 수도원으로 들어왔다. 이 기부금으로 '구세주 성당(Church of Our Savior)'이 세워졌다. 지금은 성 유프로신 성당과 수도원으로 알려진 이 건축물들은 12세기 폴로츠크의 건축 양식을 대표하는 건물이었다. 교육의 중요성을 깨달은 유프로신은 어린이들을 위한 몇 개의 학교를 세워 읽기, 쓰기, 교회찬송가 등을 가르쳤고, 교육 프로그램을 확대하여 젊은이들에게는 그리스어, 자연사, 역사, 웅변, 수사학 등을 가르쳤다.

투로프의 키릴(Cyril of Turov, c.1130-1182년)은 '12세기의 크리소스톰(Chrysostom of the 12th Century)'으로 불렸다. 그는 높은 교육을 받았고, 훌륭한 인품을 지닌 뛰어난 작가였다. 투로프의 작품 중 약 60여 개가 현재까지 전해지는데, 시적 기도문, 교회법, 훈계문, 우화 등 모든 작품은 중세 문학의 기념비적 작품으로 인정된다. 그의 작품들은 필사되어 동슬라브 국가들에 퍼지고 학습되었다. 정교회는 폴로츠크의 유프로신과 투로프의 키릴을 시성諡聖하여서, 이들은 벨라루스 최초의 성인이 되었다.

3부 리투아니아 대공국

6장 리투아니아 대공국의 창설과 팽창

• 리투아니아 대공국의 창설

13세기 중반 폴로츠크공국과 투로프공국이 차지했던 지역에 약 30개의 작은 공국들이 생겨났다. 각 공국은 자신의 영토를 지키는 동시에 이웃 공국의 영토를 점령하여 영역을 넓히려는 공후들이 통치했다. 이런 상황에서는 모든 공국들이 외부 적들의 위협을 받았다. 북쪽으로는 세력을 확장하려는 '검의 형제기사단'이 있고 서쪽으로는 호전적인 폴란드 공후들이 있었으며, 남쪽으로는 와해된 키예프 루스의 작은 공국들도 공격적 성향을 계속 유지했다. 벨라루스의 공후들은 유연한 대외 정책을 추구해서 자주 리투아니아와 요트빈기아 Yotvingia(후에 라트비아가 됨)와 동맹을 맺었다. 이 공국들이 연합을 하게 된 첫 번째 이유는 기사단 때문이었다. 리투아니아의 내부 사정은 '백루스'와 비슷했다. 많은 소공국들이 힘을 합쳐야 할 필요를 느끼고 있었다. 이에 더해 벨라루스 지역에는 많은 리투아니아인들이 살았고, 이전에 폴로츠크의 영역이었던 리투아니아에도 슬라브인들로만 구성된 마을이 많았다. 새로운 국가를 형성해야 될 필요성은 당시 동부 유럽에서 발생한 혼란한 상황에 기인했다. 고대 루스의 남부와 동부 전 지역과 우크라이나 땅이 1230년대와 1240년대 몽골군의 침입을 받아 파괴되고 황폐화되었다. 공포의 몽골군은 벨라루스의 공후들에게 큰 위협이었고, 남쪽의 공국들이 맞은 비극적 운명을 피해서 생존을 해야 했다. 이런 이유 때문에 새로운 국가를 형성하여 세력을 집중시키는 것이 필수적 과제였다.

리투아니아 대공국(Grand Principality Lithuania)은 두 지역 세력의 연합체였다. 하나는 나바흐루닥을 중심으로 뭉친 벨라루스 도시세력이었고, 다른 하나는 발트부족들의 지도자이자 지주였던 리투아니아 공후들이었다. 이들은 작은 리투아니아 영토를 서로 나누어 가졌지만, 이것으로 부족하다고 생각했고, 필요한 경우에는 폴로츠크와 나바흐루닥의 공후들에게 자신들의 병사를 동원시켜 주었다. 리투아니아의 공후들 중 가장 영향력이 컸던 것은 민다우가스Mindaugas(1195-1263년)였다. 1237년 나바흐루닥의 이쟈슬라브가 죽자, '베체'는 민다우가스를 초청하여 대공으로 임명했다. 벨라루스를 하나로 통합하는 역할은 이미 오랜 기간 독립적 공국으로 존재했던 폴로츠크가 맡아야한다고 생각할 수도 있다. 그러나 12세기의 수없는 전쟁과 십자군의 침입에 대항하는 오랜 투쟁, 발트해로의 진출로가 봉쇄된 점 등이 폴로츠크의 영향력을 크게 감소시켰다. 13세기 중반부터 벨라루스의 정치적 중심은 드비나 강에서 네만 강으로, 도시는 폴로츠크에서 당시 가장 중요한 도시가 된 나바흐루닥으로 이동했다. 10세기에 형성된 나바흐루닥은 1044년에 처음으로 연대기에 언급된다. 나바흐루닥은 12-13세기에 큰 번영의 시기를 맞았다. 이 도시는 광범위한 국제적 연계와 부유한 사회계층을 가지고 있었다. 이 도시의 전략적 장점은 십자군 원정대와 몽골군의 공격에서 멀리 떨어져 있었다는 점이다. 경제적, 문화적 지위와 물질적, 인적 자원을 보유하고, 슬로님Slonim, 스비슬라치Svislach, 볼코비스크Volkovysk 같은 많은 도시에 둘러싸인 나바흐루닥은 리투아니아에 비해 훨씬 우월적 지위에 있었다. 리투아니아의 발트계 주민들은 아직 이교도였고 문맹이었으며, 돌로 된 집을 짓고 살면서 도시도 가지고 있지 못했다. 이 모든 여건이 나바흐루닥의 정치적 위상에 무게를 더했고, 이 도시가 새로운 국가의 중심이 되게 했다.

리투아니아 대공국 초기에는 경제, 군사적 기반이 인구의 다수를 차지하는 벨라루스인들에 의해 유지되었다. 이 때문에 벨라루스어, 관습, 문화가 처음에는 대공국 궁정을 지배하고, 다음에는 리투아니아 상류층에 퍼져서 결국에는 대공국의 공식적 문화의 지위를 차지하게 되었다.

민다우가스 대공은 능력이 뛰어난 정치가이며 성공적인 군사지도자로 명성을 얻고 있었다. 나바흐루닥을 시작으로 폴로츠크, 민스크, 비텝스크도 그의 통치권을 인정하였다. 민다우가스는 몇 차례 남쪽 지역으로 원정을 하여 저항을 거의 받지 않고 투로프와 핀스크도 차지했다. 연대기는 여러 번 민다우가스의 군대가 3만 명의 병사로 이루어져 있다고 언급했다. 그가 전 가족과 함께 정교회를 받아들인 것도 그의 대중적 지지를 높이는데 기여했다. 1246년 그는 "많은 귀족들과 군지휘관들과 함께 동방으로부터 온 그리스도에 대한 신앙을 받아들였다"라고 기록되었다.

1251년 민다우가스는 정치적 환경의 압박과 국가 내에서의 자신의 권력을 공고화하기 위해 카톨릭을 수용했다. 이 결과 교황 인노

센트 4세Innocent IV는 벨라루스-리투아니아 국가를 인정했다. 1253년 교황의 명에 의해 민다우가스와 그의 아내 마르타Marta는 리투아니아의 왕과 왕비로 대관되었다. 유럽 카톨릭 세계의

민가우다스 동상

이러한 의식을 통해 새로운 국가는 다른 유럽 국가들과 대등한 권위를 갖게 되었다. 그래서 1253년은 리투아니아 대공국이 설립된 공식 시점으로 인정된다. 민다우가스는 종교 문제에 아주 유연한 입장을 보였다. 같은 카톨릭 신봉자인 십자군이 그의 영역을 점점 더 위협하자, 1261년 민다우가스는 카톨릭을 포기하고 다시 이교도 신앙으로 돌아갔다. 그는 노브고로드의 드미트리Dmitriy 공과 함께 리보니아기사단, 튜톤기사단과 지속적으로 전쟁을 벌였다. 1263년 민다우가스와 그의 두 아들은 잘 알려지지 않은 상황에서 죽임을 당했다. 민다우가스의 재위가 끝난 시점, 리투아니아공국과 나바흐루닥이라고 불리는 중앙집권화된 국가가 형성되었고, 이교도인 리투아니아인들과 정교도 벨라루스인들이 이 국가의 근간을 이루며 리투아니아 공후들의 통치를 받게 되었다. 역사에 리투아니아 대공국으로 기록된 국가의 경계는 북쪽으로는 클레이데파Kleidepa에서 남쪽으로는 흑해 연안에 이르렀고, 15세기에는 유럽에서 가장 강력한 국가가 되었다.

파코냐 문양

　벨라루스와 리투아니아의 부족들이 최종적으로 통합된 배경으로는 1230년대-1240년대의 몽골침입이 큰 작용을 했다. 벨라루스의 남쪽과 남서쪽의 모든 지역은 몽골군의 침입을 받아 철저하게 파괴되고 주민들은 살육당하거나 노예로 팔려갔다. 몽골-타타르군이 도달하지 못한 벨라루스 지역은 경제적, 문화적 중심지를 보존할 수 있었다. 이러한 유리한 점을 바탕으로 벨라루스와 리투아니아 부족들의 통합 과정은 매우 빠른 시간 안에 완결될 수 있었다. 왕조 내의 싸움으로 리투아니아의 대공들은 비교적 빠르게 왕위를 계승했지만 모든 대공들은 대공국의 영역을 확장하려는 노력을 게을리하지 않았다. 비테니스 대공Prince Vytenis(재위 1293-1316년) 시기에는 브레스트와 그로드노가 병합되었고, '파코냐Pahonia' 국가문양과 대공의 인장印章이 채택되었다. 비테니스 재위 기간은 끊임없는 원정과 전쟁으로 점철되었다. 23년 간 통치하면서 그는 프로이센에 11차례, 리보니아 기사단에 5차례, 폴란드에 9차례 원정했다. 이 원정에서 그로드노의 다비드 공의 지도력이 크게 빛났다. 1314년 십자군에 포위된 나바흐루닥을 구원하러 온 그는 십자군의 병영과 경비병을 제압하고 말과 보급품을 몰수했다. 십자군은 네만 강으로 후퇴했지만 식량과 마차가 이미 다비드군에 의해 파괴된 것을 발견했다. 전의를 상실한 십자군은 모두 후퇴했고 더 이상 공격해 오지 않았다. 다비드는 프로이센(1319년), 프스코프(1322년), 보헤미아(1324년)에서 십자군과 싸웠고, 브란덴부르크와 프랑크푸르트까지 진격했다. 십자군에 대한 벨라루스인들의 전투는 성공적으로 끝났다. 리보이나기사단과 튜톤기사단은 발트해 연안에 머물렀고, 영토적 야망에도 불구하고 벨라루스 지역으로 영향력을 확대하지 못했다.

• 리투아니아 대공국의 팽창

14세기까지는 리투아니아 대공국이 성장하고 형성되는 시기로 볼 수 있다. 14세기 전 기간 동안 급속한 영토 팽창이 이루어졌고, 그 결과 리투아니아 대공국은 유럽에서 가장 큰 나라 중에 하나가 되었다.

민다우가스의 뒤를 이은 게디미나스 공Prince Gediminas(재위 1316-1341년)은 선왕들의 팽창정책을 이어나갔다. 그는 25년 간 재위하면서 국가의 경계를 크게 넓혔다. 벨라루스의 대부분의 지역이 통합되었고, 이 당시 대공국의 영토 경계는 현재의 벨라루스와 비슷했다. 게디미나스의 정치적 영민성은 새로운 영토를 합병할 때 지역 주민들에게 자치를 허용하고, 영토의 통합성을 인정하며 지방 법률을 보존하고 봉건 영주들의 재산권을 인정하며, 계약을 맺을 자유를 보장한 데서도 잘 나타난다. 이 모든 정책이 대공국의 평화로운 성장과 권력의 공고화에 기여했다. 게디미나스의 출생 기원에 대해서는 여러 소문이 돌았다. 그는 자신이 비테니스 공의 아들이라고 주장했지만, 많은 사람들은 그가 공후의 말을 돌보는 사람이었고, 비테니스를 죽인 후 권력을 잡았다고 믿었다. 외부 세계에서는 이러한 일화가 리투아니아 대공국의 권위에 타격을 주었다. 발트해의 기사단, 크라코우의 폴란드왕, 후에 모스크바의 짜르는 이러한 소문이 진실이라고 믿었다. 그러나 역사가들에게 게디미나스의 출생 기원은 미스테리로 남아있다. 게디미나스는 새 도시 빌노Vilno(현재의 리투아니아 수도 빌니우스Vilnius)를 만들고 군사요새화하였다. 후에 대공국의 수도는 나바흐루닥에서 빌노로 옮겨왔다. 게디미나스의 외교적 성공은 많은 자녀들에 힘입은 바 크다. 그는 일곱 명의 아들과 많은 딸을 두었는데, 그의 딸들은 폴란드와 러시아의 왕자들에게 시집을 갔고, 아들들은 리투아니아 대공국의 주요 도시들을 통치했다. 루스계 류릭 왕조 가문은 벨라루스 지역에서 완전히 절멸되고 게디미나스 왕조로 대체되었다.

게디미나스는 폴란드왕국(Kingdom of Poland)과 동맹을 맺었고, 이 동맹으로 리투아니아 대공국은 큰 이익을 얻었다. 그러나 이 동맹이 맺어지기까지 양국은 많은 전쟁과 전투를 치렀다. 1324년 게디미나스는 그로드노의 다비드 공을 사령관으로 하는 군대를 파견하여 브레스트공국을 폴란드로부터 빼앗았다. 이 공격을 예상하고 있지 못했던 폴란드왕은 리투아니아와 협상을 할 수밖에 없었다. 양국은 공동의 적인 십자군에 대항하는 방어동맹을 맺었다. 이 동맹으로 브레스트공국은 리투아니아 대공국의 소유로 인정을 받았고, 폴란드 왕자는 게디미나스의 딸인 알도나Aldona와 결혼했다. 1325년 폴란드는 리투아니아로부터 큰 지참금을 받았을 뿐 아니라 이전 전쟁에서 리투아니아의 포로가 된 2만 명의 주민이 석방되어 귀환했다. 이러한 외교적 활동 말고도 게디미나스는 경제적 공세도 펼쳤다. 1323년 그는 유럽 여러 나라에 사절을 보내, 기사, 상인, 수공업자, 농민들이 방대한 리투아니아 대공국의 영토에 들어와 살도록 설득했다. 이주자는 토지를 하사받고 몇 년 간 세금을 면제받았다. 이러한 이주민 정착 작업은 성공적으로 진행되었고, 게디미나스 재위 시절 정부는 모든 약속을 지키며 이주민들을 보호하고 지원했다.

  시간이 가면서 리투아니아 대공국에는 다양한 신앙적 배경을 가진 주민들이 거주하게 되었다. 동쪽의 폴로츠크공국과 스몰렌스크, 서쪽의 그로드노와 브레스트, 남쪽의 투로프와 민스크에는 모두 정교도들이 거주하였다. 북서쪽의 리투아니아인들과 사모기티아인들은 이교도들이었다. 서유럽 국가들에서 온 카톨릭 세력은 모두 풍부한 재원을 바탕으로 자신들의 입지를 활발히 강화했다. 그러나 대공국의 주류 신앙은 정교회였다. 각 도시마다 여러 개의 정교회 성당이 있었고, 수도원들은 아동들에게 종교적 가르침을 전파했다. 대공국의 공식 언어는 리투아니아어였다. 리투아니아 대공국에게 여전히 골칫거리로 남은 것은 십자군이었다. 십자군과의 충돌은 완전히 끝나지 않았다. 1342년 게디미나스는 빌뉴에누Vilnyuenu 요새를 리보니아기사단으로부터 탈환하는 전투를 벌였다. 이 시기 십자군은 이미 돌로 만든 총알을 발사하는 총포류를 가지고 있었다. 십자군의 새로운 무기에 제압당한 리투아니아군은 후퇴할 수밖에 없었고, 이 전투에서 게디미나스는 전사했다. 게디미나스의 전사 소식은 리투아니아에 큰 충격을 주었다. 그는 젊은 시절 기독교를 받아들였으나 장례식은 이교도 전통식으로 진행되어 애마와 시종들이 같이 화장되어 순장되었다.

게디미나스의 장남인 알기르다스Algirdas(재위 1341-1377년)가 왕위를 이었다. 그는 첫 원정으로 프러시아를 침공해 천 명의 포로와 많은 노획물을 가지고 돌아왔다. 알기르다스는 왕자 시절부터 남쪽과 동쪽의 루스 공국들을 침공했다. 키예프공국은 9-11세기의 세력과 영광을 잃은 지 오래되고, 13세기에는 몽골-타타르군 침입으로 완전히 초토화되었다. 이 지역에 남아있던 잔존 세력들은 리투아니아 대공국의 권위에 복종하고 공납을 바칠 수밖에 없었다. 알기르다스 재위 기간인 1360년대 키예프와 주변 지역들은 리투아니아 대공국의 일부로 편입되었다. 리투아니아 공후들의 주도권 아래 벨라루스 땅과 우크라이나 땅이 통합되는 과정은 평화롭게 진행되었다. 양 지역 모두 영토 통합으로 이익을 보았고, 중앙집권화된 정부와 몽골군과 십자군에 대항할 수 있는 강한 군대가 필요했다. 약 1세기 동안 몽골군은 리투아니아 대공국을 침입하지 않았다. 그러나 십자군은 그 반대였다. 튜톤기사단의 단장의 명령에 따라 서유럽 여러 지역에서 중무장을 한 기사들이 모여 리투아니아를 공격했다. 이들은 리투아니아의 이교도나 벨라루스 정교도를 무자비하게 학살하고 약탈했으며 이교도 신전과 정교회 성당을 파

알기르다스 초상

괴했다. 알기르다스가 통치하는 30년 동안 십자군은 100번도 넘게 리투아니아를 침공했다. 가장 큰 원정은 1345년, 1347년, 1348년, 1352년, 1370년에 있었다. 이에 대한 보복으로 알기르다스는 십자군을 포로로 잡지 말고 모두 처형하도록 명령했다. 양측의 전투는 폴란드 국경으로까지 확대되

켕스티투스 초상

었다. 리투아니아 대공국의 군대는 알기르다스의 동생인 켕스투티스 Kęstutis가 지휘했다. 1350년 브레스트는 폴란드에 넘어갔고, 이에 대한 보복으로 켕스투티스는 바르샤바를 점령하고 헝가리 국경까지 진격했다. 헝가리 루이스왕Louis이 전투 준비를 위해 대군을 동원하자, 승산이 크지 않다고 판단한 겡스투티스는 헝가리측과 강화조약을 맺고 폴란드와 헝가리에서 철군했다.

전쟁으로 평생을 보낸 알기르다스는 1377년 80세로 생을 마쳤다. 그는 막내 아들인 요가일라Jogaila를 후계자로 지명했는데, 이 결정은 형제들과 특히 장남인 폴로츠크의 안드레이 공의 반발을 불러일으켰다. 가족은 후계문제로 대립되었지만 삼촌인 켕스투티스를 비롯한 영향력있는 가족들이 요가일라 편을 들면서 그는 왕위에 올랐다. 폴로츠크의

드미트리 돈스코이 초상

3부 리투아니아 대공국 67

안드레이는 모스크바공국의 드미트리 돈스코이Dmitry Donskoy에게 도움을 청했다. 모스크바공국은 강력한 라이벌인 리투아니아공국의 내분을 조장하는 것이 손해가 되지 않았다. 안드레이는 모스크바로 가서 충성을 맹세하고 드미트리 돈스코이의 가신이 되었다. 안드레이는 1381년 러시아군이 처음으로 몽골-타타르군과 싸워 이긴 쿨리코보Kulikovo 전투를 비롯한 많은 전투에 참전하여 큰 공을 세웠다.

요가일라는 모스크바공국을 견제하기 위해 몽골칸과 타타르칸의 집단인 몽골칸국(Mongol Horde)과 동맹을 맺었다. 그러나 이러한 정책은 요가일라의 인기와 권위를 크게 떨어뜨렸다. 켕스투티스는 이러한 기회를 이용하여 1381년 궁정쿠테타를 일으켜서 권좌에 올랐다. 그러나 켕스투티스는 요가일라를 죽이지 않고 비텝스크의 공후로 보냈는데, 이것이 후에 화근이 되어 그는 권좌에서 내려오게 된다. 켕스투티스는 이전의 호전적 정책을 버리고 모스크바공국과 공존 정책을 취했다. 대주교 키프리안Cyprian이 양국 사이의 화친에 큰 역할을 하였다. 모스크바와 화친을 맺은 켕스투티스는 십자군과의 전쟁은 계속했다. 1382년 그는 시민군과 함께 리보니아기사단을 공격하여 큰 피해를 입혔다. 몇 개의 요새가 정복되고 많은 포로와 전리품이 획득되었다. 기사단은 켕스투티스와의 정면대결보다 왕조 내의 내분을 이용하기로 하였다. 기사단은 대공의 자리에서 물러난 요가일라에게 접근하여 그를 왕좌에 복귀시키는데 힘을 보태겠다고 했다. 많은 공후들이 이에 동조를 하였고, 반란군은 1382년 겡스투티스가 전장에 나가있는 동안 빌노를 점령하고 비텝스크에서 온 요가일라가 다시 왕위를 차지했다. 요가일라는 켕스투티스에게 평화회의를 제안하여 아들 비타우타스Vytautas와 함께 빌노로 돌아오게 했다.

켕스투티스 일행이 도착하자 요가일라는 이들을 모두 체포하여 크레보성의 감옥에 수감하였다. 며칠 후 켕스투티스는 교수형을 당하였고, 비타우타스는 하인의 복장으로 위장하여 감옥을 탈출하는데 성공하였다. 이 비타우타스가 후에 벨라루스와 리투아니아의 역사에 큰 전환점을 가져오는 군주가 된다.

7장 크레보 연합과 그룬발트 전투

요가일라는 국내적으로 큰 지지를 받는 군주는 아니었다. 당시 복잡한 국제정세 속에서 리투아니아 대공국의 대외 노선도 분명히 정하지 못했다. 모스크바공국이 고대 루스 시대의 연계성을 내세우며 먼저 리투아니아 대공국에 호의적 태도를 보였다. 폴란드도 유럽에서의 영향력 강화를 위해 리투아니아와의 동맹을 추구했다. 튜톤기사단은 리투아니아와 벨라루스 땅을 계속 침략하였고 더 많은 요구를 내놓았다. 폴로츠크의 안드레이 공은 드미트리 돈스코이를 도와 원정에 참가하면서 리투아니아 대공국의 권좌를 노리고 있었다. 1380년 쿨리코보 전투에서 몽골-타타르에 대한 대승리 이후 모스크바공국의 위상은 급격히 높아졌다. 요가일라는 모스크바공국의 드미트리 돈스코이와 우호적 관계를 맺으려고 노력했다. 두 국가 간의 화평한 관계가 리투아니아와 벨라루스 땅의 정교회 영향력 확대에 중요하다는 것을 안 정교회 지도부도 이러한 움직임을 적극 지원했다. 요가일라가 곧 정교회 신도가 되고 드미트리 돈스코이의 딸과 결혼할 것이라는 예측이 돌았다. 만약 이 예상대로 일이 진행되었다면 벨라루스 주민들은 완전히 다른 역사를 갖게 되었을지도 모른다. 모스크바와 가까워지는 계획에 반대하는 세력이 우위를 차지하면서 결심이 분명하지 않았던 요가일라는 이러한 계획을 포기하였다. 그러나 자신의 국내적 정치 기반이 약한 것을 알고 있는 요가일라는 외국과의 동맹을 계속 추구했다. 동방 카드를 제대로 사용하지 못한 그는 서방으로 눈을 돌렸다. 1382년 폴란드왕 루이스는 아들을 남기지 못하고 죽었다. 그의 사후 2년 간 폴란드는 누구를 다음 왕으로 할 것인가에 대해 논란이 일었다. 최종적으로 열 살이 된 루이스의 장녀인 야드비가(Jadwiga)가 일단 폴란드를 다스리는 것으로 결정되었다. 그러면 누가 야드비가의 남편이 되어 최종적으로 폴란드왕이 될 것인지가 큰 관심을 끌었다. 동유럽에 정교회 세력이 확장되는 것을 두려워 한 바티칸 교황청의 압력과 권고에 의해 폴란드는 야드비가가 요가일라와 결혼하여 그가 폴란드 왕위에 오르는 것에 동의했다. 이렇게 되면 벨라루스와 우크라이나 땅에 카톨릭을 쉽게 전파할 수 있을 것이라는 계산이 이를 따랐다.

뛰어난 리더로서의 자질을 보여주지 못한 요가일라가 아무도 예상 못한 가운데 당시 가장 큰 영향력을 가진 카톨릭 국가 중 하나인 폴란드 왕위에 오르게 되었다. 당시 요가일라는 35세였고 미혼이었다. 반독일 정서를 가지고 있던 대부분의 폴란드 귀족들은 그를 야드비가의 적당한 남편감으로 생각했다. 폴란드와 리투아니아 대공국은 발트해로의 진로를 막고 있는 튜톤기사단을 공동의 적으로 상대하고 있었고, 두 국가가 연합하면 튜톤기사단을 제압할 수 있었다. 요가일라 입장에서는 폴란드와 연합하면 자신을 괴롭혀 온 국내의 왕위 계승권과 관련된 싸움과 음모도 종결시킬 수 있고, 자신의 형인 안드레이와 사촌인 비타우투스도 더 이상 위협이 될 수 없었다. 결혼 제안에 크게 만족한 요가일라는 폴란드가 제시하는 어떤 조건도 받아들일 준비가 되어 있었다. 그러나

튜톤기사단 전투 그림

폴란드 왕위에 오르기 전에 그가 해야 할 일은 많았다. 먼저 요가일라는 모든 가족과 함께 카톨릭을 받아들이고, 리투아니아 대공국을 항구적으로 폴란드와 병합시켜야 했다. 또한 야드비가의 약혼자였던 오스트리아의 윌리엄 왕자에게 20만 플로린florin(금 700kg에 해당하는 금액)을 파혼배상금으로 지불해야 했다. 1378년 7세인 야드비가는 10세인 윌리엄과 약혼을 했었다. 야드비가는 13세가 될 때까지 결혼 의무가 없었지만, 어느 한쪽이 약혼을 파기하는 경우 20만 플로린을 배상하기로 계약이 되었었다. 이러한 결혼과 국가연합에 대한 보상으로 폴란드는 벨라루스와 리투아니아의 기사단에 대항한 싸움에 도움을 주기로 했다.

 1384년 10월 15일 12세인 야드비가가 군주로 취임하자, 폴란드 수도 크라코우와 요가일라가 머물고 있던 비텝스크에서는 결혼과 국가연합에 대한 본격적인 협상이 시작되었다. 폴란드, 리투아니아 대공국, 헝가리의 대표단은 크레보에서 만나 국가연합과 결혼에 대한 구체적 안을 만들었다. 이로써 소위 '크레보 연합'이라고 불리는 폴란드

요가일라 초상

와 리투아니아 대공국의 국가연합이 탄생하게 되었다. 주민의 3/4이 정교도인 나라를 다스리고 있던 리투아니아대공은 일가친척과 함께 카톨릭으로 개종하고, 흑해에까지 이르는 '백루스'의 땅 전체를 폴란드 왕국과 합치기로 했다. 연합국가는 폴란드 왕의 지위와 리투아니아 대공의 지위를 겸한 한 사람의 군주에 의해 통치되기로 되었다. 첫 통치자는 요가일라가 되고 다음에는 요가일라와 야드비가 사이에 탄생하는 후계자가 왕위를 잇게 되었다. 대외정책과 국토의 방위는 두 국가가 합동으로 맡고, 각각의 내정은 분리해서 운영하기로 했다. 리투아니아 대공국과 폴란드는 별도의 정부와 재정, 군대를 보유하기로 되었다. 벨라루스 주민들은 정교회를 계속 신봉할 수 있는 자유를 가졌다. 요가일라는 많은 선물을 가지고 결혼식과 대관식을 위해 크라코우로 왔다. 크라코우에 도착하자마자 요가일라와 친인척, 궁정 가신 모두는 카톨릭 의식에 따라 세례를 받고 그는 브와디스와우 야기예워Vladysław Jagiełło라는 폴란드식 이름을 받았다. 브와디스와우 야기예워는 1432년 죽을 때까지 폴란드왕을 맡았고, 1572년까지 폴란드를 통치한 야기예워 왕조의 창시자가 되었다.

크레보 연합은 리투아니아 대공국이 폴란드에 정치, 경제적 영향을 끼칠 수 있는 기반을 마련해 주었다. 1385년 이전 벨라루스-리투아니아 국가의 발전은 벨라루스적 바탕과 문화에 의해 주도되었고, 벨라루스어가 공식 언어 역할을 한 것이 그 단적인 증거이다. 벨라루스어는 궁정과 정부기관에서 뿐만 아니라 지주계급부터 가장 가난한 농민들까지 사회 모든 계층이 사용했다. 크레보 연합 이후 소위 '폴란드화(Polonization)'라고 알려진 벨라루스 문화 배척 운동이 시작되었지만 이 과정은 느리게 진행되었다. 16세기 후반에도 벨라루스와 리투아니아는 자신들의 관습을 좇아 살았고, 폴란드와의 국가연합은 대체로 '서류상'의 구조로 남았다.

국가연합의 조건 중의 하나인 리투아니아 대공국의 주민들을 카톨릭으로 개종하는 과제는 쉬운 일이 아니었다. 벨라루스, 리투아니아, 우크라이나 땅에 정교회는 300년 이상 존재했고, 모든 도시 주민들은 정교회 교도였고, 리투아니아의 시골 지역은 주로 다신교도였다. 리투아니아는 카톨릭을 가장 늦게 받아들인 국가라는 사실도 환기할 필요가 있다. 특히 코브노Kovno(현재의 Kaunus) 근처의 쥐무드Žmud 지방은 1415년에야 카톨릭을 받아들여서 유럽에서 가장 오래 다신교도 지역으로 남아있었다. 1387년 브와디스와우 야기예워는 지주가 다신교나 정교회에서 카톨릭으로 개종하는 경우 받게 될 특권에 대한 포고령을 내렸다. 특권 중에는 자신의 소유지를 제약을 받지 않고 처분하고, 상속권을 보장받으며, 많은 세금과 의무로부터 면제되는 내용이 들어있었다. 정교도 지주는 이러한 특권을 누리지 못하고 있었다. 이것은 정교회 신자를 법적인 면에서 차별하는 최초의 조치였다.

야기예워가 두 국가의 통합 왕위에 오르자마자 그의 사촌인 비타우타스Vytautas가 권력 투쟁에 뛰어들었다. 그는 모스크바공국과 친밀한 관계를 유지하며 반란을 일으킬 기회를 엿보고 있었다. 1389년 여왕 야드비가의 주선으로 비타우타스는 국왕의 대리인들과 협상을 갖고 야기예워의 권위에 도전하기로 약속했다. 그러나 이 약속을 한 직후 그는 리투아니아인과 모스크바병사로 구성된 부대를 조직하여 루츠크Lutsk를 점령하고 빌노를 공격하였다. 그러나 비타우투스는 방어가 견고하고 요새화된 빌노를 공략하지 못하고 방어군에게 패배하여 가족과 군대를 이끌고 튜톤기사단 진영으로 도주하였다. 리투아니아 대공국 내의 내분을 기다리고 있던 기사단은 비타우타스를 받아들이고 그가 리투아니아 대공국의 권력을 쟁취하게 되면 기사단에 충성을 하고 그간의 지원을 모두 되갚을 것을 요구하였다. 비타우타스는 모든 조건을 받아들이고 성서를 놓고 맹세를 하고 서류에 서명을 했다.

비타우타스의 분리주의적 기도는 많은 벨라루스와 리투아니아 주민의 지지를 받았다. 그는 크레보 연합으로 축소된 리투아니아 대공국의 정치적 위상을 회복할 수 있는 인물로 상징되었다. 비타우투스는 개인적 권력욕에 따라 투쟁을 시작했지만 폴란드가 강해지는 것을 거부하는 사람들은 그를 지원했다. 1390년 8월 비타우투스와 튜톤기사단장 발렌로트Konrad Wallenrod가 이끄는 4만 명의 부대가 빌노에 대한 공격을 개시했다. 빌노에서 멀지 않은 곳에서 공격군은 야기웨어의 군대를 만나 전투를 벌였다. 전투 결과 비타우타스의 군대가 승리를 했고 빌노로 진격하여 도시를 포위했다. 그러나 게디미나스 시대부터 견고한 요새로 구축된 빌노는 주민들의 영웅적인 항거로 공격을 막아냈다. 석 달 동안의 포위로도 빌노를 공략하지 못한 비타우타스는 전리품과 포로들을 데리고 프러시아로 돌아갔다. 상황을 객관적으로 분석한 야기예워는 비타우타스와의 싸움이 몇 년을 끌 수 있다고 생각했다. 리투아니아가 파괴되지 않더라도 국경 지역이 기사단에 넘어갈 가능성도 컸다. 야기예워는 비타우타스에게 다음과 같이 경고했다고 전해진다. "너의 땅을 더 이상 파괴하지 마라. 이 땅은 너의 조국이며 우리의 땅이다. 우리에게 와서 화해를 하고 위대한 형제애를 발휘하자. 빌노의 왕위에 올라 통치하라. 이것은 너의 아버지 켕스투티스의 형이고 친구였던 큰아버지 알기르다스의 왕위였다." 이렇게 해서 야기예워는 자발적으로 리투아니아의 권력을 비타우타스에게 양도했다. 비타우타스는 즉각 제안에 동의했다. 먼저 그는 자신의 코브노성으로 가서 모든 독일계 기사들과 상인들을 죽임으로써 더 이상 이들과 협력하지 않는다는 것을 행동으로 보여준 후 빌노로 갔다. 이렇게 해서 오랜 기간을 끈 왕가 내부의 권력 투쟁은 타협으로 끝이 났다. 가족 내의 많은 반대에도 불구하고 알기르다스의 아들인 야기예워는 켕스투티스의 아들이자 자신의 사촌인 비타우투스에게 리투아니아 통치권을 내주고, 그를 리투아니아 총독으로 임명했다. 야기예워는 크라코우에서 폴란드 왕으로서 통치를 이어갔다.

비타우타스는 1392년부터 1430년까지 리투아니아-벨라루스를 통치하였고, 영토 확장의 공으로 '위대한(The Great)'이란 수식어가 호칭에 붙었다. 그

비타우타스 동상

3부 리투아니아 대공국

의 반란과 개인적 권력욕으로 벨라루스-리투아니아국가는 다시 완전한 자치적 통치를 할 수 있었고 폴란드왕의 뜻을 따르지 않아도 되었다. 비타우타스는 중앙집권적 개혁을 실시하고 자신의 적극적인 외교 정책을 펴면서 자신의 권력을 강화해 나갔다. 그 결과 리투아니아 대공국은 영토를 크게 넓히고 국제적 위상을 강화할 수 있었다. 비타우타스가 통치하는 동안 리투아니아 대공국은 현재의 벨라루스, 우크라니아, 리투아니아 전 영역과 모스크바에서 100킬로미터 정도 떨어진 지역인 모자이스크Mozaisk, 칼루가Kaluga, 툴라Tula까지 영역을 확대했다. 남쪽으로는 흑해와 아조프해 연안에 이르렀고, 남서쪽으로는 드네프로 강이 경계가 되었다. 이렇게 넓은 지역을 방어하고 통치하는 것은 쉬운 일이 아니었으나 비타우타스는 단호하고, 계교가 풍부하고, 잔인한 지도자의 자질을 보이며 성공적으로 통치했다. 1420년대 비타우타스는 동유럽 전체를 아우르는 지도자가 되었다. 그는 폴란드 지방영주들에게도 영향력을 행세하여, 만일 야기예위가 후계자를 남기지 않아도 이들이 폴란드 왕위에 반기를 들지 않겠다는 약속을 받아내었다.

14세기 말 몽골군과 타타르군은 다시 한 번 벨라루스-리투아니아국가의 남동쪽 국경을 위협했다. 1395년 금칸국(Golden Horde)이 공격적인 티무르Timur에 의해 장악되자 상황은 위험해졌다. 이런 상황을 맞자 비타우타스는 자신과 티무르 사이에 완충지역을 만들기로 했다. 그는 망명 중인 타타르 칸 토크타미쉬Tokhtamysh를 빌노로 받아들이고, 1398년 그가 크림을 정복하여 아조프해 연안에 요새를 건설하는 것을 도와주었다. 이러한 행위는 금칸국과의 전쟁으로 이어질 수 있었다. 비타우타스는 모스크바공국과 서유럽 국가들의 도움을 청했다. 모스크바는 이 제안에 반응을 보이지 않았고, 독일인, 폴란드인, 헝가리인, 기사단 일부 그룹의 작은 부대들이 나섰다. 크림 타타르도 전쟁이 일어나는 경우 비타우타스를 돕겠다고 약속했다. 그러나 주력군은 리투아니아 대공국의 여러 공후들의 군대였다. 비타우타스가 권력을 잡은 후 재산을 박탈당했던 공후들도 몽골과 타타르에 대한 싸움에 기꺼이 나섰다. 1399년 8월 비타우타스가 이끄는 국제적 연합군은 키예프를 떠나 금칸국의 수도인 카스피해 연안의 사라이로 향했다. 그러나 몽골-타타르군과의 첫 전투에서 비타우타스 군대는 크게 패배했다. 비타우타스는 일부 병력과 함께 간신히 탈출했다. 몽골-타타르군은 키예프까지 추격을 해 와서 약 20명의 벨라루스 공후들과 알기르다스의 손자들을 죽였다. 이 패배로 비타우타스의 명성은 큰 타격을 입었고, 국가 권력을 강화하고 확장하는 데도 나쁜 영향을 주었다. 그러나 몽골-타타르군도 리투아니아 대공국의 힘을 두려워하여 이후 몇 십 년 동안 국경을 침범할 생각을 하지 못하게 되었다.

비타우타스는 사라이에서의 패배로 훼손된 명예를 그룬발트Grunvald에서의 승리로 완전히 회복하였다. 1392년 야기예워와 비타우타스의 투쟁이 격화되자 튜톤기사단은 리투아니아 대공국을 분할할 생각을 하고 헝가리와 협상에 들어갔다. 헝가리는 폴란드와 우크라이나의 많은 부분과 벨라루스의 요충인 브레스트를 받고, 튜톤기사단은 벨라루스 전체와 리투아니아, 라트비아, 에스토니아와 프스코프Pskov와 노브고로드를 차지하기로 하였다.

약 200년 동안 벨라루스인들, 폴란드인들, 발트계 주민들은 십자군의 팽창을 저지해야 할 뿐 아니라 이들의 위협을 제거해야 한다는 전략적 목표를 가지고 있었다. 크레보 연합도 이러한 목표를 이루기 위한 하나의 시도라고 볼 수 있다. 1408년 야기예워와 비타우타스는 십자군을 공격하기 위한 준비를 시작하였다. 1409년 겨울 벨라루스 부대는 벨로베자Belovezhskaya 숲으로 집결했다. 이들은 대포와 공성을 위해 특별히 제작된 포탄을 가져왔다. 튜톤기사단은 이러한 공격준비를 알고 야기예워와 비타우타스가 숙영하는 곳에 특공대를 보내 이들을 생포하려 하였으나 실패하였다. 공격 개시 직전 벨라루스 군대는 각각 500명의 병사로 구성된 40대대 규모였고, 5,000명의 타타르 용병과 노브고로드에서 보낸 부대도 있었다. 폴란드군은 야기예워가 직접 지휘했는데, 각각 200-300명으로 구성된 50개 중대 규모였다. 연합군의 전체 병력 수는 4만 명이 넘었다. 기사단장 본 융인겐Ulrich von Jungingen이 지휘하는 튜톤기사단의 병력은 이보다 적었지만 무장과 훈련이 더 잘 되어 있었다.

전투는 7월 15일 벌어졌다. 먼저 벨라루스 경기병이 공격을 하였고, 두 시간 뒤 폴란드 부대가 공격을 시작했다. 양측에서 약 10만 명의 병사가 그룬발트 인근에서 해가 질 때까지 전투를 벌였다. 계속 전세가 뒤바뀌었고, 예비 부대가 계속 투입되며 전장은 피로 물들었다. 결국 기사단 부대가 후퇴하기 시작했고, 이들은 퇴로가 막히고 포위되면서 많은 사상자를 냈다. 튜톤기사단의 지휘부 모두가 전투에서 죽임을 당했다. 대원수 발렌로데(Grand Marshall Wallenrode), 대장 리히텐슈타인(Grand Komtur Lichtenstein), 기사단장 본 융인겐이 전사했다. 리투아니아 대공국군은 병력의 절반인 2만 명가량의 사상자를 냈고, 대부분의 사상자는 벨라루스 부대에서 나왔다. 폴란드군의 피해는 상대적으로 훨씬 적었다.

그룬발트 전투 패배 이후 수세기 동안 반복되었던 독일 기사단의 공격은 완전히 끝이 났다. 중동부 유럽의 세력의 균형추는 슬라브 민족들에게로 넘어갔다. 이후 벨라루스는 약 100년 간 평화의 시대를 누렸다. 그룬발트 전투의 승리로 리투아니아 대공국은 유럽국가들로부터 그 힘을 인정받았다. 이 승리는 벨라루스 지역의 민족적 결합을 강화시켜 주었다. 폴로츠크, 스몰렌스크, 나바흐루닥에서 온 부대들이 모두 전투에 뛰어들었고, 승리 후에는 모두 단합된 벨라루스 국민으로 돌아왔다. 1411년 2월 1일 손 강화조약(Peace of Thorn)이 체결되었다. 튜톤기사단에는 비교적 가벼운 징벌이 내려졌다. 기사단은 사모기티아Samogitia를 리투아니아에 내주고, 도브진Dobrzyń 지방과 비스툴라Vistula 강 하구를 폴란드에 넘겨주고 전쟁배상금을 지불했다. 그러나 튜톤기사단 전력의 와해와 주요 지휘관의 전사로 기사단은 결정적으로 약화되었다. 유럽의 한자동맹Hansa Union 가담 도시들 중 많은 도시들이 튜톤기사단과의 동맹을 철회하고 재화, 기사, 용병들의 공급도 급격히 줄어들었다. 이렇게 벨라루스의 오랜 적은 정치 무대에서 점차 사라져 갔다.

  1430년 비타우타스가 죽자 벨라루스 공후들의 지원을 받은 야기예워의 동생인 슈비트리가일라Švitrigaila가 리투아니아의 대공이 되었다. 슈비트리가일라는 자신을 지지해 준 공후들의 힘을 빌어 반폴란드 정책을 펴기 시작했다. 그는 폴란드와의 연합에서 탈퇴할 것이라고 선언하고, 카톨릭 대귀족들의 권한을 박탈하고, 정교도 벨라루스 귀족들을 정부 요직에 앉히고, 의회인 '라다(Rada)'에 참여할 권리를 부여했다. 크레보 연합 이후 카톨릭 귀족들이 차지한 독점적 권력이 벨라루스 정치지도자들에게 옮겨간 것이다. 이런 상황은 폴란드의 열렬한 지지자인 리투아니아 귀족들의 불만과 음모를 야기했다. 1432년 9

월 1일 밤 비타우타스의 동생인 지기스문트Sigismund가 이끄는 음모자들은 슈비트리가일라의 성을 급습하여 그의 가족을 체포했다. 슈비트리가일라는 폴로츠크로 도망했고, 음모자들은 지기스문트를 대공(재위 1432-1440년)으로 선출했다. 리투아니아와 폴란드는 그를 합법적 지도자로 인정했고, 벨라루스의 폴로츠크, 비텝스크, 민스크 지방은 슈비트라가일라에게 계속 충성했다. 이렇게 해서 1432년-1440년 내전이 발생했다. 슈비트리가일라는 예측할 수 없는 성격과 음주벽으로 대중적 지지를 잃어갔다. 그는 상대보다 많은 병사를 보유하고 있었음에도 불구하고 연전연패했다. 1435년 빌로미에즈 전투(Battle of Wikomierz)에서 그는 크게 패했고, 약 20명의 벨라루스 공후들이 죽임을 당하고 42명이 포로가 되었다. 내전은 왕위를 둘러싸고 전개되

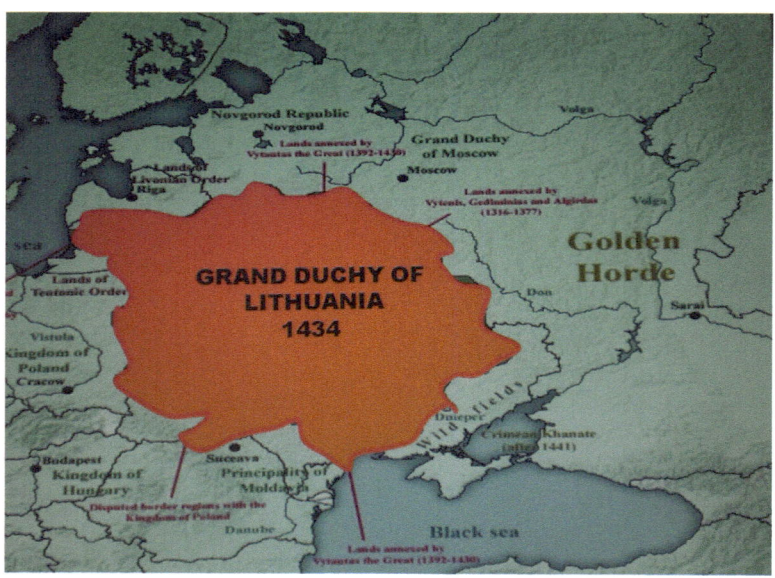

리투아니아 대공국의 영역(1434년)

었지만, 많은 벨라루스 주민들이 슈비트리가일라를 지지한 것은 그가 카톨릭이 아니라 정교회를 지지했기 때문이다. 이런 면에서 내전은 민족적, 종교적 성격이 강했다. 이 전쟁은 리투아니아 대공국 내에 내재해 있는 정치적, 종교적 분열을 보여주었다. 슈비트리가일라를 패배시켰지만 지기스문트의 권력은 오래 지속되지 못하였다. 그는 모든 벨라루스인들을 중요한 자리에서 쫓아내고 노골적인 친카톨릭 정책을 폈다. 짜르토리스키Chartoryski가 이끄는 벨라루스 애국주의자 공후들은 1440년 지기스문트를 죽이고 야기예워의 동생인 카지미르Casimir를 대공의 자리에 앉혔다. 이후 벨라루스-리투아니아국가에는 오랫동안 내분 없는 기간이 지속되었다.

8장 리투아니아 대공국의 사회와 계급구조

리투아니아 대공국은 지주가 농민을 소유하는 전형적 중세 봉건 군주국(feudal monarchy) 형태로 운영되었다. 중세 핵심적 생산기반이었던 토지는 국가와 지주, 교회에 속해 있었다. 대규모 농지를 소유한 봉건 지주는 인구의 10% 이내를 차지했고, 나머지는 소귀족, 중류계층, 사제, 하층민인 농민과 농노 계층으로 분류되었다. 봉건 지주는 특권층을 구성하고 있었고, 농지에 대한 독점적 권리가 이들의 권력과 부의 기초가 되었다. 그러나 지주 계급도 단일적 구성이 아니었다. 대부분의 농지는 이전의 소공국 공후들이나 류릭, 로그볼로드, 알기르다스의 후손인 왕가 가문의 가족들이 소유하고 있었다. 이 지주들은 대귀족(baron) 계급을 형성하고 정부 요직을 담당하고 있었으며, 이들의 재산은 대대로 상속되어 왔다. 그 다음 지주계층으로는 귀족으로 불리는 몰락한 공후나 보야르boyar 출신들이었다. 이들은 농지를 제한적으로 소유하고 있었다. 즉 이들은 대공이나 대귀족에 고용되거나, 위임을 받아 농지를 경작했다. 이들은 국가나 공후들에 대한 봉사의 대가로 토지를 받았지만, 이 토지는 환수될 수 있었다. 벨라루스-리투아니아국가는 거의 늘 전쟁 상태에 있었기 때문에 군사부문에서 공을 세운 이 계층은 계속 늘어갔다. 귀족들은 자신들의 지위를 공고화하고 단결하여 국가 경영에 중요한 역할을 담당했다. 이들은 의회인 '세임Sejm'을 구성하여 국가 의사결정에 참여했다.

오랜 기간 동안 리투아니아 대공국은 단일 법체계에 의해 통치되지 않았다. 대공들은 정기적으로 토지 소유와 세금에 대한 규칙을 정하는 '특권령(Privileges)'을 공표했다. 최초로 체계가 잡힌 일반 법령은 카지미르대공 재위 시기인 1468년 공표되어, 통상 '카지미르 법령(Casimir's Law)'이라고 불렸다. 이 법령은 민사, 형사, 절차에 관한 28개의 조항을 담고 있었다. 카지미르 법령에 의하면 형사책임이 시작되는 나이는 7세였다. 경미한 절도죄에 대한 형벌은 벌금이었고, 중절도죄인은 교수형에 처해졌다. 강도, 약탈, 마술 등을 절도로 분류했다. 19조는 고문을 합법화했다. 토지 소유에 관한 조항들을 보면 농민들이 점차적으로 지주에게 예속될 수밖에 없는 상황을 이해할 수 있다. 농민들은 국가에 직접 세금을 납부하지 않고, 중간 수납자인 지주에게 세금을 내야했다. 이런 구조 때문에 정부는 법적 지위를 가지고 있는 지주들만 통제하면 되었고, 농민은 아무런 법적 지위를 가지고 있지 못했다. 리투아니아 대공국의 법률체계는 16세기 모든 법령을 체계적으로 모은 '법령집(Statutes)'이 만들어지면서 큰 도약을 하게 되었다. 1522년 '세임'은 기존의 법률과 포고령을 하나의 법령집으로 집대성하는 결정을 내렸다. 이 작업은 총리대신 고쉬타우타스 Albert Goštautas가 주도하고, 관리, 학자, 사제 대표들로 구성된 위원회에 의해 진행되었다. 당시 유럽 어느 나라에서도 이러한 법령 집대성 작업은 이루어지지 않았다.

완성된 법령집은 1529년 빌노의 '세임'에 제출되어 승인을 받았다. 법령집의 핵심 원칙으로는 국가 주권, 법의 통합성, 성문법 우선원칙 등 당시로서는 아주 선진적인 내용들이 들어있었다. 법령집은 13개 부문, 282조로 구성되어 있었다. 국가 체제의 근본, 정부 기관과 법원의 구성과 권한, 각 계층과 사회집단의 법적 지위가 규정되어 있었다. 1부는 대공의 권력과 대귀족의 권한을 규정하고, 2부는 국방, 3부는 귀족의 개인 및 집단 권리, 4부와 5부는 토지 소유권 문제, 6부는 법원의 구성과 재판 절차를 규정하고 있다. 법령집은 벨라루스어로 수기되어 여러 권의 필사본이 있었고, 인쇄되어 출간된 적은 없다. 그러나 법령집은 너무 이상적으로 평가할 필요는 없다. 행정, 사법 기관이 제대로 발달하지 않았기 때문에 많은 규정이 실효성을 갖기보다는 선언적인 선에서 머물렀다.

법령집이 완성된 후 20-30년 간 리투아니아 대공국의 모든 공적 생활 영역에서는 큰 변화가 일어났다. 우선 '세임'은 국가의 가장 권위 있는 입법기관으로 떠올랐고, 정치 무대에서 귀족의 영향력이 매우 커졌다. 이러한 변화로 인해 새로운 법률이 추가될 필요가 생겼다. 1551년 법 조항을 확대하기 위해 '세임' 바깥에 5명의 카톨릭 교도, 5명의 정교도로 구성된 특별위원회가 만들어졌다. 10년 후인 1561년 이 위원회는 새로운 법령집 초안을 '세임'에 제출했다. 새 법령집의 많은 조항들은 '세임'에서 폭넓게 논의되었고, 일부 조항은 채택되지 아니하였다. 새 법령집은 1566년부터 효력을 발휘했다. 새 법령집은 14부에 367항으로 구성되었다. 처음 세 부는 국가 조직에 대한 조항을 담았고, 4부는 법원과 재판 제도, 5부부터 10부까지는 형사법을 담았다. 이 법령집에 의해 처음으로 사법부가 입법부와 행정부에서 독립된다는 원칙이 공포되었다. 외국인은 공직에 취임할 수 없다는 조항도 첫 법령집보다 명확하게 규정되었다. 새 법령집은 벨라루스어로 작성되었고, 후에 폴란드어와 라틴어로 번역되었다. 1566년 두 번째 법령집까지 완성됨으로써 리투아니아 대공국의 법의 체계화 작업은 다른 나라의 유사한 사업보다 훨씬 앞서게 되었다. 폴란드나 모스크바공국은 이렇게 정치하게 정리된 법령집을 가지고 있지 못했다. 이러한 사실은 벨라루스-리투아니아 국가의 사회적 관계는 이웃나라보다 높은 수준에 있었으며, 사회적 관계를 반영하여 법제화할 수 있을 정도로 이론적으로나 실무적으로 훈련받은 법률전문가들이 있었다는 것을 말해준다. 세 번째 법령집은 1569년 루블린연합으로 폴란드와 리투아니아 대공국이 합쳐진 다음 작성되고 출간되었다. 연합의 조건에 의해 폴란드와 리투아니아 대공국은 각자의 영토에서 고유의 법률체계를 유지하게 되었다. 새 법령집은 488항으로 구성되었다. 이 법령집도 처음에는 벨라루스어로 쓰였으며 1614년에 폴란드어로 번역되었다.

리투아니아 대공국 인구의 절대다수는 농민이었다. 16세기 중반까지 농민은 단일적 계층이 아니었다. 자유를 누리며 군사 원정에도 참여하는 농민들은 그 지위가 소귀족에 가까웠다. 그러나 이 계층에 속하는 농민수는 비교적 적었다. 대부분의 농민들은 정도의 차이는 있어도 지주에게 예속되어 있었고, 어떤 민권도 향유하지 못했다. 이러한 농민들은 지주와 국가를 위한 봉사에 모든 것을 바쳐야 했다. 14-16세기에 도시가 크게 늘어나고 도시인구도 증가하였다. 당시 가장 큰 도시로는 폴로츠크, 비텝스크, 모길레프, 민스크, 브레스트, 그로드노를 꼽을 수 있다. 폴로츠크는 약 5만 명의 인구를 가졌고, 비텝스크, 빌노, 민스크에는 약 2만 명의 주민이 거주했다. 2천-3천 명이 사는 중소 도시의 숫자는 16세기에 500개가 넘었다. 사회경제적 지위를 구분으로 도시는 국가 도시와 대귀족이 소유하는 사적 도시로 나눌 수 있었다. 도시 주민들은 재산을 기준으로 세 그룹으로 나뉘어졌다. 상류층에는 대상인과 수공업자들이 포함되었다. 이들은 토지를 소유하는 경우가 많았으며 소귀족 계급으로 상승할 수 있는 근접한 위치에 있었다. 중간 계층은 소상인들과 장인들로 자산을 소유하고 있었다.

일반 주민들의 법적 지위는 그들이 살고 있는 도시에 따라 달라졌다. 빌노, 폴로츠크, 브레스트, 민스크에 거주하는 주민들은 다른 도시주민보다 많은 권리를 누렸다. 이 도시들은 '마그데부르그'도시로서 자치권을 누리고 있었다. 13세기에 자치권을 부여받은 독일의 마그데부르그시가 자치시의 효시였다. 이 권리에 의해 교역 활동, 재산권, 시민의 사회적 지위, 사회-정치적 생활이 시의 자체 법률체계에 의해 규율되었다. 이러한 도시의 주민들은 모든 봉건적 의무에서 면제되었고, 단일 현금 세금만 납부하면 되었다. 이 도시들의 행정 주체는 두 기관으로 구성된 시위원회(city council)였다. 한 기관은 선출된 시민들로 구성된 시의회격인 지방 '라다Rada'이고, 다른 기관은 라다가 임명하는 시행정기구였다. 시위원회의 집무 장소로 각 시는 시청 건물을 지었다. '마그데부르그 권리(Magdeburd Rights)'는 민주주의적 요소를 포함하고 있어서 당시로서는 매우 선진적 제도였지만, 벨라루스 도시들이 마그데부르그 권리의 동쪽 경계였다. 벨라루스 동쪽의 러시아 도시들은 이러한 권리를 채택하지 않았다. 도시 주민의 80%는 벨라루스인이었고, 나머지는 러시아인, 우크라이나인, 리투아니아인, 폴란드인 등이었다. 14-15세기부터는 유대인과 타타르인도 도시에 거주했다.

대공국의 수도는 1323년부터 빌노였다. 정부기관과 대공의 궁전이 빌노에 있었고, 의회인 '세임'도 빌노에서 열렸다. 세임은 대공의 요청에 의해 소집되었다. 세임에는 '중앙 라다' 구성원 전원과 카톨릭, 정교회 주교들, 고위 사제들, 모든 정부관리들, 모든 지역을 대표한 귀족들이 모였다. 세임이 논의하고 결정하는 사항의 범위는 따로 정해져 있지 않았다. 국가의 긴급하고 중요한 일은 모두 논의될 수 있었다. 세임에서 중추적 역할을 한 것은 라다와 대귀족이었다.

국가 권력의 중심은 대공(Grand Prince)이었다. 그는 최고 국가기관의 통치 행위와 행정을 관장하였으며 군대의 최고사령관이었다. 그의 서명과 인장이 정부의 입법행위가 효력을 발휘하게 했다. 전통에 따라 대공은 봉건 귀족들 대표회의인 '라다'에서 선출되다가 16세기부터는 '세임'에서 선출되었다. '라다'는 처음에는 대공의 자문기관이었다. 대공이 먼저 자문에 유용하거나 필요한 사람을 라다에 지명하여 초청하였고 지명받은 사람은 이를 받아들이거나 거부할 수 있었다. 1492년 알렉산드르Aleksandr를 대공으로 선출하기 전에 귀족들은 라다의 권한을 늘려줄 것을 요구하였다. 알렉산드르는 귀족과 라다의 권한을 크게 늘려주는 헌법적 헌장을 발행했다. 라다는 귀족과 사제 중에 30-40명의 종신대표를 선택했다. 1492년 헌장은 대공이 공표한 모든 법률과 명령은 라다의 동의가 있는 경우에만 시행된다고 규정했다. 리투아니아 대공국의 공식 문장紋章은 '파코냐Pahonia('추적자', '수행자'라는 의미)'였다. 이것은 비테니스 대공 시절인 1270년대 처음 사용되었다. 1566년 법령집은 이 문양을 리투아니아의 공식 국가문양으로 인정했다. 각 지방과 공국은 고유의 문장을 담은 인장을 가지고 있었다. 문장은 붉은 바로크 방패 위에 칼과 방패를 든 흰 옷을 입은 기사를 담고 있다

15세기의 행정구역 개편으로 리투아니아 대공국은 '지방(province)'이라고 불리는 6개의 행정 단위로 나뉘었다. 6개 지방은 빌노, 트라카이Trakai, 키예프, 폴로츠크, 비텝스크, 스몰렌스크였다. 각 지방은 대공이 임명하는 지사에 의해 통치되었지만, 대공은 지방 봉건 지주들과 주민들의 동의 없이 지사를 임명할 수 없었다. 만약 시가 '마그네부르그 권리'를 가지고 있으면 도시 '라다'의 동의를 얻은 후 지사를 임명할 수 있었다. 폴로츠크지방과 비텝스크지방의 정부는 고유의 특성을 지니고 있었다. 벨라루스 국가 체제 출발 때부터 폴로츠크공국은 '베체'를 가지고 있었다. 공후의 임명, 지사 후보의 인준 또는 거부, 대공의 권력 인정까지도 베체가 결정했다. 만일 베체가 반대 의견을 표시하는 경우 대공은 지방의 희망에 따라 양보를 해야했다. 베체의 권리는 16세기 말까지 인정되었다. 15-16세기 리투아니아 대공국은 입헌적 군주제라 할 수 있었다. 중앙 '라다'와 지방 '라다'같은 선출제 대표기관이 대공의 권력에 견제와 균형 역할을 했다. 이런 면에서 리투아니아 대공국은 절대군주제(absolute monarchy)를 발전시켜 온

모스크바공국과 크게 다른 정치체제를 발전시켰다고 볼 수 있다.

9장 모스크바공국과의 투쟁

리투아니아 대공국은 출발 때부터 키예프 루스 붕괴 이후 여러 공국으로 나뉘어 있던 동슬라브 지역을 통합하는 목표를 가지고 있었다. 13세기와 14세기 초반 이 목표를 달성할 수 있는 유일한 국가는 리투아니아 대공국이었고, 아무 경쟁자도 없었다. 도시와 지역들이 하나하나, 대부분 평화적으로 리투아니아 대공국에 들어왔다. 그러나 14세기 후반 통합을 이루어 나가던 리투아니아 대공국은 모스크바 대공국(Grand Principality of Moscow)이라는 적을 만났다. 모스크바는 빠르게 성장했고 야망과 공격성이 달랐다. 다른 도시들을 병합하고 영토를 넓혀나가던 모스크바는 리투아니아 대공국의 국경을 침해하게 되었다.

양 대공국의 적대적 관계는 13세기에 비교적 작은 공국인 트베르Tver공국을 두고 시작되었다. 이 공국에는 리투아니아계 주민들과 모스크바계 주민들이 함께 살고 있었다. 알기르다스는 모스크바공국의 드미트리 돈스코이와 두 번 싸워서 첫 전투는 이기고 두 번째 전투에서는 패했다. 그러나 튜톤기사단과의 전투가 더 중요했던 알기르다스는 트베르를 포기하였고, 트베르공국은 모스크바공국이 차지하게 되었다. 비타우타스 재위 시기에는 노브고로드와 스몰렌스크를 두고 모스크바공국과 전투를 벌였고, 1404년 전략적으로 중요한 두 공국 모두 리투아니아 대공국에 병합되었다. 14세기에 모스크바공국은 강력한 국가가 아니었다. 그러나 1380년 쿨리코보 전투에서 몽골-타타르군을 격파하며 모스크바의 위상은 크게 높아졌다. 15세기 모스크바의 대공들은 '전 루스(all of rus)'땅을 모스크바가 통합하겠다고 나서며 '백루스(White Rus)'와 '소루스(Little Rus, 현재의 우크라이나)'를 병합할 의사를 보였다.

 1472년 모스크바 대공 이반 3세Ivan Ⅲ(재위 1440-1505년)는 비잔틴 제국의 공주인 소피아 팔라이로기나Sophia Palailogina와 결혼했다. 이 사건은 그의 야망에 불을 붙였고, 이전 키예프 루스의 모든 땅을 정교회로 돌아오게 하여 모스크바를 제3로마(Third Rome)가 되게 하겠다고 공언했다. 이반 3세는 '전 루스의 군주(sovereign of all Rus)'로 자처하며 1483-1484년 여러 문서에 '짜르Tsar(라틴어 Caeser의 러시아어)'라는 호칭을 썼다. 이반 3세는 슬라브족의 오랜 적이었던 몽골-타타르와 동맹을 맺고 크림타타르 지도자인 멩글리 기라이Mengli Giray의 도움을 받아 벨라루스 남동쪽 영역을 침범했다. 많은 도시들이 파괴되고 수천 명의 포로들이 노예로 모스크바나 크림반도로 팔려갔다. 리투아니아 대공 알렉산드르는 러시아와 우호적 관계를 맺기 위해 이반 3세의 딸인 엘레나Elena와 결혼했다. 그러나 이러한 정략결혼도 큰 효과를 발휘하지 못했다. 알렉산드르가 한 서한에서 이반 3세를 '전 루스의 통치자'로 지칭하지 않은 것을 핑계로 이반 3세는 전쟁을 선포하고 1500년 6월 쳐들어 왔다. 도로고부즈Dorogobuzh 근교에서 벌어진 전투에서 벨라루스군 8천 명 이상이 전사하였고 지휘관 오스트로즈스키Konstantin Ostrozhskiy는 포로로 잡혀갔다. 이 전투 이후 모스크바공국군은 3년 간 더 벨라루스 동부지역을 침탈했다. 1503년 양측은 강화조약을 맺어 벨라루스인들은 고멜Gomel, 로가체프Rogachev, 체르니고프Chernigov, 브랸스크Bryansk를 포함한 19개 도시와 인근 지역을 모스크바공국에 넘겨주었다. 모스크바에 넘겨준 지역은 리투아니아 대공국 전체 영토의 약 1/4이었으며, 벨라루스는 비타우타스 대공이 오랜 전투로 얻은 영역 모두를 잃었다.

　1505년 모스크바와 리투아니아 양 대공국의 지도자가 모두 죽고, 리투아니아에서는 알렉산드르 대공의 동생 지기스문트Sigismund가, 모스크바에서는 이반 3세의 아들 바실리 3세Vasily Ⅲ가 즉위하였다. 양 지도자는 적대적 대결을 계속하였다. 1512년 모스크바공국의 군대는 스몰렌스크를 공격했으나 도시를 점령하지 못했다. 1513년에도 재차 공격했으나 실패했다. 1514년 5월 세 번째 공격을 감행하여 스몰렌스크를 점령했다. 벨라루스 지역 깊숙이 진격한 모스크바군은 1514년 9월 오르샤 근교에서 오스트로즈스키가 지휘하는 벨라루스군과 전투를 벌였다. 약 8만 명의 모스크바군은 3만 명 병력의 벨라루스군에게 패배했다. 그러나 이후에도 모스크바군은 몇 차례에 걸쳐 비텝스크, 폴로츠크, 오르샤 시를 공격하여 파괴했다. 양측은 1522년 강화협정을 맺고 전투를 중지했다. 1533년 바실리 3세가 죽고 그의 어린 아들인 이반 4세Ivan Ⅳ(후에 이반 뇌제雷帝로 불림)가 짜르가 되었다. 그러나 모스크바가 궁정 암투에 휘말리자 리투아니아 대공국은 잃은 땅을 되찾기 위한 좋은 기회라고 생각하고 모스크바를 공격했다. '세임'은 공격을 승인했을 뿐만 아니라 2년 간 전쟁세를 걷는 것도 승인했다. 1558-1582년 이반 뇌제는 리보니아기사단과 오랜 지구전을 펼쳤다. 리보니아기사단의 지원 요청을 받은 리투아니아 대공은 리보니아의 보호국이 되었다. 이로써 모스크바와의 전쟁이 불가피해졌고, 전쟁으로 벨라루스 국경 지방이 큰 피해를 입었다. 1563년 이반 뇌제의 군대는 폴로츠크를 점령하였고, 정교회로 개종하기를 거부하는 사람을 모두 칼로 죽여 드비나 강에 버렸다. 많은 전리품과 수천 명의 포로가 모스크바로 이송되었고, 폴로츠크에는 모스크바에 온 이주민들을 정착시켰다.

15–16세기 동안 리투아니아 대공국과 모스크바 대공국은 적대적 관계를 이어갔다. 이러한 대결은 동슬라브 지역의 패권을 잡기 위한 정치적 투쟁이었지만 양국의 종교적 차이도 큰 원인이 되었다. 모스크바공국의 지도자들은 자신들을 벨라루스와 우크라이나 정교회 주민의 보호자로 생각하고, 폴란드와 카톨릭 교회의 압제로부터 이들을 해방해야 한다고 생각했다. 또한 정교회 주민들도 공통의 역사적, 종교적 유대를 기억하고 있었다. 모스크바와의 계속되는 전투와 잔혹한 침략에도 불구하고 벨라루스 귀족들 사이에서는 분리주의적 감정이 강하게 일어났다. 이들은 폴란드 영향 아래 남아있기 보다는 모스크바로 이주하는 길을 택했다. 15세기 말 비엘스키Bielski, 보로틴스키Vorotynsky, 뱌젬스키Vyazemsky, 메레츠코프Meretskov, 셰먀티치Shemyatich같은 공후들이 모스크바로 이주했고, 1508년 영향력 있는 공후였던 글린스키Glinski도 이주했다. 그는 벨라루스를 폴란드 지배로부터 해방시키고 모든 정교회 주민들을 통치하는 키예프 루스의 부활을 꿈꿨다. 15–16세기 리투아니아 대공국은 내전과 모스크바와의 오랜 전쟁에 시달렸다. 어려운 국제적 입장과 동부 영토의 상실, 경제의 붕괴 등으로 인해 지도층은 폴란드로부터의 도움을 구하게 되었고, 이것이 리투아니아 대공국의 독립과 주권을 잃게 만든 1569년의 루블린 연합으로 귀결되었다.

10장 리투아니아 대공국의 종교와 종교개혁

종교는 14-15세기 정신적, 문화적 생활에서 가장 중요한 역할을 하였다. 이전과 마찬가지로 벨라루스는 정교회의 영향 아래 있었다. 이와 동시에 정교회는 리투아니아의 다신교주의(paganism)에 영향을 주었고, 카톨릭의 공격적 전파에 반기를 들었다. 14세기 말까지 정교회는 유일하게 중앙적 통제체제를 갖춘 교회조직이었다. 리투아니아 대공국의 대공들은 정교회를 지원하고, 정교회는 역으로 대공의 권력을 신성하게 하고 사회적 문제들을 풀어주었다. 정교회의 숫자는 16세기 중반의 자료에서 유추할 수밖에 없다. 수도인 빌노에는 17개의 정교회가 있었고, 민스크에는 10개, 나바흐루닥에는 10개, 폴로츠크에는 9개, 비텝스크, 그로드노, 슬로님에는 각각 7개가 있었다. 수도원은 종교학교와 세속학교가 소속된 교육, 문화, 영성의 중심지였고, 도서관이 있었고, 역사 자료와 연대기가 보관되었다. 거의 모든 수도원에는 성상화를 만드는 공방이 있었다. 벨라루스 전체에는 30여 개의 수도원이 있었고, 이중 17개가 고대로부터 문화, 신앙의 중심지 역할을 한 폴로츠크공국에 있었다. 15세기까지 벨라루스의 대주교직은 좀 더 높은 수준의 신학교육을 받았다고 여겨지는 그리스인이나 불가리아인이 맡았다. 그러나 이후에는 벨라루스 교회 조직 내에서 대주교가 나왔다. 15세기에 정교회의 법적 지위와 교회와 세속 권력의 관계를 정의한 '야르슬라브 두루마리(Scrolls of Yaroslav)'라는 서류 모음집이 편찬되었다. 교회 재산은 세속 정부에 의해 간섭되지 않으며, 대주교는 교회 업무에 대한 전권을 가졌다. "대주교와 주교는 그리스 법아래 있는 기독교인들의 신앙에 관련된 모든 일을 판단하고,

정하고, 경축할 영속적 권한을 갖는다"라고 문서에는 정의되었다. 이후부터 정교회 지도자들은 대공국 중앙 라다의 구성원이 되었고, 벨라루스 대귀족회의에 참여하였다.

정교회와 함께 카톨릭교회도 벨라루스 문화에 큰 영향을 끼치었다. 13-14세기 벨라루스에 카톨릭을 전파하려는 시도는 큰 성공을 거두지 못하였다. 그러나 폴란드와의 정치, 군사 연합을 선언한 1385년 '크레보 연합' 성립 이후 카톨릭은 정부 지도자들의 공식 종교가 되었다. 그러나 이것이 당시까지 벨라루스의 특징 중 하나였던 종교적 관용에 큰 영향을 미치지는 않았다. 크레보 연합을 체결한 후 폴란드 왕이 된 야기예워는 리투아니아의 다신교 주민 전체를 카톨릭으로 개종시키려고 하였고, 이를 폭력이 수반된 강제적 방법으로 달성하려고 하였다. 일례로 카톨릭 수용을 거부한 두 명의 리투아니아 지주에게 사형을 언도하기도 하였다. 다신교주의자들에게 카톨릭을 받아들이도록 강제한 덕분에 대공국 내 카톨릭 신자 수는 빠르게 늘어났다. 카톨릭 신자가 점점 많아질수록 정교회 신자들은 여러 종류의 차별을 받게 되었다. 벨라루스 정교도 귀족들은 중앙 라다에 참여할 수 없었고, 대공의 선출에도 참여할 수 없었다. 정교회 신자가 카톨릭 신자와 결혼하는 경우, 그는 즉시 카톨릭으로 개종해야 했고, 그렇지 않는 경우 처벌을 받았다. '스페인 대심문(Spanish Inquisition)' 43년 전인 1437년 리투아니아 대공국은 "이교도와 루스 배교자들을 적발하고 처벌하기 위해" 대심문제도를 만들었다.(역주: 스페인 대심문제 - 1478년 아라곤의 페르디난드 2세와 카스티유의 이사벨라 여왕이 기독교 신앙의 정통성을 유지하기 위해 중세 대심문제를 대신하여 설치. 이교도를 색출하고, 기독교 신앙의 본질을 훼손하는 사람 색출, 조사. 이슬람과 유대교에서 기독교로 개종한 사람들의 신앙의 순수성 조사가 목적이었음) 여기에서 '루스 배교도'는 정교회 신자를 지칭하는 말이다. 그러나 이러한 대심문제는 서류상의 제도였고, 벨라루스 지역에 대심문제가 시행된 적은 없다.

  카톨릭교회의 조직은 기록적으로 짧은 기간에 완성되었다. 크레보 연합 성립 1년도 안되어 야기예워는 민스크, 나바흐루닥, 비텝스크를 관장하는 빌노 교구(epicopacy)를 설치하였다. 리투아니아의 귀족들은 카톨릭교회의 재정적 기반을 수립하는데 적극적 역할을 하였다. 16세기 중반 빌노 교구가 소유한 땅의 90%는 봉건 지주들이 제공했다. 군주의 적극적 지원에 힘입어 14-15세기에는 핀스크, 리다Lida, 오쉬먀니Oshmyany에 프란시스코 수도원, 폴로츠크에 베르나딘 수도원이, 브레스트와 비스트리카Bystrica에 아우구스투스 수도원이 세워졌다. 이 수도원들은 빠른 시간 안에 대지주가 되었다. 카톨릭교회와 수도원이 벨라루스 문화에 끼친 영향은 매우 크다. 다른 무엇보다도 도덕적 가치의 전파와 교육에 가장 큰 공헌을 하였다.

  16세기 서유럽에서는 종교개혁운동(Reformation)이 시작되었다. 이 운동은 벨라루스에도 영향을 미쳤다. 벨라루스에 종교개혁운동 소식이 처음 전달된 것은 1520년대이다. 지기스문트왕 궁정에 1521년 이태리 출신의 리스마니니Francisco Lismanini라는 설교자가 종교개혁 사상을 설파했다. 그는 당시 종교개혁 운동의 지도자였고, 인본주의자며 뛰어난 정치가였다. 그의 노력으로 궁정에는 루터, 캘빈, 멜란크손Melanchthon, 즈빙글리Zwingli의 저술들로 가득찬 도서관이 생겼다. 같은 시기 빌노에서는 프란시스코 수도회의 라페겔란Stanislav Rapegellan이 마틴 루터의 사상을 설교하기 시작했다. 그는 얼마 후 비텐베르그로 떠나 오랜 기간 루터의 제자가 되었으며 신학박사 학위를 받았다. 그는 벨라루스로 돌아와서 루터의 사상을 전파하는데 상당한 성과를 거두었다. 종교개혁운동에 관심을 가진 사람들은 벨라루스의 상류 계층이었다. 귀족들과 대상인들은 서유럽 여행 중에 종교개혁 사상을 접하였고, 이에 관한 서적들을 구입하고 설교를 들었다. 1539년 구텐베르

지기스문트 1세 초상

그 신학교의 졸업생인 쿨바Abraham Kulva가 지기스문트 1세의 부인인 보나스포자Bona Sforza의 도움을 얻어 처음으로 루터교 학교를 세웠다. 이 학교는 70명의 학생을 받았는데, 주로 대귀족과 귀족 자제들이었다. 쿨바는 빌노의 성 안나 교회에서도 루터의 사상을 설교하였다. 쿨바의 설교가 빌노 주민들에게 큰 영향을 미치자, 주교 골샨스키Pavel Golshanskiy는 국왕에게 이에 대한 조치를 마련해 줄 것을 요청하였다. 1542년 지기스문트는 개신교 사상을 전파하는 귀족은 재산과 지위를 박탈한다는 포고령을 발표했다. 이 포고령에서는 젊은 학생들이 독일로 유학을 가거나, 독일에서 교사를 초빙하는 것을 금지했다. 그러나 이러한 조치도 종교적 개혁에 대한 열망을 누를 수 없었다. 1년 뒤 독일 유학 금지가 해제되었다. 브레스트에서는 크라코우대학 졸업생이며 신학석사인 작Symon Zak이 스위스의 종교개혁가 존 칼빈의 사상을 설교하기 시작했다. 브레스트의 주민뿐만 아니라 인근 지역의 귀족들도 그의 설교를 들으러 모여들었다.

벨라루스의 종교개혁 운동과 관련하여 주목할 인물은 미코와이 라

즈위워Mikołaj Radziwiłł(1515-1565년)이다. 그는 네스비즈Nezvizh의 귀족 가문에서 태어났고, 폴란드 궁정으로 보내져 키워졌다. 그는 정치인이 되기 위해 준비하며 크라코우대학을 졸업했다. 지기스문트왕이 나이가 들자 라즈위워와 그의 추종자들은 빌노의 권력을 지기스문트의 아들인 아우구스투스Sigismund II Augustus에게 넘겨줄 것을 건의하였다. 1544년 '세임'은 이 결정을 인준했다. 당시 35세였던 라즈위어는 폴란드 궁정에서부터 친분을 쌓은 새 국왕의 최측근 참모가 되었다. 국왕 지기스문트 2세는 그를 대원수와 외무장관으로 임명했다. 지기스문트 2세가 라즈위워의 사촌인 바바라 라즈위워와 결혼하면서 라즈위워의 권력은 한층 커졌다. 1551년 라즈위워는 총리(state chancellor)로 임명되었다. 지기스문트 2세는 크라코우에 머물렀으므로, 벨라루스와 리투아니아의 진정한 실권자는 라즈위워가 되었다. 라즈위워는 독일에서 공부할 당시 종교개혁 사상을 접하였다. 빌노에서는 쿨바의 설교가 젊은 라즈위워에게 큰 영향을 미쳤다. 1522년 라즈위워는 작에게 브레스트에서 설교할 수 있는 권한을 주었고, 그는 많은 주민들에게 캘빈주의를 설파했다. 1553년 독일황제 페르디난트를 만난 라즈위워는 개신교에 더욱 확신을 갖게 되었다. 빌노로 돌아온 그는 복음주의 신앙으로 개종하고 로마카톨릭과의 관계를 끊은 것을 공식으로 선언하였다. 그는 브레스트에 캘빈주의 교회를 세울 계획임을 밝혔다. 그는 인쇄소를 설립하여 다수의 개신교와 교육 관련 자료를 출간했다. 그는 빌노와 브레스트에 캘빈주의 교회를 건축했고, 곧이어 오르샤, 네스비즈, 클레츠크Kletsk, 비텝스크에도 캘빈주의 교회를 세웠다. 각 교회에는 초등학교가 세워졌는데, 미래에 리투아니아 대공국의 엘리트가 되고 국가 요직을 맡게 될 아동들은 거의 모두 이

학교를 다녔다. 라즈위워는 칼빈, 볼프Wolf, 멜랑크손과 서신을 교환하여 세속적, 신학적 문제를 논의했다. 1563년 라즈위워는 성경 전체를 폴란드어로 번역하기로 하였다. 번역가들이 초빙되어 구약은 히브리어 원문, 신약은 그리스어 원문에서 번역을 시작했다. 1550년대 후반에는 가장 영향력 있는 대귀족 가문들이 캘빈주의로 개종했으며, 캘빈주의는 도시 중류층에도 널리 퍼졌다.

16세기 후반 리투아니아 대공국에는 300개가 넘는 개신교 교회가 있었다, 1596년 교회 연합이 이루어졌을 때, 카톨릭은 정교회가 개신교의 전파를 막지 못한 것을 크게 비난했다. 교회가 세속 정치를 간섭하는 것에 염증을 느낀 것도 귀족들이 대거 캘빈주의로 개종한 배경이 되었다. 리투아니아 대공국이 폴란드의 간섭에서 벗어나 진정한 독립을 향유하기를 바란 귀족들은 캘빈주의에서 그러한 사상적 배경을 찾았다. 1560년에는 좀 더 급진적인 개혁사상이 캘빈주의에서 파생되었다. 그것은 아리아니즘Arianism이었다. 아리아니즘은 4세기의 알렉산드리아의 주교였던 아리우스Arius의 사상에서 출발하였다. 그는 그리스도의 신성神性과 삼위일체설을 부정하였다. 유럽 국가들의 대심문제(Inquisition)를 피해 아리안주의자들은 스위스로 피신하였다가 다음으로 폴란드와 벨라루스로 들어왔다. 이들은 평등주의에 입각해 사회를 개조하고, 계급 없는 사회를 만들려는 이상주의적 사상을 가지고 있었다. 급진적 아리아니즘 사상의 전파를 두려워한 정부와 카톨릭은 이를 탄압하기 시작했다. 17세기 초반 아리안주의자들에게 사형 선고를 내린 몇 번의 재판이 열렸다. '세임'은 아리안주의자들을 폴란드-리투아니아 연합에서 추방시키는 결정을 내림으로써 아리안주의자들은 더 이상 활동을 할 수가 없게 되었다.

종교개혁운동은 벨라루스 사회의 문화적, 정신적 생활에 긍정적 영향을 미쳤다. 16세기 중반 벨라루스 도시에는 열 개의 출판사가 운영되었고, 여기에서 논쟁적, 교육적 서적들이 출간되었고, 이로 인해 주민들의 문자해독율도 크게 높아졌다. 개혁주의 사상은 정치, 행정에도 영향을 미쳤다. 1563년 라즈위워와 귀족들은 국왕에게 카톨릭 신봉자만 고위공직에 임명될 수 있게 만든 1413년의 법령을 취소해 줄 것을 요청하였다. 국왕은 기독교 신앙을 가진 사람이면, 교황의 권위를 인정하는가에 상관없이 공직에 취임할 수 있게 하여 개신교도에게도 공직 취임의 길을 열어놓았다. 당시 유럽의 어느 국가도 개신교도를 이렇게 평등한 입장에서 대우한 진보적 법률을 채택하지 않았다. 1573년 '바르샤바 연방회의(Warsaw Confederation)'는 종교 앞의 평등을 선언했다. 이것은 다양한 종교의 신봉자들의 동등 권리를 유럽에서 최초로 선언한 법적 조치였다. 당시 종교전쟁에 함몰되어 있던 유럽에서 바르샤바 연방회의의 결정은 종교와 양심의 자유 문제를 어떻게 다루어야 하는지를 보여준 효시적 조치였다. 바로 다섯 달 전에 파리에서는 개신교의 집회, 설교를 금지하고, 이를 위반하는 경우 사형에 처한다는 포고령이 발표된 바 있다. 1588년 바르샤바연방 칙령은 폴란드어에서 벨라루스어로 번역되었고 리투아니아 법령집에 포함되어 개신교도를 보호하는 법적 조치가 마무리되었다.

벨라루스의 주민 중 가장 많은 수자를 차지하는 농민계층은 개신교의 영향을 거의 받지 않았다. 대부분 정교회 신자인 농촌 주민들은 개신교 사상에 아무 관심이 없었다. 문자해독을 하지 못하고 가난에 시달리던 농민들에게는 기독교 사상의 핵심에 대한 관심이 없었다. 다른 유럽 국가에서 빠르게 확산된 종교개혁 사상이 주민의 절대다수를 이루는 벨라루스 농민들에게 전파되지 못함으로써 16세기 독일이나 네덜란드에서 형성되기 시작한 부르주아 계층도 형성되지 못하였다. 그러나 개혁사상은 벨라루스 경제에 긍정적 영향을 미쳤다. 라즈위워가 시작한 농촌개혁 정책으로 각 농가는 21헥타르의 농지를 배분받았다. 이 농지는 '볼로카voloka'라고 불렸기 때문에 이 농촌개혁은 '볼로츠나야 개혁(volochnaya reforma)'이라고 불렸다. 농민들은 가족을 먹여 살릴 수 있을 만큼 작물을 생산했고, 잉여작물은 판매를 할 수 있었다. 농촌 개혁은 농업생산성을 향상시켜서 호밀과 보리가 외국으로 수출되기 시작하였다. 카톨릭의 도그마를 항의하기 위해 시작된 종교개혁은 종교뿐만 아니라 정치, 경제, 교육 등 모든 부문에서 긍정적 영향을 가져왔고, 사회 거의 모든 계층에 영향을 미쳤다. 이런 맥락에서 16세기를 벨라루스 역사의 황금기로 부르기도 한다.

11장 벨라루스어, 문학과 출판

• 벨라루스어

벨라루스어는 인도유럽어에서 기원전 3,000-2,500년 전에 분기된 슬라브어족에 속하는 언어이다. 슬라브어와 발트어에 공통으로 나타나는 음성학, 문법, 어휘의 공통점은 인도유럽어가 분기된 다음 발트-슬라브어족이 오랜 기간 존재했음을 나타낸다. 동슬라브인들이 발트 지역으로 들어오면서 발트어-슬라브어의 이중언어(Balto-Slavic bilingualism) 사용 현상이 나타났다. 벨라루스 지역에서 슬라브어의 언어적 요소는 남부와 동부 지역에 먼저 확립되었다. 벨라루스의 북쪽과 중앙 지역은 발트어 요소가 지배적으로 나타났으며, 남부지역보다 오래 지속되었다. 동슬라브족 부족들은 서로간의 접촉이 활발하지 않았고, 고대 루스어의 구어를 형성한 부족의 방언을 사용했다. 이 언어의 상대적 통합성은 11-12세기까지 유지되었다. 12세기부터 지역적 방언의 차이를 바탕으로 후에 우크라이나어, 벨라루스어, 러시아어 형성의 기초를 형성하는 언어적 특징들이 나타나기 시작했다. 벨라루스어의 음성적, 문법적 특징은 12-13세기 폴로츠크, 비텝스크, 스몰렌스크의 문헌 자료에서 확연하게 나타난다.

어휘는 벨라루스인들의 언어적 특성에 대한 명백한 증거가 된다. 13세기 벨라루스 지역이 리투아니아 대공국에 편입된 후 정치, 경제 생활에 큰 변화가 일어났다. 이러한 변화를 반영하여 언어 변화도 일어났고, 특히 새로운 어휘가 많이 생겨났다. 새 국가에서 벨라루스어는 공식 언어의 지위를 획득하였고, 모든 사람들에 의해 사용되었다. 도구, 토지소유 형태, 농산물, 상품, 사회 그룹, 봉건적 의무의 종류, 수공업 용어에 대한 공통적 어휘가 나타났다. 즉 벨라루스인들의 일상적 경제, 사회생활을 반영하는 어휘들이 사용되었다. 벨라루스어에 사용된 외국으로부터의 차용어는 주로 라틴어, 폴란드어, 독일어, 리투아니아어에서 들어왔다.

벨라루스어의 어휘는 세 가지 역사적 층위를 바탕으로 하고 있다. 그것은 공통슬라브어 어휘, 벨라루스어의 신조어, 타 언어에서 온 차용어이다. 공통슬라브어의 어휘는 벨라루스어의 핵심을 이루었고, 이 어휘들의 어근語根은 현재도 벨라루스어와 러시아어, 우크라이나어와의 연관성을 보여주고 있다. 일부 특성들은 서슬라브어에 가까운데, 특히 폴란드어와 가깝다.(역주: 슬라브어족의 구성 - 슬라브어족은 동슬라브어, 서슬라브어, 남슬라브어로 다시 나뉘고, 동슬라브어에는 러시아어, 우크라이나어, 벨라루스어가 포함되고, 서슬라브어에는 폴란드어, 체코어, 슬로바키아어, 소르비아어가 포함된다. 남슬라브어에는 슬로베니아어, 크로아티아어, 세르비아어, 불가리아어, 마케도니아어가 포함되어 있다. 정교회 신봉 지역의 언어들은 키릴문자를 쓰고, 카톨릭교회 신봉 지역은 라틴문자를 쓴다. 서슬라브어 전체와 남슬라브어 중 슬로베니아어, 크로아티아어는 라틴문자를 쓰고, 나머지 언어는 키릴문자를 쓴다)

13세기부터 1696년까지 벨라루스어가 공식어로 사용되었던 것이 벨라루스어 발달의 기초가 되었다. 벨라루스어는 리투아니아 대공국 궁정에서 사용되었고, 리투아니아인과 벨라루스인 인종을 망라해 봉건적 귀족과 소소귀족에 의해 사용되었다. 행정 기관, 법원, 다양한 관청 등 모든 국가 기관에서의 공무는 벨라루스어로 이루어졌다. 의회인 '세임'의 진행, 외교 업무, 계약 등에서도 벨라루스어가 사용되었다. 벨라루스어는 연대기, 창작물, 선전물이나 간행물에도 사용되었다. 프란시스크 스카리나는 1521년 최초로 성서를 벨라루스어로 간행했다. 16세기의 종교개혁 운동은 당시의 교회 문헌에 벨라루스어가 사용되도록 하는데 기여했다. 개혁주의자이고 교육가인 시몬 분디Symon Bundy는 모든 작품을 벨라루스어로만 썼다. 1599년 브레스트 연합으로 탄생된 연합교회도 고대교회슬라브어나 라틴어보다 벨라루스어를 예배에 더 사용했다. 이것은 정교도 농민이나 다른 하층민들을 교회로 더 끌어들이려는 실리적 목적에서 비롯되었다고 볼 수 있다. 벨라루스어는 유대인, 집시, 리투아니아인, 타타르인 등 다른 민족들에게도 사용되었고, 국가 내에서 민족간 소통(inter-ethnic communication)의 언어의 기능을 하였다. 그러나 이런 순조로운 발달

과정의 정점을 지나 16세기부터 벨라루스어는 폴란드어에 기반을 내주기 시작했다. 가장 먼저 폴란드어를 적극 사용하기 시작한 것은 귀족 계층으로서, 이를 통해 폴란드 왕에 대한 충성을 표현하고자 했다. 1696년 '세임'은 포고령을 통해 폴란드어를 벨라루스의 공식 언어로 선언했다. 이후 벨라루스는 몇 세기 동안 이중언어 사용 국가가 되었는데, 벨라루스어는 농민이나 하층민이 주로 사용하였고, 폴란드어는 귀족과 공식 문서의 언어가 되었다. 이렇게 언어가 사회 계층이나 분야별로 나뉘어 사용되는 것을 사회언어학에서는 '양층兩層언어현상'(diglossia)이라고 하는데, 벨라루스가 이러한 예가 되었다.

• 문학과 출판

벨라루스 지역에서의 문학은 10세기 기독교 수용과 비잔틴과 불가리아의 선진 문학의 영향으로 시작되었다. 당시 문학의 주요 장르는 종교와 연관이 있었다. 성인전, 기도서, 설교집 등은 모두 고대교회 슬라브어(Old Church Slavic)로 쓰였다. 모든 장르 중 순수 벨라루스적이라고 할 수 있고 가장 발전한 것은 역사적 사건을 연도별로 기록하고 설명한 연대기(chronicle)였다. 연대기는 기록문학을 바탕으로 사건에 감정과 비유, 창작적 요소를 가미하였다. 내용과 형식을 기준으로 연대기들은 다음의 네 그룹으로 분류할 수 있다.

> **리투아니아 대공 연대기 작가**
> (The Chronicler of the Grand Princes of Lithuania)
>
> 벨라루스 최초의 역사문학 작품이다. 이것은 1430년 스몰렌스크에서 단권으로 작성된 장편소설과 유사한 작자미상의 작품이다. 1341년 게디

미나스 사망 시점부터 14세기 말까지 리투아니아 대공국의 역사를 기록하고 있다. 비타우타스를 벨라루스-리투아니아 국가의 위대한 지도자로 칭송한 다음 야기예워, 켕스투티스, 비타우타스의 투쟁을 묘사하고 있다.

1446년 벨라루스와 리투아니아 연대기
(The Belarusian and Lithuanian Chronicle of 1446)

연대기에 기록된 마지막 사건의 연도가 1446년이므로 이러한 제목이 붙었다. 이 연대기는 기독교 수용 1세기 전인 9세기 중반부터의 일을 기록하고 있다. 이 연대기는 키예프 루스에 대해 많은 정보를 담고 있다.

리투아니아와 즈모이츠키 연대기
(The Lithuanian and Zhmoytskaya Chronicle)

전설적인 로마 귀족 폴레몬Polemon부터 게디미나스 시기까지를 서술하고 있다. 소설 형식으로 쓰인 글에서 저자는 리투아니아 공후들이 로마 황제들의 후손이라고 주장하고 있다. 전설에 의하면 폴레몬은 네로 황제의 가족이었는데, 폴레몬의 외모와 용기를 질투한 잔인한 네로 황제가 그를 핍박하자 폴레몬은 목숨을 구하기 위해 도망을 쳐야 했다. 그의 모든 가족과 친구들이 함께 도망을 왔는데 리투아니아의 네만 강가에 정착하여 최초의 도시들을 세웠다. 이 첫 정착자들의 후손들이 리투아니아의 공후들이 되었다.

비초비에츠 연대기
(The Bychowiec Chronicle)

벨라루스 연대기들 중 가장 내용이 풍부하고 신뢰할 만한 연대기이다. 이 연대기의 이름은 유일하게 남은 연대기 필사본을 소유하고 있는 귀족의 이름 비초비에츠Aleksandr Bychowiec에서 나왔다. 연대기는 13세기 리투아니아 대공국의 창설부터 16세기까지의 정치사를 자세하게 서술하고 있다. 이 연대기는 구어에 가까운 벨라루스어로 기록되었고 1846년, 1907년 두 번 출간되었다.

14-15세기 벨라루스에서 유행한 장르 중 하나는 여행기이다. 이 장르는 팔레스타인 지방으로의 여행기가 효시가 되었다. 벨라루스의 첫 성지순례자는 12세기 예루살렘을 여행한 폴로츠크의 유프로신 공주Princess Euprosyne였다. 14-15세기 귀족들 사이에서 예루살렘 성지순례가 유행이 되었다. 많은 성지순례기 중 14세기에 쓰인 '아그라페나의 성지순례기(Agrafena's Philgrimage)', 15세기에 쓰여진 '바르사포니야의 여행기(Varsaffoniya's Travels)'가 유명하고, 가장 유명한 것은 스몰렌스크의 이그나티우스Ignatius가 쓴 '짜르그라드와 예루살렘 여행기(Journey to Tsargrad and Jerusalem, 짜르그라드는 콘스탄티노플을 의미)'이다. 이그나티우스는 스몰렌스크 출신의 수도사였는데 1398년 그는 성지와 성 소피아 사원을 보기위해 콘스탄티노플을 방문했다. 그의 여행은 15년이 걸렸는데, 이 기간 동안 자신이 방문한 지역과 당시에 일어난 정치적 사건들을 기록했다. 1406년 이그나티우스는 그리스 아토스산에 있는 수도원에서 죽었고 여러 번 필사된 그의 여행기는 동유럽 지역에서 인기가 높았다. 당대의 벨라루스 문학에 큰 기여를 한 것은 그레고리 짬블락Gregory Tsamblak(1364-1450년)의 작품들이다. 그는 불가리아 귀족 가문에서 태어났으나 벨라루스의 대주교가 되었다. 당시 비타우타스는 모스크바의 총주교와 갈등을 빚고 있었다. 더 이상 모스크바가 지명하는 사람이 리투아니아 대공국의 대주교가 되는 것을 원치 않았던 비타우타스는 짬블락을 대주교로 초빙하였다. 짬블락은 나바흐루닥에 대주교청을 설치하고 평생 거기서 살았다. 20편이 넘는 그의 작품이 현재까지 전해오는데, 설교, 장례조의문, 성자 생애전 등이 주류를 이룬다. 그의 작품은 비유와 은유, 수사적 표현을 많이 사용하여 문학적 가치가 높다. 특히 당

대의 주요 인사들에 대한 장례조의문은 죽은 사람의 심리, 성격을 묘사하고 있어 흥미를 끈다.

벨라루스 문화도 유럽의 르네상스와 동떨어져 있지 않았다. 르네상스 시대의 특징 중 하나는 민족어와 문학의 태동이었다. 16세기 벨라루스는 문화적, 지성적 발전의 정점에 올랐고, 가장 위대한 문화적 인물들이 배출된 시기였다. 16세기에 벨라루스 역사에서 가장 중요한 사건들이 일어났고, 그 결과 벨라루스인들은 민족 정체성을 형성해 나가기 시작했다. 벨라루스의 르네상스는 물론 이태리나 독일의 르네상스와 달랐고, 벨라루스 고유의 특징을 나타내며 진행되었다. 중세적 봉건 체제를 벗어나지 못한 벨라루스와 유럽의 경제적 격차로 인해 세속적 형태의 문화는 발달하지 못하였다. 르네상스 사상이 벨라루스의 문학과 예술에 침투해 들어오기는 했지만, 르네상스 문화는 충분히 발달되지 못하고 미완성으로 남았다.

프란시스크 스카리나Francysk Skaryna(c.1487-1551년)는 벨라루스 르네상스를 대표하는 상징적 인물이다. 그는 벨라루스어로 된 책들을 처음으로 출판하였다. 지금도 벨라루스의 많은 도시의 거리와 문화 기관에 그의 이름이 붙어있다. 스카리나의 정확한 출생년도는 알려져 있지 않지만, 1504년 크라코우대학에 입학한 것으로 미루어 볼 때 1480년대 후반에 태어난 것은 분명하다. 그는 폴로츠크의 부유한 상인이었던 루카 스카리나Luka Skaryna의 아들로 태어났다. 어려서부터 외국 여행을 많이 다닌 아버지로부터 유럽 문물에 대해 들은 스카리나는 유럽문화에 호기심을 키웠고, 라틴어를 배움으로써 역사, 신학, 철학에 관한 많은 책을 읽을 수 있었다. 1504년 그는 크라코우대학에 입학해 법, 수사학, 방언학, 대수학, 기하학, 천체학, 음악으로 이루어진 '일곱 가지 자유 학문(seven free arts)'학부에서 공부했다. 1506년 학사학위를 받고 다시 의학 전공을 선택해 의사 개업의 면허와 '자유 학문(free arts)' 박사학위를 땄다. 그는 유럽에서 가장 오래된 대학인 이태리 파두아대학(University of Padua)으로 가서 의사 면허 시험을 통과했다. 1517년 스카리나는 프라하에 인쇄소를 차리고 벨라루스의 첫 책인 '시편'을 시릴 문자로 인쇄하여 출판했다. 1517-1519년 사이 그는 벨라루스어로 번역된 구약의 23책을 출판하였다. 벨라루스어로 출판된 성서는 다른 유럽 국가에 비해 훨씬 앞선 것이었으며, 당시 이보다 앞선 것은 체코어로 된 성서가 유일했다. 당시 모스크바에서는 마태라는 수도사가 5년에 걸쳐 고대교회슬라브어로 구약 23책을 필사했다. 마태가 성서 한 권을 필사하는 절반의 시간에 스카리나는 수백 권을 인쇄해 출판한 것이다. 한 번 출간할 때마다 500부가 인쇄되었으므로 2년 기간 동안 스카리나는 만 권 이상의 성서를 출간했다. 스카리나는 벨라루스의 대귀족인 온코프Bogdan Onkov, 바비치Yakub Babich, 오스트로즈스키의 재정 지원을 받으며 출판 사업을 했다. 스카리나는 성서의 서문에 직접 쓴 것처럼 성서 전체를 출판하려고 하였지만 이 작업은 완성되지 않았다. 그는 성서에 최초로 서문을 넣음으로써 출판문화에 '서문(foreword)'이라는 새로운 장르를 만들었다. 또한 그는 출판하는 책에 출판자나 인쇄자의 초상을 넣음으로써 문화 사업 수행자로서 출판업자의 중요성도 알렸다. 1525년 스카리나는 빌노로 이주하여 그곳에 최초의 출판사를 만들고 '소여행기(The Small Travel Book)'(1522년), '사도들(The Apostles)'(1525년)을 출판했다.

스카리나는 유럽 최초의 출판업자였을 뿐만 아니라 르네상스 시대의 선각자였다. 그의 정치 사상은 계몽주의적이고, 인본주의적이었지만 강력한 군주제를 옹호하였다. 그는 군주는 신앙이 깊고, 현명하며, 박식해야 하고, 국민들에게 자애롭고 공정해야 한다고 썼다. 또한 군주는 법에 의해 통치를 해야 하고 사법체계를 관장해야 한다고 주장했다. 벨라루스인으로 태어나 유럽과의 접경지역에서 산 그는 비잔틴적인 동방 전통과 라틴적인 서방 전통을 자신의 작품에 융합해 넣었다. 그는 1529년 완성된 리투아니아 대공국의 첫 법령집 편찬 작업에도 참여했다. 그는 1534년 모스크바공국을 여행하여 인쇄된 성서를 배포하고자 했으나 모스크바 정교회 지도자들의 반발을 받았다. 성서는 고대교회슬라브어로만 쓰여야 한다고

스카리나 기념 우표

스카리나 성경

생각하는 모스크바의 정교회는 벨라루스어로 출간된 성서를 배척했다. 스카리나가 가져온 성서는 모두 모스크바의 광장에서 불태워졌다. 크게 실망한 스카리나는 모스크바를 떠났고, 여생을 프라하에서 의사로 일하며 보냈다. 1551년이나 1552년 그는 프라하에서 사망했다. 현재까지 스카리나가 출간한 책은 약 400부 정도가 남아있다. 특히 빌노에서 출판한 책은 아주 소수만 남아있다. 현재 민스크, 모스크바, 상트 페테르부르그, 빌니우스, 런던, 프라하, 코펜하겐, 크라코우의 도서관에 그의 책이 보관되어 있다.

스카리나의 인본주의적 사상은 니콜라이 구솝스키Nikolay Gusovskiy(1470-1533년), 시몬 분디(1530-1593년), 바실 키아핀스키Wasyl Ciapińsk(1535-1600년) 같은 벨라루스 르네상스 인물들에게 영향을 주었다. 구솝스키는 1520-1522년 외교적 임무를 띠고 로마를 방문하였다. 구솝스키의 시적 재능에 대해 들은 교황 레오 10세Leo Ⅹ는 그에게 멀리 떨어진 신비한 나라인 벨라루스에 대한 시를 짓게 했다. 1523년에 쓴 '들소에 대한 시(Poem about the Bison)'는 그의 가장 유명한 작품이다. 이 작품에서 구솝스키는 애국심과 인본주의로 자신의 조국 벨라루스의 자연을 찬양하고 유럽 모든 국민들의 단합과 전제제도의 종식을 촉구하고, 농민의 힘든 노동과 가난한 사람들의 매일의 생활을 묘사했다. 구솝스키의 후원자는 왕비 스포자였다. 그녀의 후원 덕분에 '터키인들에 대한 새로운 승리(New Victory over the Turks)'(1524년), '성 햐신스의 생애와 행적(Life and Deeds of St. Hyacinth)'(1525년), '위로(Consolation)'(1523년)가 크라코우에서 출간되었다.

시몬 분디도 당대에 널리 알려진 설교자이며 교회개혁가이고 인본주의자였다. 1562년 그는 '신 앞에 죄 많은 인간에 대한 정당화(On the justification of sinful men before God)'라는 영리한 변론책을 썼다, 1572년에는 구약성서를 출판했다. 1574년 출판한 신약성서에는 세계 최초로 주석과 해설을 달았다. 그는 복음서에 대해 진보적이면서 합리적인 비평을 달았다. 바실 키아핀스크는 1560년대 폴로츠크 근처의 탸피나Tyapina라는 곳에 출판사를 만들고 자신의 저작과 자신이 직접 번역한 종교 관련 서적을 출판했다. 1570년 그는 두 권으로 된 복음서를 출판했다. 한 권은 고대교회슬라브어, 다른 한 권은 벨라루스어로 인쇄되었다. 그는 루불린 연합이 벨라루스 문화에 나쁜 영향을 미칠 것이라고 예견했고, '폴란드화' 과정과 강압적인 카톨릭 전파에 반대하는 입장을 취했다. 그는 토박이어인 벨라루스어로 학문과 문학이 발전해야 할 필요성에 대해 반복적으로 강조했다. 그의 가장 큰 업적은 복음서를 벨라루스어로 번역한 것이다.

모스크바공국에서 추방당한 러시아 최초의 인쇄업자인 표도로프 Ivan Fyodorov와 므스티슬라베츠Petr Mstislavets는 벨라루스로 와서 '교육용 복음서(Instructive Gospels)'(1569년)와 시편(1570년)을 출간했다. 16세기 후반 벨라루스에는 열 개 이상의 출판사가 다양한 책들을 출간했다. 종교, 신학, 세속, 법률적 주제의 책들이 폴란드어, 벨라루스어, 라틴어로 출간되었다. 1588년 빌노의 마모비치출판사(Mamovich Printing House)는 리투아니아 대공국의 법령집을 출간하였다. 유럽 국가들의 언어로 된 소설들이 번역되어 출간된 것은 세속 문학에 큰 전기가 되었다. 인기 높은 프랑스 궁정 문학작품인 '보배의 이야기(Tale of Beauvais)'도 번역되어 출간되었고, '아틸라, 트로이, 알렉산드리아의 이야기(Story of Attila, Troy, Alexandria)'도 이태리어와 독일어에서 각각 번역되어 출간되었다. 리투아니아 대공국이 존재한 13세기-16세기는 벨라루스인들의 정신적 문화와 민족적 정체성의 기초가 형성된 매우 중요한 시기였다. 이러한 기초는 벨라루스어의 발달, 고도로 발달한 고유의 법률체계의 창설, 사회정치적, 철학적 사상의 수립을 가능하게 했다. 범유럽적인 르네상스의 동쪽 경계에 살았던 벨라루스인들은 모스크바대공국이나 우크라이나 지역의 주민들보다 훨씬 많은 권리와 정신적 자유를 누리고 살았던 것은 분명하다.

4부 리투아니아-폴란드 연합 시대

12장 루블린 연합

1569년 국가의 미래 역사에 큰 영향을 미치는 사건이 벨라루스인들에게 일어났다. 리투아니아 대공국과 폴란드왕국을 한 국가로 통합하는 협정이 맺어진 것이다. 법적으로 따지면 루블린 연합(Union of Lublin)은 새로운 국가연합인 폴란드-리투아니아 연합(Polish-Lithuanian Commonwealth, 폴란드어로는 Rzeczpospolita, Republic의 어원이 되는 라틴어의 Res Publica를 그대로 옮긴 것임)이 탄생하였다. 그러나 폴란드와 리투아니아 사이에 국가 연합이 탄생된 과정에는 우여곡절이 많았다.

지난 2세기 이상 폴란드는 벨라루스-리투아니아의 영토와 거점들을 획득하며 압박을 가해왔다. 폴란드 정부뿐만 아니라 폴란드 카톨릭교회도 동부 정교회 지역에 영향력을 확대하기 위해 노력했다. 벨라루스인들은 폴란드의 이러한 공세를 잘 버텨내고 자신들의 영토와 종교를 지켜냈다. 폴란드는 벨라루스-리투아니아를 빠르게 병합하는데 실패하자 적당한 때가 오기만을 기다리고 있었다. 16세기 중반 리투아니아 대공국은 정치 지도자들이 여러 상반된 입장을 취하고 있었기 때문에 어려움에 처해 있었다. 귀족들 중 친폴란드 성향을 갖는 그룹이 있었다. 당시 벨라루스보다 앞선 폴란드식 생활양식, 의복, 언어, 문학이 유럽식의 화려한 생활을 해보지 못한 벨라루스 귀족들에게는 매력적으로 보였다. 크레보 연합 이후 약 2세기 동안 벨라루스 지역에 들어와 거주한 폴란드인들이 이러한 성향을 전파하고 고무시킨 면도 있었다. 다른 한편으로 오래된 공후 가문들은 친러시아적이었고, 정교회의 문화와 이전에 러시아인들과 한 국가(키예프 루스)를 이루며 살았던 기억을 가지고 모스크바의 영향력을 이용하려고 했다. 이들은 폴란드와의 연합 조약을 막기 위해 모든 힘을 쏟았고, 이를 위해 사회 여러 계층의 지원을 끌어내려 했다. 이외에도 친독일적인 그룹이 있었다. 이 그룹은 신성로마제국과의 관계 개선을 원한 재상 고쉬톨트A. Goshtold가 주도하고 있었다.

모스크바가 시작한 리보니아 전쟁으로 리투아니아 대공국의 존속 자체가 위협을 받게 되자 폴란드와의 연합을 위한 정치적 환경이 조성되었다. 러시아 황제 이반 뇌제는 벨라루스와 우크라이나를 지칭하는 '모노마흐 대공의 루스 전체'를 다시 차지하겠다고 나섰다. 1563년 러시아군은 벨라루스에서 가장 견고하게 요새화된 폴로츠크를 포위하였고, 수도인 빌노까지의 길은 무방비로 열리게 되었다. 러시아측의 기록에 따르면 이바 뇌제는 "80만 명의 병력과 20만 명의 기병, 천 문의 대포"를 가지고 폴로츠크를 공격했다. 짜르의 군대는 폴로츠크에서 잔학한 살육을 벌였다. '프스코프 연대기(Pskov Chronicles)'에 따르면 "모든 유대인과 가족들을 차가운 강물에 던져서 익사시켰다." 카톨릭교도들도 같은 운명에 처해졌다. 베나르드 수사와 도미니크 수사들은 한 명씩 차례대로 살해되었고, 이들의 수도원은 불태워졌다. 자신을 "이교도로부터의 정교회의 해방자"라고 지칭한 이반 뇌제는 정교회 세례를 받지 않은 사람은 발견하는대로 죽이도록 명령했다. 모스크바와의 전쟁으로 리투아니아 대공국은 큰 재정적 희생을 치렀다. 일례로 1542년 23,000코페크(kopek)이었던 국가 세수는 1567년 전비 지출로 인해 다섯 배나 늘어서 105,000코페크에 이르렀다.

벨라루스인들은 모스크바로부터 자신을 방어하기 위해 오랫동안 동맹관계를 유지해 온 폴란드의 도움을 청할 수밖에 없었다. 1563년 연합 협상을 위해 기코와이 라지이워가 이끄는 벨라루스 대표단이 바르샤바에 도착했다. 이들이 준비해 온 협상안은 리투아니아 대공국이 폴란드왕의 지배 아래 독립을 유지하는 것이었는데, 폴란드인들은 리투아니아의 폴란드병합을 원하고 있었으므로 협상안을 거절했다. 협상은 1566년 재개되었지만, 갈등과 의견 불일치로 협상은 제대로 이루어지지 않았다. 1569년 1월 루블린의 폴란드 의회(Sejm)에서 협상이 다시 열려 약 6개월간 극적인 협상과정이 전개되었다. 한쪽이 협상안을 제안하면 다른 편이 이를 거부하는 상황이 반복되었고, 어느 쪽도 양보를 하려 들지 않았다. 결국 리투아니아 대표단은 폴란드가 제시한 조건으로는 협상 타결을 이룰 수 없다고 보고 루블린을 떠났다. 그러자 폴란드는 힘을 과시하여 리투아니아를 굴복시키기로 했다. 폴란드 왕 지기스문트 2세Sigismund Ⅱ Augustus는 리투아니아 영토의 거의 절반을 차지하는 키예프와 볼히냐를 폴란드에 병합시키는 포고령을 발표했다. 이 시점에 벨라루스 지역에서는 이반 뇌제의 군대가 아직 철수하지 않고 있었다. 러시아군은 벨라루스 지역을 약탈할 뿐만 아니라 울라Ulla, 우스뱌티Usvyaty, 시트노Sitno

와 기타 지역에 요새를 건설했다. 리투아니아 대표단은 이반 뇌제와 협상을 벌이려고 노력했고, 그의 아들 표도르Fyodor에게 빌노의 권좌를 내주는 제안까지 하였다. 그러나 모스크바가 더 많은 것을 원했기 때문에 이 협상도 무위로 돌아갔다. 폴란드와 러시아를 상대로 양 전선에서 싸울 수 없었던 리투아니아는 다시 폴란드와 협상을 시작했다. 루블린으로 돌아온 리투아니아 대표단은 폴란드의 요구를 받아들일 수밖에 없었다.

1569년 7월 1일 루블린조약이 서명되었다. 조약이 서명되던 날 리투아니아 대공 카드케비치Khadkevich는 폴란드왕에게 리투아니아 대공국의 모든 법률을 보존하고 자신의 백성들에게 해가 돌아가지 않도록 해줄 것을 요청했다. 지기스문트 2세는 국가연합은 새로운 국가의 모든 신민에게 이익이 될 것이라고 말했다. 국가연합 조약안은 "지금부터 두 나라가 통합된 폴란드-리투아니아 연합이 되고 두 국가와 두 국민은 단일 국민과 단일 정부로 통합된다"고 규정하였다. 폴란드의 왕이 연합국가를 통치하고, 왕은 크라코프의 국가의회(Sejm)에서 선출되도록 하였다. 리투아니아의 대공 선출 제도와 빌노의 의회는 폐지되었다. 폴란드왕은 리투아니아의 모든 권리와 특권, 공직, 왕가의 지위와 합병된 벨라루스와 우크라이나 지역의 토지소유권과 재산을 보호하기로 약속했다. 양국은 단일 화폐를 사용하고 국경의 세관도 철폐했다. 국가연합의 또 하나의 전제 조건은 단일한 법률제도였다. 빌노에 공동위원회가 구성되어 리투아니아의 법률을 연합과 기존의 폴란드 법체계에 맞게 조정하려고 하였다. 그러나 리투아니아의 법률체계가 폴란드의 후진적 법률체계보다 훨씬 광범위하고 내용이 풍부해서 이러한 작업은 쉽게 진행되지 않았다. 폴란드는 리투아니아 대법전과 같은 법률을 제정해 본 적이 없었다. 이렇게 해서 리투아니아의 법체제가 연합국가 법제도의 근간이 되었다. 모든 우호적 합의에도 불구하고 폴란드는 리투아니아보다 경제력이 강해서 리투아니아 주민들에게 자신들이 원하는 제도를 시행했다. 리투아니아 주민들은 폴란드의 동화정책이나 카톨릭의 강요에 대항하기가 어려웠다. 이렇게 해서 한때 강성했던 중세국가였던 리투아니아 대공국은 지도에서 사라지게 되었다. 리투아니아가 폴란드로 병합된 것은 복잡한 국내외 정치 상황과 카톨릭계 주민과 정교회계 주민의 분열의 결과였다. 오랜 기간 동안 리투아니아는 서쪽의 카톨릭과 동쪽의 정교회 사이에서 압박을 받았고, 결국은 어느 한쪽의 영향력 아래 들어갈 운명이었다. 1569년 리투아니아는 서쪽을 택하였고, 1775년 러시아가 리투아니아를 병합할 때까지 약 2세기 동안 폴란드의 영향력 아래 들어갔다.

13장 종교적 대립과 브레스트 연합

• 종교적 대립

루블린 조약이 체결된 이후 카톨릭, 프로테스탄트, 정교회 간의 투쟁의 새로운 국면이 시작되었다. 17세기는 종교적으로 반개혁의 시대였다고 할 수 있다. 이러한 사조의 선두에는 전세계에 카톨릭의 전파를 위해 적극 활동한 예수회가 있었다. 1569년 8월 오스트리아 예수회의 수장이었던 마기Magee를 단장으로 하는 20명의 예수회 사제들이 빌나에 도착했다. 1570년 이들은 예수회 교육을 위한 강좌를 비롯하여 다섯 개 강좌로 구성된 학교를 설립했다. 이 학교는 사회계층과 종교를 가리지 않고 학생을 받았고 무료인 교육 과정은 5년에서 7년 간 수학할 수 있었다. 처음에는 이 학교에서 수업을 받고자 하는 사람이 별로 없었다. 프로테스탄트 학교가 이미 성공리에 운영 중이었고 인기도 높았다. 예수회 학교는 일단 기초를 다진 후에 다양한 연령과 종교, 사회적 배경을 가진 젊은이들에게 큰 영향을 미치는 뛰어난 교수법을 개발했다. 예수회는 독실한 카톨릭 신자였고 왕의 동생이었던 안나 공주를 통해 지그스문트 2세의 주의를 끌게 되었다. 이후 폴란드 왕위는 짧은 기간 여러 번 바뀌게 되었다. 자식이 없었던 자그스문트 2세의 뒤를 이어 프랑스의 발루와Anjou Valois가 폴란드왕으로 지명되었다. 그러나 그는 바르샤바에 6개월 머문 후, 자신의 형인 프랑스의 샤를르 4세가 사망하자 프랑스의 왕위를 계승하기 위해 모국으로 돌아갔다. 이렇게 되자 누가 후임 왕이 되어야 하는가를 놓고 논란이 벌어졌고, '궐위(interregnum)' 시대가 3년 간 지속되었다. 1576년 귀족이자 뛰어난 군지휘관인 바토리Stephan Bathory(재위 1576-1586년)가 왕위에 올랐다. 리보니아전쟁 덕분에 예수회는 바토리의 환심을 사게 되고, 1579년 예수회와 바토리왕은 폴로츠크로 원정을 하여 15년 간 러시아의 지배하에 있던 폴로츠크를 해방시켰다. 예수회 사제들은 힘든 전장 생활을 견뎌내고, 부상병들을 치료했으며, 죽어가는 병사들의 고해성사를 받았다. 스테판 바토리는 예수회 사제들의 봉사와 규율에 크게 감명을 받았고, "내가 왕이 아니었으면, 예수회 사제가 되었을 것이다"라고 종종 말했다. 이들의 봉사에 대한 감사의 표시

스테판 바토리

로 바토리는 폴로츠크에 예수회대학을 세워줄 것을 약속했다. 이 약속은 거창하게 실현되어 예수회는 폴로츠크의 여덟 개의 정교회 성당과 일곱 개의 수도원을 부속 토지, 재산과 함께 하사받았고, 정교회는 단 하나의 성당만을 유지하게 되었다.

바토리의 뒤를 이은 지그스문트 3세Sigismund Ⅲ Vasa(재위 1587-1643년)는 단순히 예수회의 지원자를 넘어 예수회 출신이었다. 그는 스웨덴의 요한 3세와 지기스문트의 여동생의 아들이었다. 그는 젊은 시절부터 카톨릭을 폴란드-리투아니아 연합의 유일한 종교로 만들어야 한다는 열망을 버린 적이 없었다. 그의 모든 국내, 외교 정책은 이 목표를 기본으로 시행되었다. 벨라루스에서 예수회는 개신교로 전향한 귀족들을 집중적으로 공략했고, 이러한 전략은 상당한 성과를 거두었다. 예수회로 개종한 귀족 중에는 라지위워의 아들이 있었는데, 그는 평생을 아버지가 발행한 성경을 찾아내서 불태우는 일에 바쳤다. 그는 아버지로부터 물려받은 지역에 있는 모든 인쇄소를 폐쇄했다. 개신교로 개종한 '죄지은 아들들'은 다시 카톨릭의 품안으로 돌아왔다. 도시의 상류층이나 상인들과 장인들은 점차로 아리안주의(Arianism)와 캘빈주의(Calvinism)를 비난했다. 예수회는 적극적인 자선활동으로 사람들의 신뢰와 동정을 얻었다. 예수회는 학교와 대학을 건립했을 뿐만 아니라, 약국, 병원, 병자와 부랑자들을 위한 보호시설을 만들었다. 1580년 빌노에 페스트가 발생했을 때도 예수회 사제들은 도시를

지기스문트 3세 초상

떠나지 않고 병자들을 돌보았고, 죽어가는 사람의 고해성사를 받고 장례를 치러주었다. 이러한 모든 활동은 그들의 도덕적 권위를 높이는데 크게 기여했다.

서유럽의 교육 모델을 가지고 학교를 운영하며 젊은층에 영향력을 확대하는 일은 어려운 과제가 아니었다. 폴로츠크 다음으로 비텝스크, 네스비즈Nesvizh, 핀스크, 브레스트, 그로드노, 나바흐루닥, 민스크, 오르샤에 예수회 학교가 설립되었다. 예수회 대학들은 처음에는 스콜라 철학에 바탕을 둔 신학교육을 실시하였으나, 학생들은 그리스 철학, 논리학, 물리학, 천체학 등도 열심히 공부했다. 학교에서는 귀족들이 정치와 공직에서 필요한 과목들인 라틴어, 법학, 수사학 등의 교육에도 큰 관심을 기울였다. 바티칸의 재정적 지원에 힘입어 교육은 무료로 진행되었다. 시간이 지나자 예수회대학 졸업생들은 관직에 대거 진출하고, 국가와 민간의 주요 결정에 영향을 미치기 시작했다.

1579년 벨라루스의 첫 고등교육기관이라 할 수 있는 과학아카데미가 빌노에 세워졌다. 이 기관은 서유럽 대학들을 모델로 하여 세워졌고, 인문학, 철학, 신학 분야의 학사 및 석·박사 과정을 운영했다. 교육 과정에는 역사, 외국어, 철학, 신학 등이 포함되어 있었다. 철학 교수 중에는 그 저술이 여러 언어로 번역된 스미그레츠키Marcin Smiglecki(1564-1618년)도 포함되어 있었다. 그가 저술한 '논리학(Logica)'은 국제적 명성

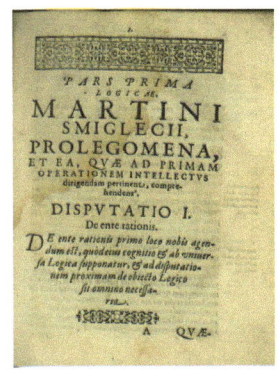

스미그레츠키의 논리학

을 얻었고, 19세기 옥스포드나 소르본느 같은 서유럽 명문 대학 교재로 쓰였다. 철학 교수였던 사르벱스키Matvey Sarbevskiy(1595-1640년)는 시인으로도 유명했는데, 단테나 페트라르흐Francesco Petrarch처럼 1623년 월계관을 받았다. 과학아카데미는 다른 교육기관에 필요한 교사를 양성했다. 빌노의 과학아카데미는 1755년 러시아에 모스크바대학이 설립되기 2세기 전에 유럽의 가장 동쪽 지역에 세워진 대학이었다.

벨라루스에서 활동하는 예수회 사제들은 벨라루스어 교육에도 힘썼고, 교회 설교에도 벨라루스어를 사용했다. 또한 사제들은 종교 관련 서적들을 벨라루스어로 번역했다. 당시 정교회가 고대교회슬라브어로 된 성서를 벨라루스어나 러시아어로 번역하는 것을 이단적 행동으로 금지하고 있던 상황에서 이러한 번역작업은 현명한 일이었다. 고대교회슬라브어는 오래전부터 사용되지 않았고, 일반 벨라루스 사람들이 해독하기 어려웠다. 17세기 초 벨라루스에서는 세대 간의 변화가 일어났었다. 종교개혁의 물결이 일어 젊은 세대는 프로테스탄티즘을 적극 수용했다. 당시 정치인들의 전기를 보면 대부분이 캘빈주의나 루터교로 개종했었다. 그러나 이러한 변화는 약 20년 만에 중지되고 카톨릭이나 연합교회로의 복귀가 진행되었다. 반개혁주의운동은 당시 유럽 전체의 현상이기도 했지만 벨라루스에서는 나름대로 독특한 양상이 전개되었다. 사회적 항거와 평등사상이 개혁주의, 특히 아리안주의에 나타나자 지배계층은 개혁주의를 멀리하기 시작했다. 루블린 조약으로 정치 세력의 조정이 진행되자, 귀족들은 폴란드 궁정과 정부가 지속적으로 신봉한 주류 종교인 카톨릭으로 다시 돌아왔다.

벨라루스에는 오랜 기간 동안 카톨릭과 정교회가 지배하고 있었고, 16세기 후반 프로테스탄트 교회와 연합교회가 나타나서 교회의 양상이 복잡했지만, 이러한 상황은 오히려 종교에 대한 사회적 관용의 전통을 키웠다. 따라서 반개혁운동은 단일 종교에 집착했던 서유럽이나 러시아에서처럼 큰 압제를 불러오지 않았다. 예수회는 벨라루스 귀족들이 폴란드 왕정을 크게 지지하지 않고 자신들의 영역에서 왕권이 강화되는 것을 원하지 않는다는 것을 잘 알았다. 반개혁운동의 리더인 예수회 수장 스카르가Piotr Skarga는 "우리는 권리와 법에 대한 존중을 하지 않는 터키인이나, 몽골인이나, 모스크바의 러시아인들이 가진 절대왕정을 원하지 않는다. 우리는 공정한 법률과 현명한 권력에 바탕을 둔 군주제를 원한다."라고 하며 귀족들에게 다가갔다. 이러한 외교적 접근과 유연성 덕분에 카톨릭교회는 프로테스탄티즘으로 기울었던 귀족들을 다시 카톨릭으로 돌아오게 했고, 브레스트 연합은 정교회를 카톨릭에 가깝게 끌어들였다.

17세기에 벨라루스에서는 약 70-80여개의 개신교 공동체가 있었다. 가장 역사가 긴 것은 폴로츠크 프로테스탄트교회였으나 1632년 러시아군에 의해 불태워졌다. 1636년 교회는 다시 복원되어 18세기까지 존재했다. 1658년 폴란드 의회는 아리안주의자들을 폴란드-리투아니아연합에서 추방하기로 했다. 이들이 카톨릭으로 개종하면 추방을 면할 수 있었다. 개신교 신도는 점점 줄어들어 18세기 중반에는 약 40여개의 개신교 공동체만이 남게 되었다.

- **브레스트 연합과 연합교회의 탄생**

16세기 중반 폴란드왕은 정교회를 자신이 원하는 대로 조종할 수 있을 정도로 정교회를 장악했다. 이렇게 된 데에는 몇 가지 이유가 있었다. 원래 폴란드왕은 정교회 공의회가 임명한 주교와 사제를 추인하였었다. 그러나 폴란드왕이 교회 지도부와 상의 없이 성직자를 임명하는 권한을 직접 행사하기 시작하면서 정교회의 권위는 크게 훼손되었다. 종교적, 도덕적 수준이 아니라 폴란드 왕정에 대한 충성도가 성직자 임명 기준이 되었다. 또한 수도원의 수장 자리에 사제가 아니라 평신도가 임명되는 경우도 있었다. 두 번째로 왕은 교회와 수도원의 운영권을 평신도에게 넘겨주면서, 평신도 관리자는 교회 재산을 마음대로 처분할 수 있었다. 왕은 자신의 재정을 전혀 사용하지 않으면서 자신의 추종자들이 교회 소유를 통해 부를 쌓을 수 있는 길을 열어놓았다. 세 번째로 왕은 평신도 집단이 사제보다 우위에 있게 함으로써 교회의 위계질서를 무너뜨리고 평신도에 의한 자의와 월권의 길을 열어놓았다. 이러한 잘못된 제도와 교회 탄압으로 인해 정교회는 내부로부터 권위가 무너져서 신도들의 신뢰를 잃었고, 일부 신도들은 카톨릭과 개신교로 개종하기도 하였다. 그러나 이러한 어려운 상황에도 불구하고 벨라루스에서 정교회의 뿌리는 크게 흔들리지 않았다. 농민들과 도시 중하층민들은 정교회에 충실하며 자신의 신앙, 전통, 언어를 지켜나갔다.

폴란드왕뿐 아니라 로마의 교황도 벨라루스를 카톨릭 국가로 만들려는 시도에 적극 가담했다. 교황은 벨라루스뿐만 아니라 우크라이나, 러시아까지 카톨릭화하려고 하였다. 교황은 파세바나Antonio Pasevana를 교황특사로 모스크바에 파견하여 이반 뇌제를 카톨릭으로 개종시키고자 하였다. 그러나 특사는 가망이 없는 시도를 위해 모스크바까지 가는 것은 의미가 없고, 리투아니아 대공국까지만 가서 이 나라를 카톨릭화하는데 노력하겠다고 진언했다. 그는 단번에 리투아니아를 정교회에서 카톨릭으로 개종하려고 시도하는 것은 무리이고, 정교회의 교리나 의례 등은 훼손하지 말고 오랜 시간을 두고 카톨릭화를 시도해야 한다고 생각했다. 첫 단계로 카톨릭과 정교회가 중간 형태의 교회인 연합교회(Uniate Church)를 설립하고, 이

스카르가 초상

를 바탕으로 카톨릭 교리를 점차적으로 확산시켜 나가야 한다고 보았다.

예수회 사제 스카르가는 연합교회를 정착시키는데 누구보다 열성적이었다. 그는 폴란드에서 태어나서 로마에서 교육을 받은 후 1570년 폴란드-리투아니아에 파견되었다. 그는 폴란드왕 바토리의 신임을 얻은 후 측근이 되었고, 바토리가 죽은 후에는 지기스문트 3세의 충성스런 심복이 되었다. 그의 주도 하에 빌노대학이 과학아카데미로 확대·개편되었고, 이후 몇 년 간 폴로츠크의 신학교를 이끌면서 신학 서적을 저술하고 번역하였다. 1577년 스카르가는 '하나의 신, 하나의 교회에 대해(On one church after the one God)'라는 책을 저술해 기독교 교회들이 로마 교황 아래 하나로 통합되어야 한다는 것을 역설했다. 그는 정교회가 러시아 짜르에 지나치게 의존하고 있어서 위기를 맞고 있다고 생각했다. 그는 교회 통합의 조건으로 로마 교황의 우월권을 인정해야 한다는 것을 전제하고 정교회 신자들은 자신들의 관습과 의례, 종교 축일, 성인과 전통적 교회 장식 등을 모

두 보존하도록 허용해야 한다고 주장했다. 스카르가는 뛰어난 논쟁자이고 저술가였지만, 무엇보다 폴란드 애국자였다. 그는 교회연합은 반란이나 완력에 의존하지 않고 설득으로 성립될 수 있다고 진지하게 믿었다. 그는 벨라루스와 우크라이나 지역에 막대한 영향력을 행사하고 있던 오스트로즈스키Konstantin Ostrozskiy가 교회연합에 찬성하도록 만들기 위해 노력했다. 오스트로즈스키는 벨라루스에 100개 이상의 도시와 1,200개 이상의 부락을 통제하고 매년 수입이 백만 금화(gold coins)가 넘을 정도로 대부자였고, 막강한 군대도 보유하고 있었다. 그는 3만 명 이상의 병사를 동원할 수 있었는데, 이것은 폴란드가 동원할 수 있는 군대보다 많은 수였다. 그는 누구에게도 의존하지 않았고, 주민들에게 절대적 영향력을 행사하고 있었다. 스카르가는 오스트로즈스키에게 자신의 교회연합 계획을 설명하고 지지를 구했는데, 오스트로즈스키는 교회연합에 대한 논의는 공식적인 정교회 공의회의 논의를 거쳐 결정되어야 한다는 것을 전제조건으로 내세웠다. 그러나 이러한 공개회의를 열어서 교회연합을 논하면 정교회 신도들이 이에 동의할 가능성은 전혀 없었다. 이러는 동안 브레스트의 파트세이Ipatius Patsey 주교, 루츠크의 테를레츠키Cyril Terletsky 주교를 비롯한 여러 주교들은 지기스문트 3세에게 편지를 보내 정교회의 의식, 예배, 의례가 보존되는 것을 조건으로 정교회가 로마 교황의 권위 아래 들어가는 교회연합을 왕령으로 포고해 줄 것을 요청하였다. 주교들은 자신들의 직위를 왕으로부터 하사받았기 때문에 자신들의 자리를 보존하기 위해 이러한 행동을 할 수도 있었다. 1595년 파트세이 주교와 테를레츠키 주교는 교회연합 협약에 서명하기 위해 비밀리에 로마로 갔다. 이들의 음모를 알게 된 오스트로즈스키는 격노하여 정교회 신자들에게 단결하여 정교회 신앙을 수호하라는 '지역공지문(Message to all districts)'을 발송했다. 교회연합으로 인해 내란이 발생할 수도 있는 대결적 상황이 전개되었다. 이후 2년 간 벨라루스와 우크라이나에는 오스로즈스키 수하의 코자크 지도자인 날리바이코Severin Nalivayko가 주도한 반란이 진행되었다. 그는 정교회의 충실한 신자였고, 폴란드를 극도로 미워했다. 반란군은 폴란드 지주들의 농지와 재산을 약탈하고 테를레츠키와 그의 동생의 성을 불태웠다. 그러나 그의 반란은 결국 폴란드에 의해 진압되었다. 반란이 진행되는 동안 날리바이코의 모친과 형제들은 오스트로즈스키의 성에 안전하게 보호되어 목숨을 구했다. 날리바이코는 폴란드로 압송되어 잔인한 고문을 당한 뒤 처형되었다. 반란이 진압되자 교회연합을 더 이상 미룰 이유가 없었다. 교황 클레멘트 3세는 교황칙령을 발행하여 두 교회가 하나로 통합된다고 선언했다. 그러나 다시 반란이 일어날 것을 염려한 지기스문트 3세는 1596년 브레스트에서 정교회 공의회를 열었다. 공의회 참석자들은 교회연합 반대파와 지지파로 양분되었고, 각각 별도의 공의회를 열었다. 반대파들은 정교회 총주교 라조가Mikhail Razoga와 모든 주교들을 파문하였고, 지지파는 정교회에 남아 있던 모든 사제들을 파문하였다. 이러한 파동에도 불구하고 교황이 제안한 교회연합을 확고하게 지지하는 폴란드 정부의 태도에는 변화가 없었다. 그리스카톨릭교회(Greek Catholic Church)라고 이름이 지어진 교회연합이 서명되었고, 스카르가는 공의회 진행 상황을 기록하여 '브레스트 공의회(Brest Council)'와 '브레스트 공의회에 대한 변론(In Defense of the Brest Council)'이라는 제목을 가진 두 권의 책을 1597년 크라코우에서 발행했다. 교회연합 출범 이후 정교회 내부의 대립은 오랜 기간 지속되었다. 교회연합과 교황의 권위를 인정한 교회는 계속 정교회식 예배를 드리며 지방 정부의 확고한 지원을 받았다. 이들이 새롭게 받아들인 것은 로마의 교황이 신의 대리인으로서 최고의 권위를 갖는다는 사실을 인정한 것이다. 이러한 교회들은 연합교회나 그리스카톨릭교회라고 불렸다. 그러나 벨라루스 내 수백 개의 교회는 교황의 권위를 인정하지 않았고, 교회연합도 인정하지 않았다. 연합교회는 정교회를 굴복시키기 위해 공격적인 전술을 구사했지만, 정교회 교회들은 이런 공격에 강하게 저항하며 교회를 계속 유지해갔다.

17세기 초반 우크라이나와 벨라루스 지역의 코자크는 세력을 크게 확장했다. 코자크는 정교회를 보호하는 세력으로 등장했다. 폴란드 정부는 이러한 상황을 감안하여 연합교회의 세력을 무모하게 확장하는 노력을 중지했다. 1620년대에는 정교회 교회를 불법화하고 재산을 몰수하는 법령들을 폐기했다. 1620년 벨라루스와 우크라이나의 정교회 위계체제는 다시 부활되었다. 이 시기 카톨릭을 강제로 전파하려는 시도는 잠시 주춤했지만, 일부 지역에서는 계속 정교회 신자들에 대한 탄압이 지속되어 반란이 자주 일어났다. 비텝스크의 예수회 사제 쿤체비치Iosif Kuntsevich는 정교회 교회들을 폐쇄하고, 신도 몇 명을 체포하여 드비나 강에 수장했다. 이에 격분한 주민들과 농민들은 1623년 11월 12일 쿤체비치의 집을 공격하여 그를 드비나 강에 익사시켜 죽이고, 그의 보좌진도 모두 죽였다. 이러한 봉기 소식을 들은 교황 우르반 3세Urban Ⅲ는 보복을 지시하여 비텝스크에 대량 학살이 일어났다. 사태가 진정된 후 폴란드 총리 사피하Lew Sapieha가 주도하는 조사위원회가 설치되어 사건 주동자 75명에게 사형을 언도하고 이들의 재산을 몰수했다. 또한 비텝스크는 마그데부르그시(자치自治시)의 지위를 상실했다. 정교회 교회의 둥근 지붕들은 모두 철거되고 지붕의 금속장식은 해체되어 용해되었다.

14장   모스크바공국의 혼란 시기와 코자크 반란

• 모스크바공국의 혼란 시기

17세기 초 러시아는 '혼란의 시기(Time of Troubles)'라고 불리는 혼란기를 맞게 되었다. 10세기부터 우크라이나와 러시아를 통치해 오던 류릭 왕조는 이반 뇌제가 사망하고, 정신적 장애가 있던 표도르도 곧 죽으면서 막을 내리게 되었다. 표도르의 동생 드미트리 왕자도 의문의 죽임을 당했다. 러시아는 1600년부터 시작된 흉작으로 도처에 기근이 발생했다. 1600년 페루에서 발생한 화산 폭발에서 발생한 화산재가 러시아 지역을 덮으면서 냉해가 발생해 흉년이 시작된 것으로 추정된다. 1600-1603년 사이 모스크바 지역에서만 약 12만 명이 기근으로 사망했고, 곡물 가격은 30배나 뛰었다. 러시아 전체로는 인구의 약 1/3인 200만 명이 기근으로 사망한 것으로 추정된다. 1598년 영향력 있는 귀족이고, 표도르의 처남인 보리스 고두노프Boris Godunov가 짜르로 임명되었으나 그는 왕족 출신이 아니어서 정통성 시비가 크게 일었다. 주민들 사이에서는 기근이 '짜르의 죄에 대한 신의 심판'이라는 소문과, 1591년 의문 속에 사망한 드미트리를 죽인 것은 보리스 고두노프라는 풍문이 돌았다. 고두노프의 짜르 즉위에 반대했던 귀족들은 이러한 소문을 믿었고, 드미트리가 살아있으므로 그가 짜르가 되어야한다는 소문도 퍼뜨렸다.

폴란드는 러시아에서의 혼란을 이용하여 러시아를 복속하거나 폴란드 추종자가 왕위에 오르게 하려고 했다. 모스크바를 탈출하여 폴란드로 온 그리고리 오스트레페프Grigory Ostrepev는 드미트리를 참칭僭稱하고 나섰다. 벨라루스에서 태어난 그는 모스크바총주교의 비서를 지내면서 크렘린 궁정 사정을 깊이 알고 있어서 드미트리를 참칭할 수 있었다. 1604년 10월 폴란드군은 가짜 드미트리를 앞세우고 모스크바공국으로 진격하였다. 이 공격에는 우크라이나의 코자크도 2천 명 가담했다. 가짜 드미트리는 가는 곳마다 환영을 받았고 러시아군은 폴란드군에 거의 저항을 하지 않았다. 때마침 보리스 고두노프가 사망하여 가짜 드미트리에게 더욱 유리하게 되었다. 1605년 6월 모스크바 모든 교회의 종이 울리는 가운데 가짜 드미트리는 모스크바에 입성했다. 7월 30일 그는 짜르 드미트리 1세로 왕위에 올랐다. 그러나 가짜 드미트리와 그의 폴란드에서 온 그의 아내 마리나 므니세크Marina Mnishek의 방탕함과 이교도적인 행각은 주민들의 원성을 샀다. 1606년 5월 귀족 슈이스키Vasily Shuishky가 주도한 반란이 일어나 모스크바에 거주하는 수천 명의 폴란드인이 살해를 당했다. 흥분한 폭도들은 크렘린궁을 습격하여 가짜 드미트리를 죽였다. 슈이스키가 짜르로 선언되었지만 혼란은 금방 가라앉지 않았다. 1607년 여름 또다른 드미트리 참칭자가 나타나서 모스크바 근교 투쉬노Tushino에 추종세력과 함께 머물렀다. 그러나 이때까지 중립적 입장을 보이던 폴란드가 러시아에 선전포고를 하고 스몰렌스크를 공격하면서 상황은 변했다. 모스크바의 귀족들은 슈이스키를 타도하고 그를 체포하여 폴란드에 넘기고, 폴란드왕 지그스문트 3세의 아

미닌과 포자르스키 동상

들에게 왕위를 맡도록 요청했다. 그러나 이러한 국가적 위기를 받아들일 수 없었던 모스크바의 상인 미닌Kuzma Minin은 봉기를 선동하여 러시아 각지에서 농민들이 무기를 들고 모여들었고, 포자르스키 공Prince Dmitry Pozarsky이 봉기군을 이끌었다. 나라를 난세에서 구한 미닌과 포자르스키의 동상은 붉은 광장 성 바실 성당 앞에 있다. 1612년 8월 봉기군이 폴란드군영을 포위하자 폴란드군은 항복하였다. 1613년 1월 최초의 러시아 의회격인 젬스키 사보르Zemskii Sobor가 미하일 로마노프Mikhail Romanov를 새 짜르로 선출하면서 혼란의 시대는 막을 내렸고, 로마노프왕조 시대가 시작되었다.

• 코자크와 농민들의 반폴란드 반란

1630년대와 1640년대 교회연합에 반대하는 민중봉기와 반란이 연이어 일어났다. 1633년 폴로츠크에서는 연합교회 대주교 셀랴바Selyava를 암살하려는 시도가 발생해서 대주교는 부상을 입었다. 연루자들에 대한 탄원이 받아들여지지 않자 주민들은 감옥을 습격하여 죄수들을 석방시켰다. 이러한 반란은 코자크와 농민들이 주도했는데, 이들의 요구 중 가장 중요한 것은 연합교회의 해체와 폴란드 지배로부터의 해방이었다. 1648년 여름 우크라이나 코자크 지도자 흐멜니츠크Bogdan Khmelnitskiy(1596-1657년)가 이끄는 코자크군은 반란을 일으켜 폴란드군을 격파하고 서진하였다. 벨라루스 남부의 핀스크, 고멜, 브레스트, 모지르Mozyr, 투로프, 코브린Kobrin도 코자크군의 수중에 떨어졌다. 정교회계 주민들은 반란에 참여하거나 동조하였기 때문에 카톨릭과 연합교회 신도들은 피신을 해야 했다. 슬루츠크Slutsk를 점령하려던 코자크군은 폴란드군에 의해 격퇴되었고, 천 명 이상의 코자크가 전사했다.

흐벨니츠키는 정교회 학교를 마찬 후 키예프의 예수회 학교를 다녔지만 철저한 정교회 신봉자였다. 그는 우크라이나어, 벨라루스어, 폴란드어, 라틴어를 구사할 줄 알았고, 이런 지식 덕분에 코자크부대의 서기관으로 근무했다. 자포로지야 코자크의 지도자(hetman)가 된 흐멜니츠키는 농민들과 소지주 출신의 코자크들로 구성된 수천 명의 병력을 이끌었다.

코자크 봉기를 진압하기 위해 폴란드는 약 14,000명의 병력을 파견했다. 카톨릭교회는 독일, 헝가리, 스웨덴 용병들을 모집해 보냈다. 핀스크가 제일 먼저 탈환되었으나 폴란드군은 수많은 주민을 죽이고 집들을 불태웠다. 폴란드 총리인 알브레흐트 라지위웨Albrecht Radziwł도 자신의 친척인 군사령관 야누쉬 라지위웨Janusz Radziwł의 무자비한 군사작전을 비난했다. 다음으로 폴란드군은 브레스트를 탈환했는데, 이곳에서도 폴란드에 반기를 둔 주민들은 가혹하게 처벌당했다. 투로프에서도 코자크와 같이 탈출하지 못한 주민들은 라지위워의 명령에 의해 처형당했다. 체체르스크Chechersk에서는 포로가 된 150명의 코자크의 오른손이 잘렸고, 50명은 창에 찔려 죽었다. 라지위워의 무자비한 보복을 전해들은 보르루이스크Bobruisk의 주민들은 저항을 포기하고 스스로 성문을 열었지만, 270명이 오른손을 절단당했고, 150명이 창에 찔려 처형되었다. 1649년 여름 전 폴란드군은 벨라루스 남부 대부분 지역을 회복하였고, 흐멜니츠키군은 우크라이나로 돌아갔다. 1649년 7월 흐멜니츠키는 약 45,000명의 병력을 이끌고 남부 벨라루스로 진격했으나 폴란드군에 의해 다시 격퇴되었다. 코자크군은 약 8,000명이 전사하고, 후퇴 중에 3,000명이 드네프로 강에 익사하였다. 폴란드왕 카지미에즈Jan Kazimierz는 벨라루스 주민들을 진정시키기 위해 모든 반란 가담자에 대한 사면과 벨라루스 정교회 사제와 귀족들에 대한 새로운 특권을 제공했다. 1650년에는 양측 사이에 휴전이 성립되었으나 소규모 농민 반란은 계속되었다. 1651년 여름 폴란드가 약 10만 명의 병력으로 키예프를 공격하면서 전투가 재개되었다. 로예프Loev에서 벌어진 폴란드군과 코자크의 결전에서 폴란드군이 승리하였고, 폴란드군은 키예프를 힘들이지 않고 점령했다. 9월 18일 흐멜니츠키는 폴란드와 강화조약을 맺고 모든 코자크부대는 벨라루스에서 철수했다. 1651년 겨울이 되자 코자크 반란은 최종적으로 진압되었다. 전쟁으로 벨라루스 남부는 큰 피해를 입었다. 브레스트, 모지르, 핀스크는 크게 파괴되었다. 폴란드 정부는 이 지역의 경제적 부담을 덜기 위해 세금을 낮추었고, 일부 지역은 5년 간 세금이 면제되었다. 폴란드와 연합교회의 영향력에 대항하여 우크라이나와 벨라루스에서 일어난 정교회 반란은 양측의 앙금을 풀지 못했고, 아무런 긍정적 결과도 가져오지 못했다. 유혈 사태 이후 종교적 갈등은 더욱 증폭되어서 평화가 오래 가지 않을 것은 분명했다.

 민족주의 입장에 치우친 일부 벨라루스 역사가들은 연합교회가 로마나 모스크바 어디에도 편파적으로 치우치지 않은 진정한 벨라루스적 교회라고 평가한다. 이들은 연합교회가 벨라루스의 민족의식 형성에 기여하였다고 주장한다. 그러나 이러한 해석은 역사적 사실과 부합되지 않는다. 연합교회가 모스크바에 경도되지 않은 것은 사실이지만, 카톨릭교회가 사용한 공격적인 확장 정책과 강제적으로 많은 벨라루스 정교회 교인들을 연합교회로 개종시킨 사실은 부정할 수 없는 역사적 사실이다. 연합교회는 예수회가 주도해서 창안한 교회제도이고, 카톨릭을 단번에 전파하기 어려운 상황에서 타협책으로 정교회 예배와 의례를 보존한 상태에서 로마 교황의 권위를 인정하게 만들었다. 연합교회는 특히 초기 단계에서 강제적 방법을 동원하고 정부의 포고령으로 세력을 확장했다. 정교회 사제들은 비난과 압제, 추방 등에 시달렸고, 이러한 결과로 일부 지역은 정교회 사제가 한 명도 남지 않게 되었다. 다음으로 예수회는 프란시스코회, 베르나딘회Berdadine, 도미니칸회 같은 다양한 카톨릭 선교회가 벨라루스에 들어오게 했다. 프러시아, 폴란드, 이태리에서 온 이 선교단체들은 벨라루스의 종교적 전통이나 문화와 아무 관련이 없었다. 1648-1651년 간 지속된 코자크와 농민 봉기는 정교회 주민들이 카톨릭교회와의 연합을 받아들이지 않는다는 것을 분명히 보여주었고, 이들은 정교회 신앙을 수호하기 위해 오랜 기간 무기를 들고 투쟁을 벌였다. 인위적으로 만들어진 교회는 넓게 전파되거나 오래 지속될 수가 없었다. 2008년 자료를 보면 벨라루스에는 14개 교구에 약 만 명의 연합교회 교인들이 남아있는 것으로 집계되었다.

15장 러시아와의 전쟁과 북방 전쟁

• 러시아와의 전쟁

　러시아는 벨라루스와 우크라이나인들의 봉기를 이용하고 보그단 흐멜니츠키를 폴란드와의 투쟁에 동맹세력으로 이용하기로 하였다. 러시아 짜르들은 폴란드-리투아니아 연합에 결정적 타격을 가하고 벨라루스와 우크라이나를 병합하려는 의도를 버리지 않았다. 러시아는 서유럽 국가로부터 무기를 구입하고 장교와 병사들을 모집하며 전쟁 준비를 하였다. 1653년 10월 러시아는 폴란드-리투아니아와 전쟁을 시작하고 "보그단 흐멜니츠키와 코자크군을 러시아 짜르의 보호 아래 받아들이기로" 결정했다. 러시아는 정교회 교인들을 보호하고 정교회 성지와 보물을 보호하는 것을 전쟁의 명분으로 삼았다. 1654년 1월 보그단 흐멜니츠키는 페레야슬라브Pereyaslav에 코자크 지휘관들과 장교들을 모아놓고 짜르와 정교회 사절단을 맞았다. 이들은 러시아 짜르에 대한 충성을 서약하며 러시아와 동맹을 맺었다. 페레야슬라브 조약이 체결되자 러시아와 폴란드의 전쟁은 피할 수 없게 되었고, 양국 사이에 끼여 있는 벨라루스도 전쟁으로 인한 피해를 피할 수가 없게 되었다. 1654년 러시아의 짜르 알렉세이Aleksey Mikhailovich는 약 10만 명의 병력과 5천문의 포를 벨라루스 국경에 집결시켰다. 벨라루스는 이만한 병력을 맞아 싸울 준비가 전혀 되어 있지 못했고, 이전 전쟁으로 대부분의 요새가 파괴된 상태였다. 지휘관 야누쉬 라지위위는 약 12,000명의 병사를 모았지만, 이렇게 열세인 병력으로 러시아군을 상대할 수는 없었다. 러시아는 종교 문제를 전쟁의 명분으로 삼았고, 벨라루스 정교회 신도들을 중립화시키려고 하였다. 수백 명의 짜르의 사절이 벨라루스 지방으로 파견되어 러시아는 신성한 정교회 신앙을 수호하기 위해 전쟁을 시작하므로 카톨릭에 대항하는 사람은 러시아군에 가담하라는 짜르의 편지를 낭독했다. 폴로츠크의 수도원장인 크리자놉스키Afinagen Krayzhanovskiy는 짜르 알렉세이에게 편지를 보내 러시아군이 진격하면 모든 벨라루스인들이 폴란드에 대해 반기를 들 것이라고 약속했다. 러시아는 벨라루스 귀족들의 재산을 보호하고 러시아편을 들면 큰 보상을 할 것이라고 회유했다. 도시 상인들은 러시아와의 무역의 자유와 세관 통과의 특권을 누릴 것이라고 약속했다.

  1654년 러시아군은 벨라루스 지역으로 진입했다. 적극적인 선전과 회유에도 불구하고 벨라루스 주민들은 러시아군을 환영하지 않았다. 약탈을 하지 않고 재산을 보호하겠다는 약속은 거짓으로 드러났고, 여러 자료에 러시아군이 자행한 잔혹행위와 약탈행위가 자세히 기록되어 있다. 7월 러시아군은 므스티슬라블Mstislavl을 쉽게 점령하고, 비텝스크와 두브로브노Dubrovno를 포위했다. 러시아군의 회유에 넘어가 모길례프Mogilev의 주민들은 자발적으로 성문을 열었는데, 이곳에서도 약탈과 잔혹 행위가 이어졌다. 모길례프의 유대인들은 가혹한 운명을 맞았다. 유대인들은 모두 이주를 위해 귀중품을 챙겨 집결하라는 명령을 받았고, 이들이 집결하여 교외로 나가자 유대인들은 모두 죽임을 당하고 귀중품은 약탈당했다. 전쟁이 끝난 후 유대인들이 학살을 당한 언덕에는 추념비가 세워져서 동포 유대인들이 희생자들을 기렸다. 러시아군은 벨라루스 지역을 큰 저항 없이 진격하여 10월 15일 스몰렌스크를 점령했고, 11월 18일에는 비텝스크를 점령했다. 러시아 짜르 알렉세이는 러시아군을 직접 지휘했다. 벨라루스 공격에는 얼마 전까지 폴란드군과의 전투에서 벨라루스인들과 함께 싸웠던 흐멜니츠키 부대도 가담했다. 러시아군은 드루자Druja를 점령한 후 많은 주민을 학살하고 카톨릭교회와 집들을 불태웠다. 1655년 라지위워가 이끄는 벨라루스-폴란드군은 반격을 개시하여 드루자, 오르샤, 보리소프Borisov, 보브루이스크Bobruisk를 탈환했으나, 병력의 부족으로 더 이상 나아가지를 못하고 겨울 숙영에 들어갔다. 전력이 훨씬 우위인 러시아군은 1655년 슬루츠크, 핀스크, 다비도프, 투로프를 점령했다. 러시아군은 이 도시의 주민들에게 러시아 짜르에 대한 충성을 맹세하게 하였고 카톨릭교회와 연합교회는 바로 폐쇄했다. 1655년 6월 러시아와 폴란드의 주력군은 아쉬먀니Ashymyany 근교에서 결전을 벌였다. 라지위워의 군대는 큰 패배를 당했고, 수도인 빌노로 가는 길이 러시아군에게 열렸다. 6월 31일 빌노는 러시아군과 흐멜니츠키 부대에게 점령당했다. 이때부터 러시아 짜르 알렉세이는 자신을 "대루스, 소루스와 백루스의 짜르와 위대한 군주(Tsar and Autocrat of Great, Little and White Rus)"로 불렸다.

일부 벨라루스 귀족들은 자발적으로 러시아 짜르에 대한 충성을 맹세했다. 이와 동시에 벨라루스에 반러시아적 귀족 투쟁단체도 생겨났다. 이들은 무장을 하고 러시아 행정 관리들이나 소규모 부대를 공격했다. 벨라루스 사회는 친러시아파와 반러시아파로 나뉘었다.

1655년 말 내전이 발생했다. 스스로를 '벨라루스 장군'이라고 부른 네차이Ivan Nechay가 이끄는 코자크 부대는 러시아군과 싸웠다. 네차이 부대는 몇몇 작은 마을을 탈환하고, 러시아편을 든 영주들의 성을 불태웠다. 1647년 보그단 흐멜니츠키가 사망하고, 잠시 그의 아들 게오르기가 코자크 지도자가 되었다. 그러나 능력이 많이 모자라는 게오르기는 오래 가지를 못하고 비곱스키Ivan Vygovskiy가 코자크 지도자가 되었다. 러시아를 지지하지 않는 비곱스키는 러시아군과의 합동 군사 작전을 중지했다. 1658년에는 러시아에 대항하는 협정을 폴란드와 맺었다. 이러한 변화에 러시아 궁정은 크게 당황했고 분노했다. 짜르는 '자신들이 보호하고 저주받은 카톨릭 폴란드인들로부터 구한' 코자크들의 배신이라고 흥분했다. 그러나 러시아는 외무대신 오르딘-나쉬체킨O-dyn-Nashchekin의 견해를 받아들여 신중한 정책을 펴기로 했다. 그는 벨라루스와 우크라이나 문제는 좀 더 시간을 두고 해결해도 되고, 당장 급한 것은 '발트 문제(Baltic issue)'라고 주장했다. 러시아는 발트해로의 접근로를 확보하기 위해 스웨덴과 전쟁을 벌여야 할 상황이었다. 러시아군은 벨라루스에서의 작전을 중단했고, 벨라루스인들의 게릴라전에 힘입어 폴란드군은 궤멸을 면할 수 있었다. 코자크 게트만 이반 비곱스키는 폴란드 왕과 비밀협상을 계속하였고, 폴란드 왕은 코자크가 폴란드-리투아니아에 남으면 자치를 보장해 주겠다고 회유했다. 비곱스키는 러시아에 더 이상 희망을 걸지 않기로 하고 우크라이나와 벨라루스 농민들에게 러시아 관리들에게 더 이상 복종하지 말고 반기를 들도록 선동했다. 벨라루스에서는 농민들이 일어나 러시아편에 선 지주들과 귀족들을 살해하는 일이 자주 벌어졌다. 러시아는 부대를 보내 '코자크화된 노예들(Cossakized slaves)'을 진압하도록 하고, 벨라루스 게릴라전의 지휘자인 네차이를 체포하여 처형하였다. 1661년 2월 모길료프에서는 6년 간 이 지역을 점령하고 있던 러시아 부대에 대한 봉기가 일어났다. 주민들과 러시아군 감옥에서 풀려난 벨라루스 병사들이 러시아군 병영을 공격하였다. 주민들은 폴란드군을 성 안으로 들어오게 하였고, 힘을 합쳐 7천 명이나 되는 러시아 주둔군을 공격하여 도시를 해방시켰다. 11월에는 빌노가 러시아군으로부터 해방되어 벨라루스인들의 애국심과 사기를 북돋우었다. 러시아편에 섰던 지주와 귀족들도 주민들 편으로 돌아서서 러시아군에 대한 게릴라전에 참여했다. 투쟁은 오래 지속되었지만 러시아군은 단계적으로 벨라루스 땅에서 물러날 수밖에 없었다.

폴란드-리투아니아는 평화 협상을 위해 모스크바에 대표단을 파견했다. 협상은 오래 끌며 난항을 거듭했고, 여러 번 중단되었다. 러시아는 거의 손에 다 넣은 벨라루스의 일부만을 보유할 수 있다는 사실에 대해 아쉬워했다. 1667년 13년 기한으로 안드루소보Andrusovo 조약이 체결되었다. 벨라루스는 계속 폴란드에 남아 있게 되었지만, 스몰렌스크, 체르니고프, 키예프와 드네프로 강 좌안은 러시아가 보유하게 되었다. 폴란드 지배층은 안드루소보 조약에 대해 엇갈린 반응을 보였다. 일부 귀족들은 조약을 환영했지만, 폴란드왕 소베스키 Jan Sobieski(재위 1674-1696년)를 비롯한 많은 의원들은 이 평화협정에 반대하고, 러시아와의 투쟁을 계속할 것을 주장했다. 그러나 폴란드는 전쟁을 계속할 힘이 없었으므로 이러한 주장은 실현될 수 없었다. 1686년 폴란드와 러시아는 '항구적'이라는 말이 붙은 조약을 다시 맺고 1667년에 정해진 경계를 확정지었다. 이렇게 됨으로써 러시아가 내세운 '해방' 전쟁은 키예프를 포함한 우크라이나의 절반을 차지하는 것으로 끝났고, 우크라이나 서부 지역과 벨라루스 전체는 폴란드에 계속 남게 되었다.

17세기에 오랜 기간 치러진 전쟁으로 벨라루스 주민들은 큰 희생을 치렀다. 일부 역사가의 추정에 의하면 1648년부터 1661년 사이 벨라루스는 인구의 절반을 잃었고, 전투가 치열했던 동부 지역에서는 희생자 비율이 인구의 80%에까지 이르렀다. 벨라루스의 인구는 1650년 300만 명에서 1673년 140만 명으로 줄어들었다. 폴로츠크 지역에서는 농민들이 벨라루스 남부 지역이나 러시아 지역으로 피난을 가는 바람에 60%의 주거지에 사람이 살지 않게 되었다. 라지위워가 소유한 영지에는 전쟁 전 1,087가구가 있었는데, 1664년에는 156가구만 남았다. 민스크에는 156명의 주민만이 남았고, 도시 전체가 폐허가 되다시피 했다. 상업과 수공업은 1647년의 40퍼센트 수준으로 떨어졌다. 벨라루스 북부 지역에서는 1665-1666년 겨울에 기근이 닥쳐 농지의 절반만 경작되었다. 18세기 말이 되어서야 벨라루스의 인구는 1640년대 수준을 회복했다. 러시아와의 전쟁은 벨라루스의 크고 작은 도시들을 파괴했다. 주민들은 러시아로 이송되어 타타르가 지배하는 크림반도에 노예시장으로 팔려가기도 하였다. 전쟁으로 야기된 퇴보는 모든 것을 변화시켰다. 벨라루스인들의 생활여건, 사회 구조와 언어와 종교 상황을 변화시켰다. 전쟁은 오랜 기간 동안 벨라루스 문화가 겪게 될 위기의 원인이 되었다. 벨라루스 사회는 엘리트와 상류계층을 잃었고 사회적 계층 구분이 무너지면서 농촌사회로 퇴보했다. 벨라루스는 민족적 부르주아 계층과 민족국가가 부상할 수 있는 기반을 상실했다. 벨라루스 문화는 비주류(minor)

의 '시골(rural)' 문화로 전락하여 더 이상 '도시적(urban)'이고 '주류적(masterly)'인 폴란드문화와 경쟁할 수 없었다. 벨라루스의 민족적 공고성(consolidation)은 결정적으로 훼손되고 말았다.

전쟁은 수 세기 동안 벨라루스 사회의 전통이었던 종교적 관용도 파괴하고, 정교회 교회의 존재 여건도 변화시켰다. 종교개혁과 반종교개혁 운동을 겪으면서도 정교회는 17세기 벨라루스의 가장 중요한 공식 종교였다. 그러나 전쟁 이후 겁에 질린 폴란드 정부와 당국은 정교회의 권한을 축소하기 위한 결정적 조치를 취하였다. 폴란드 당국은 친러시아 성향으로 보이는 정교회를 탄압하고 대신 주민들에게 전혀 뿌리를 내리지 못하고 인기도 없는 연합교회를 지원하기로 하였다. 전쟁 중 러시아편을 들었던 벨라루스의 귀족들은 자신들의 과오를 시정하기 위해 대거 카톨릭과 연합교회로 개종하였다. 정교회의 열렬한 지지자였던 코자크 세력은 전쟁 기간 중 급격히 쇠락하였다. 1654-1667년의 전쟁은 벨라루스인들 사이에 퍼져있던 러시아 짜르의 해방자 이미지를 불식시켰다. 또한 벨라루스 내의 친러시아 성향이 계속 지속되었지만 러시아와의 정교회 형제애에 대한 환상도 사라지게 했다. 정치적 관점에서 보면 1667년의 안드루소보조약은 17세기 동유럽 역사의 가장 중요한 전환점이었다. 동과 서의 세력적 균형은 군사적, 경제적 힘에서 우위를 점하고 정치적 공세로 나선 러시아쪽으로 추가 기울었다. 폴란드-리투아니아 연합은 국력이 급격히 약화되었고, 국내적 정치권력도 귀족들에게 넘어가게 되었다. 1655년 폴란드 의회 의원들은 '자유 비토권(liberum veto)'을 획득했는데, 이로 인해 이후 폴란드 정부는 무정부 상태로 빠지는 경우가 많았다. 모든 의원들은 '비토권(right of veto)'을 갖게 되어, 한 명의 의원이라도 반대를 하면 어떠한 법률 통과도 저지할 수 있었다. 1648년 왕으로 지명된 카자미에즈는 정부의 이러한 무질서를 경험한 후 1668년 스스로 퇴위하고 프랑스로 떠났다. 폴란드-리투아니아 연합은 스스로 패망의 운명을 결정지었고, 이 시기 이후 한 번도 회복의 기회를 잡지 못하고 계속 쇠락하다가 1795년 국가 자체가 없어지게 되었다.

• 북방 전쟁

불행하기도 벨라루스는 스웨덴, 러시아, 폴란드-리투아니아 사이에 치러진 장기 전쟁인 북방 전쟁을 피해가지 못하였다. 전쟁의 원인은 스웨덴의 공세적인 대외정책이었다. 수 년 간의 전쟁과 정복의 결과로 18세기 초 스웨덴은 유럽의 가장 강력한 국가로 떠올랐다. 스웨덴은 핀란드, 에스토니아, 라트비아뿐만 아니라 북부 독일, 브레멘 Bremen공국, 베르덴Verden공국, 바이스마이르Weismayr공국을 지배했다. 1697년 젊은 칼 12세Karl XII(재위 1682-1718년)가 스웨덴 왕으로 즉위했다. 군사적 천재라고 불릴 수 있을 만큼 뛰어난 군지휘관이었던 그는 싸우는 전투마다 승리하며 영토를 확장하고 스웨덴의 위상을 크게 높였다. 인접국이었던 덴마크, 러시아, 삭소니, 폴란드-리투아니아는 스웨덴에 대항하는 동맹을 체결했다. 당시 영

칼 12세

국과 네덜란드는 스웨덴을 지원하는 입장이었으나 이 두 국가는 프랑스, 독일과 함께 스페인의 왕위 계승 문제에 깊이 관여되어 있었다. 반스웨덴 동맹에 참여한 국가는 각각의 이해관계가 있었다. 폴란드의 아우구스투스 2세Augustus II는 에스토니아와 라트비아를 병합하고 핀란드만 해안에 교두보를 마련할 기회를 노리고 있었다. 1700년 1만 명의 폴란드군이 라트비아를 침공하여 리가로 진격했다. 러시아도 1700년 11월 스웨덴에 대한 전쟁을 선포했다. 이때부터 라트비아, 폴란드 일부 지역, 벨라루스 전 지역은 전쟁터가 되었다.

전투 경험이 많고 무장이 잘된 스웨덴군은 연전연승을 거두었다. 칼 12세는 바르샤바를 점령하고, 아우구스투스 II세를 퇴위시키고 자신의 심복을 왕으로 만들어 폴란드를 러시아에 대항하는 동맹으로 만들 계획을 세웠다. 스웨덴군은 벨라루스로 진격하여 스몰렌스크와 비텝스크를 통과하여 러시아에 대한 선제공격을 했다. 1702-1703년 벨라루스 전역은 스웨덴군에 의해 점령되었다. 강대국 사이에 있는 지리적 여건으로 인해 벨라루스는 다시 한 번 자의에 관계없이 전쟁터로 변해버리고 말았다. 16-18세기 동안 벨라루스 땅에서 벌어진 전쟁 회수는 수십 번에 이르렀다. 벨라루스는 끊임없이 전쟁터가 되었을 뿐 아니라, 외국군대가 필요할 때마다 점령하고 숙영하며 약탈을 하는 지역이 되었다. 불과 20여 년 전 러시아군이 많은 벨라루스인들을 살상했지만, 벨라루스 농민들은 러시아편을 들었다. 스웨덴군이 접근하자 벨라루스 농민들은 식량을 챙겨 숲으로 피신하고 가져갈 수 없는 것은 불태웠다. 겨울에 점령지에서 식량을 얻지 못한 스웨덴군은 심한 식량부족에 시달렸다. 러시아의 표트르 대제는 약 7만 명의 군대를 벨라루스로 보냈다. 1705년 2월 러시아군은 폴로츠크에 숙영지를 간들고 6월 표트르 대제가 직접 폴로츠크로 왔다. 성 소피아 사원은 러시아군의 주둔지로 쓰이다가 종루에 보관한 폭약이 폭발하며 사원 건물에 크게 파손되고 불에 탔다. 이런 식으로 북방 전쟁 기간 동안 벨라루스인들은 스웨덴군과 러시아군 양측에 의해 큰 피해를 입었다. 스웨덴군은 벨라루스에 진입한 후 모길례프 전투에서 첫 패배를 맛보았다. 1708년 10월 16,000명의 스웨덴군과 12,000명이 러시아군이 전투를 벌였으나 3일 간 지속된 전투에서 스웨덴군이 크게 패하여 약 10,000명의 인명 손실을 보았다.

북방 전쟁의 판세를 가름하는 결전은 1709년 6월 우크라이나의 폴타바Poltava에서 치러졌다. 칼 12세의 장군들은 스웨덴군 벨라루스와 우크라이나에서 철수하여 폴란드로 물러날 것을 건의하였으나, 칼 12세는 우크라이나 내륙으로 들어와 군량을 확보하며 겨울을 나기로 했다. 칼 12세는 스웨덴군의 전력을 과신했고, 우크라이나 코자크 지도자 마제파Ivan Mazepa와의 비밀 동맹에도 힘을 얻었다. 표트르 대제가 직접 지휘한 러시아군은 우세한 병력과 전술로 폴타바 전투에서 스웨덴군을 격파했다. 러시아군은 새로운 진지구축법과 포병술을 활용하여 승기를 잡았고, 스웨덴군의 퇴로를 차단하여 스웨덴군을 드네프로 강 쪽으로 후퇴하게 만들었다. 칼 12세와 몇몇 고위장교만 드네프로 강을 건너 피신하는데 성공했고, 나머지 12,000명의 스웨덴 병력은 러시아군에 항복했다. 오스만 터키로 도망하는데 성공한 칼 12세는 약 1년을 그곳에서 지내다가 스웨덴으로 돌아갔다. 폴타바 전투 이후 러시아군은 벨라루스와 발트국가들에서 벌어진 승리에서 연승했고, 스웨덴군은 벨라루스에서 완전히 철수했다. 북방 전쟁은 러시아의 승리로 끝났고 표트르 대제 편을 든 폴란드의 아우구스투스 2세는 다시 왕위에 복귀했다. 폴란드는 발트 국가들을 점령하려던 원래의 목표를 이루지 못하였고, 에스토니아, 라트비아, 핀란드는 러시아에 복속되었다. 폴란드-리투아니아는 전쟁으로 영토를 잃지는 않았지만 정치적 권위를 상당히 잃게 되었고, 이후 폴란드-리투아니아의 운명은 러시아에 의해 크게 좌우되게 되었다. 러시아는 오랜 꿈인 발트해로의 통로를 얻었고, 벨라루스와 우크라이나를 다시 장악하고 제국주의적 팽창의 기반을 마련하였다. 벨라루스는 북방 전쟁으로 약 70만 명의 인구가 희생되었고 전 영토가 다시 황폐화되었다.

16장 폴란드-리투아니아의 정치적 위기와 분할

• 폴란드-리투아니아의 정치적 위기

1733년 아우구스투스 3세는 폴란드-리투아니아의 왕으로 즉위해 30년을 통치하였다. 그가 통치하는 기간의 특징은 큰 전쟁이 없었다는 점이다. 그러나 국내 정치에서 아우구스투스 3세는 실권을 거의 가지고 있지 못했다. 그는 자신의 공국인 드레스덴에 주로 거주하면서 폴란드는 의회가 열릴 때나 사냥을 할 때만 방문했다. 점증하는 정치적 위기가 폴란드 왕국을 위기로 몰아넣고 있었다. 의회에 부여된 자유비토권은 무정부상태와 귀족의 권리 남용을 초래했다. 귀족적 민주주가 중앙집권적 왕권을 크게 약화시키는 상황이 전개되었다. 정치는 몇몇 '과두제 지도자(oligarch)'에 의해 좌우되었다. 단 한 명의 의원이 비토를 해도 아무 결정을 할 수 없는 자유비토권 때문에 국정은 사실상 마비되었다. 비토권이 처음 부여된 1652년부터 112년 동안 51번의 의회 회기 중 48번이 최종 결정을 내리지 못해 산회되었다.

왕위 승계에 관한 어떠한 법률규정도 없었던 것도 폴란드의 위기를 증폭시키는데 기여했다. 야기예워 왕조의 마지막 왕인 지기스문트 2세가 1572년 후사를 남기지 않고 죽자 폴란드인들은 명문 귀족 가문에서 왕을 추대하는 대신 왕을 선출하는 제도를 도입했다. 더욱이 폴란드 귀족들은 특정 가문이 부상하는 것을 막기 위해 외국 왕가에서 군주를 초빙해 왔다. 이 제도 때문에 귀족그룹 간의 대립과 경쟁이 치열했고, 자주 '궐위기간(interregnum)'이 발생했는데, 이 기간은 사실상 무정부 상태를 초래했다. 국왕의 선출 제도는 주변국이 이해관계에 따라 끊임없이 폴란드 내정에 간섭하는 계기를 만들었고, 외국은 때로는 무력을 사용하면서 폴란드 내정에 깊이 간섭하며 자신들의 이익을 챙겼다. 1764년이 되어서야 폴란드에서는 '비토권'에 대한 제약이 이루어져서 경제 문제에 대한 결정은 다수결로 이루어졌으나, 정치적 문제에 대해서는 귀족그룹들이 '비토권'을 행사했다. 입법 과정에 대한 작은 변화가 상황을 개선시키지는 못하였고, 18세기 후반 폴란드-리투아니아는 깊은 위기에 빠졌다. 낡은 중세적 정치 시스템은 괴물과 같은 형태로 변질되었고, 새로운 법률과 제도는 도입되지 못하였다. 마그데부르그 자치권을 가진 도시들도 군대를 보유한 지역 귀족들의 간섭 없이 독자적 결정을 내릴 수 없었다.

폴란드-리투아니아의 국력 약화와 혼란은 이웃 국가들에게는 좋은 기회가 되었다. 러시아와 프러시아 사이에는 비밀 협약이 맺어져 폴란드에서 비토권과 국왕선출 제도를 포함한 귀족민주정이 지속되도록 양측이 모든 노력을 한다는 합의가 이루어졌다. 18세기 말 국제적 영향력을 잃은 폴란드-리투아니아는 이웃국가인 러시아, 오스트리아, 프러시아의 먹잇감으로 전

포냐토우스키 초상

락했다. 아우구스투스 3세가 죽자 러시아는 예카체리나 2세의 심복이며 애인인 포냐토우스키Stanisław Poniatowski(재위 1764-1795년)를 폴란드왕으로 앉혔다. 이로써 러시아는 폴란드 내정을 좌지우지할 수 있게 되는 위치에 서게 되었다. 러시아는 항시 폴란드 카톨릭 세력에 억압받고 있는 벨라루스의 정교회 신도들의 '구원자이자 해방자(saver and liberator)'의 역할을 자임해 왔다. 표트르 대제도 리투아니아-폴란드의 정교도 문제를 정치적 간섭의 근거로 내세웠지만, 벨라루스 종교 문제에 대한 그의 간섭으로 양국 간 긴장은 더욱 높아졌다. 예카체리나 2세도 "정교도들의 해방"이라는 구호가 벨라루스를 러시아의 주도권 아래 끌어들이는 좋은 명분이 된다는 사실을 잘 이해하고 종교 문제를 외교 정책의 핵심으로 삼았다. 폴란드의 내부 정책도 이 사이 크게 변했다. 16-17세기의 종교적 관용 정책은 퇴색되었다. 삭소니 왕조가 폴란드 왕위를 차지하면서 종교적 배타주의가 나타나기 시작했다. 당시 '반체제파(dissident)'로 불렸던 정교회 신자와 소수의 개신교 신자들은 정치적 권리를 박탈당했다. 이들은 공직이나 군대의 직위를 맡을 수 없었고, 의회나 법원에 진출할 수 없었다. 정교회와 개신교는 새로운 교회를 지을 수도 없었다. 이러한 정

치적, 종교적 차별은 1717년, 1733년, 1736년 의회가 제정한 종교적 법률에 반영되었다.

18세기 중반 도탄에 빠진 벨라루스인들은 자신들의 지위를 개선하기 위한 투쟁을 시작했고, 이러한 투쟁은 이전과 마찬가지로 종교적 성격을 띠었다. 모길레프의 정교회 주교 코니스키Georgiy Konisskiy는 정교회 지도자가 되었고, 1765년 폴란드왕 앞에서 행한 연설에서 폴란드-리투아니아 내의 정교회 신자의 권리 침해 사례를 나열했다. 정교회가 내세운 요구는 공직에 선출되고, 지방의회에 진출할 수 있는 권리 확보 등 비교적 사소한 것들이었으나, 배타적이고 광신적인 카톨릭 귀족들에게는 과도하고 무모한 요구로 보였다. 카톨릭교회는 '반체제파'들을 강력히 비난하는 반정교회 운동을 벌였다. 이런 상황은 러시아에게 폴란드 내정에 간섭할 계기를 마련해 주었다. 러시아는 정교회에 동등한 권리를 보장한 1686년 조약을 내세우며, 조약의 이행을 요구했지만, 1766년 폴란드 의회는 이를 보란 듯이 거부했다.

1767년 러시아의 후원 아래 정교회, 캘빈주의자, 루터교 귀족들의 '종교연합(Condereration)'이 슬루츠크에서 결성되었다. 이들은 다양한 종교 신자들의 동등한 권리를 위해 싸울 것을 결의했다. 코신스키 주교를 포함한 248명이 '종교연합 헌장(Act of Confederation)'에 서명했다. 러시아의 예카체리나 여제는 종교연합을 보호하기로 하고 이를 위해 2만 명의 병력을 파견했다. 명분은 폴란드-리투아니아 내의 정교도들을 보호한다는 것이었지만, 실제 목적은 이미 위기에 빠져들고 있는 폴란드 정국을 더욱 흔들기 위한 것이었다. 러시아군은 벨라루스 지역을 통과해 바르샤바까지 진군하였고, 회의가 진행 중인 의회 건물을 포위했다. 공포에 빠진 의회 의원들은 '반체제파'들을 차별하는 모든 법률을 무효화시키고 카톨릭과 동등한 권리를 부여하는 결의안을 통과시켰다. 의원들은 예카체리나에 대한 아부의 표시로 그녀가 "벨라루스 정교회를 보호하는 역할을 계속 맡을 뿐만 아니라, 폴란드-리투아니아에 대한 배려도 포기하지 말 것을" 요청했다. 바르샤바 조약이 체결되어 예카체리나 여제는 정교회 권리의 수호자의 역할을 맡았다. 러시아는 의원들의 '비토권'을 철폐시키지 않았는데, 그 이유는 이것이 러시아가 영향력을 유지하는데 유리하게 작용한다는 것을 알았기 때문이다. 폴란드-리투아니아는 더 이상 독자적 국정 운영이 불가능했고, 무정부 상태로 빠져들고 있었다. 러시아의 과도한 정치적, 군사적 영향력을 견제하기 위해 프러시아가 폴란드 내정에 뛰어들었다. 프러시아는 바르Bar에서 '반러시아연합(Confederation fo Opponents of Russia)'을 결성하였는데, 벨라루스와 우크라이나의 카톨릭 귀족들이 이에 대거 가담했다. 반러시아연합은 프랑스, 오스트리아, 터키에 군사적 지원을 요청했지만 이 국가들로부터 아무런 도움도 받지 못하고 월등한 러시아군과 단독으로 싸워야 했다. 슬루츠크와 네스비즈 전투에서 러시아군에게 큰 패배를 당한 후 반러시아연합은 세력을 잃었다. 반러시아연합을 패배시킨 후 러시아, 오스트리아, 프러시아는 폴란드-리투아니아를 분할하기 위한 협상에 들어갔다.

• 폴란드-리투아니아의 분할

1772년 폴란드-리투아니아는 러시아, 프러시아, 오스트리아에 의해 1차 분할되었다. 러시아는 폴로츠크, 비텝스크, 오르샤, 고멜, 모길례프를 포함한 벨라루스 동부 지역을 차지했다. 러시아 외교관들은 그로드노에서 열리고 있던 폴란드 의회가 이 지역을 자발적으로 러시아에 이양하는데 동의할 것을 요구했다. 의원들에 대한 뇌물공세와 의원들의 전적인 수동적 태도로 인해 이러한 요구는 쉽게 수용되었다. 폴란드의 1차 분할도 폴란드 대귀족들을 각성시키지 못해서 이들은 서로 분열하고 대립했다. 그러나 이들은 정교회 문제에서 몇 가지 정책 변화를 결정했다. 1783년 폴란드 의회는 폴란드-리투아니아 내에 정교회 대교구(eparchy)를 설치하기로 결정했다. 대수도원장 사드콥스키Viktor Sadkovskiy가 폴란드의 정교회 대주교로 임명되었고 그는 러시아 관리들에게 충실히 협력하며 친러시아적 노선을 이어나갔다. 러시아는 폴란드의 정치 상황이 복잡해질 때마다 폴란드 내정에 간섭했다. 1차 분할 후 폴란드에는 세 개의 정당이 형성되었다. 왕정당(the royal party)은 특정 분야의 사회 개혁을 요구하였으나 러시아와 협력하여 이를 추구하기를 원하였다. 이 시기에 벌어진 이해하기 어려운 상황은 폴란드 정부의 많은 관리들이 러시아로부터 급료를 받고 있었다는 사실이다. 폴란드의 마지막 왕이자 러시아의 심복인 포냐토우스키도 마찬가지였다. 두 번째 당은 브라니츠키 Ksaveriy Branitskiy(1731-1819년)가 이끌었다. 이 당도 러시아의 긴밀한 협력을 원하는 멤버들로 구성되어 있었는데, 왕과 그의 측근들에 대해서는 반대하는 입장을 취했다. 세 번째 당은 분명한 반러시아노선을 취했고 폴란드의 독립을 원했지만, 국가를 구하고 개혁할 구체적 방안을 가지고 있지 못했다.

　1788년부터 1792년까지 러시아에 반대하는 의원들이 중심이 되어 의회를 네 차례 바르샤바에서 개최했다. 이들은 코쉬우쉬코Tadeusz

Kościuzhko가 주도하는 '애국자(patriots)' 그룹을 형성하고 정치적 개혁의 시급성을 주장했다. 당시 러시아는 터키와 스웨덴과의 전쟁에 몰입해 있었으므로 이들의 시도는 성공할 가능성이 있었다. 프러시아는 폴

코쉬우쉬코 초상

란드와 함께 러시아에 대항하는 동맹을 맺을 수 있다는 소위 '프러시아 노트(Prussian Note)'는 의회 의원들을 크게 고무시켰다. 많은 의제에 대해 의견이 엇갈리는 가운데, 1791년 5월 3일 의회는 새로운 헌법을 채택하는데 성공했다. 새 헌법은 위기에서 벗어날 수 있는 길과 부르주아 민주주의로 나가는 길을 열어놓았다. 새 헌법은 선출이 아닌 승계에 의한 왕위계승제도를 만들었고, '비토권'을 철폐시키고 정부 관리들의 업무를 규정하였다. 국가권력의 집행권은 왕과 다섯 명의 각료로 구성되는 국가위원회가 장악하였다. 신헌법은 부르주아 중산층에 대한 규정을 많이 담았다. 이것은 '제3계층(third class)'의 권리확보 투쟁의 결과였다. 폴란드, 벨라루스, 우크라이나의 141개 도시는 대표를 의회로 파견했다. 이들은 모두 검정 옷을 입고 의회 의원들 앞에서 자신들의 권리 보장에 대한 청원을 낭독했다. 이들의 '검은 행진(Black Procession)'은 원했던 목표를 달성했다. 헌법은 '제3계층'에게 세속, 종교 직위에 진출하고 의회 의원으로 선출될 수 있는 권리를 인정했다. 신헌법은 대귀족들이 독자적 군대를 보유하는 것을 금지하고, 귀족들 사이의 '연합(confereration)'을 형성하는 것도 막았다. 프랑스혁명 사상이 폴란드-리투아니아에도 도입되어 신

헌법에 반영된 것이다.

　민주적인 신헌법의 채택은 러시아의 이익에 크게 반했다. 불행하게도 신헌법은 단 14개월 3주 동안만 효력을 발휘했다. 예카체리나 여제는 군대를 보내 신헌법을 무력화시키기로 했다. 1792년 초 러시아 군대가 폴란드로 진입해 들어왔다. '애국자'당은 프러시아의 지원을 기대했으나, 프러시아는 폴란드 2차 분할에 대해 러시아와 이미 협상에 들어갔으므로 지원은 이루어지지 않았다. 이 시기 벨라루스 귀족들은 어느 나라 군대에도 저항할 생각이 없었고, 이미 정신적으로 러시아와의 완전한 병합을 받아들일 준비가 되어있었다. 5월 러시아 군대는 아무런 저항도 받지 않고 빌노, 민스크를 점령하였고, 6월에는 바르샤바를 점령하였다. 7월 폴란드의 마지막 왕 포냐토우스키는 폴란드군의 해산을 명령했다.

　러시아, 프러시아, 오스트리아 사이에 폴란드 2차 분할에 대한 협상이 활발히 진행되었다. 협상의 결과 러시아는 민스크, 빌노, 그로드노 지역을 획득했고, 프러시아는 포즈난Poznan, 그단스크Gdansk, 토룬Torun을 얻었고 폴란드는 국토의 1/3만 보존하게 되었다. 1791년 헌법이 폐기되고, 폴란드의 마지막 의회가 영토 할양을 승인하기 위해 그로드노에 소집되었다. 회의에 참석한 의원들은 3일 간 치묵을 지켜서 이 의회는 '침묵의 의회(Silent Sejm)'이란 이름을 얻었다. 3일 째 되는 날 러시아는 '침묵은 동의의 표시다'라고 선언하며 의회를 해산하였다. 2차 분할로 폴란드–리투아니아는 둘로 쪼개지고 폴란드는 러시아에 완전히 의존하게 되었다. 러시아 군영이 바르샤바와 주요 도시에 세워졌다. '애국자'당원들은 해외로 망명하여 코쉬우쉬코의 주도하에 드레스덴에 본부를 만들고 반란을 준비하기로 했다.

1794년 3월 12일 마달린스키Antoniy Madalinskiy 장군이 휘하의 기병대를 해산하기를 거부하고 크라코프로 이동하면서 반란이 일어났다. 다른 지역에서 해산된 폴란드군도 이동 중인 반란군에 가담했다. 3월 24일 '반란군의 공약(Rebels' Act)'이 선언되어, 폴란드의 주권을 회복하고, 1772년 국경을 되찾으며, 1791년 헌법을 복원시키는 것을 자신들의 투쟁 목표로 내세웠다. 코쉬우쉬코는 폴란드 국민들에 대한 충성 맹세를 하고 폴란드의 민간, 군사 권력을 위임받았다. 그는 최고국민회의(Supreme National Council)를 구성하고 이것이 폴란드의 최고의 권력기관임을 선언했다.

4월 4일 코쉬우쉬코가 지휘하는 반란군은 라쯔와위쩨Racławice에서 러시아군을 격파하고, 4월 17일에는 바르샤바를 해방시켰다. 4월 24일에는 빌노에 주둔 중인 러시아군을 격파하고 리투아니아 최고회의(Supreme Council of Lithuania)를 빌노에 만들었다. 여기에는 '애국자' 당원들과 지역주민 대표들이 참여했다. 야신스키Yacob Yasinkiy가 리투아니아와 벨라루스 군대의 총사령관으로 임명되었다. 군법회의가 열려 러시아 장군 카사콥스키S. Kasakovskiy에게 교수형이 언도되었다. 폴란드의 반군과 리투아니아 반군 사이의 대립이 일어났다. 빌노에 세워진 리투아니아 최고회의는 크라코우 반군공약(Krakow Act)에 위반되고, 벨라루스인들과 리투아니아인들은 분리주의를 꾀하고 있다고 비난받았다. 1794년 4월부터 7월까지 벨라루스 반란군은 활발하고 성공적인 군사작전을 벌였다. 자원자로 구성된 약 5천 명의 반란군은 야신스키의 지휘 아래 오쉬만Oshmyan, 그로드노의 러시아 주둔군을 몰아내고 브레스트에서도 봉기를 이끌었다. 반란은 5개월 넘게 지속되었지만, 벨라루스 주민 대부분의 지지를 받지는 못하였다.

주민들은 러시아와 합쳐져야 한다는 것을 운명처럼 받아들이고, 유혈 투쟁을 통해 러시아의 영향력에서 벗어나 다시 폴란드 지배하에 들어가는 것을 바라지 않았다. 1794년 7월 수보로프Aleksandr Suvorov 장군이 이끄는 10만 명의 병력이 벨라루스로 들어오면서 반란군에게 유리하던 전세는 바로 뒤집혔다. 10월 10일 마쩨요위쩨Maciejowice에서 러시아군과 반란군 사이의 전투가 벌어져 반란군은 크게 패했고, 코쉬우스코도 큰 부상을 입었다. 10,000여 명의 반란군 병사 중 약 2,000명만 바르샤바로 퇴각할 수 있었다. 반란군은 바르샤바로 집결하여 러시아군의 공격을 방어하라는 요청이 빗발쳤지만, 이는 이루어지지 않았고 11월 5일 바르샤바는 러시아군에 점령되었다.

반란군 지도자 타에우즈 코쉬우쉬코는 뛰어난 지휘관이자 정치가였다. 그는 벨라루스 귀족 집안에서 태어나 1769년 당시 엘리트 군사학교였던 바르샤바 기병학교를 졸업하였다. 우수한 성적으로 졸업한 그는 파리의 사관학교에서 계속 수학할 수 있는 장학금을 받았다. 그는 1769년부터 1774년까지 파리에서 수학하면서 볼테르, 몽테스키외, 루소의 사상에 심취했다. 그는 단순히 뛰어난 장교로만 훈련받은 것이 아니라, 당대의 지식인으로 성장했다. 1775년 그는 미국 독립전쟁에 대령으로 파견되어 전공을 세웠고, 필라델피아를 방어하는 요새를 건축했다. 그는 미국 북부군의 공병 책임자로 임명되었고, 그가 세운 공을 인정받아 1783년 10월 미의회로부터 미육군의 장군 지위를 부여받았다. 1792년 러시아-폴란드 전쟁에서 폴란드가 패한 후 그는 파리로 이주하였고, 프랑스 혁명에도 참여하였다. 프랑스에서 얻은 자유사상은 그로 하여금 폴란드의 봉기에 참여하도록 만들었다. 그는 러시아군에 체포되어 상트 페테르부르그의 표트르파벨

요새에 수감되었는데, 일반 죄수들과 같이 감옥에 수감된 것이 아니라 개별 주택에서 완전한 자유를 누리며 생활했다. 그의 명성과 권위로 러시아도 그를 함부로 다룰 수가 없었다. 예카체리나 여제가 죽자 그는 즉각 석방되었다. 예카체리나의 아들 파벨은 자신의 모친이 한 일을 모두 되돌리려고 노력하였다. 코쉬우쉬코는 러시아 감옥에 갇힌 폴란드 봉기 가담자들도 전원 석방시킨다는 조건으로 자신의 석방을 받아들인다고 하였고, 짜르 파벨은 이를 수용하였다. 파벨은 그에게 큰 보상금과 마차 등 선물을 주어 유럽으로 돌려보냈다. 1798년 파리로 돌아온 그는 나폴레옹이 자신의 군대에서 지휘관으로 일해 달라는 여러 번의 요청을 거절하였다. 자유사상에 심취한 그는 나폴레옹을 독재자로 보았다. 1817년 그는 파리에서 사망했다.

폴란드-리투아니아의 파괴는 되돌릴 수 없는 상황에 들어섰다. 코쉬우쉬코의 반란의 실패는 폴란드의 마지막 희망을 꺾어버렸다. 1795년 폴란드, 벨라루스, 우크라이나 영토는 러시아, 프루시아, 오스트리아에 의해 3분되었다. 벨라루스에 남아 있던 땅 모두가 러시아로 들어갔다. 그로드노 근처의 일부 지역만 프루시아에 포함되었다. 폴란드-리투아니아가 3분된 후 벨라루스 전 지역은 300만 명 이상의 인구와 함께 러시아 땅이 되어버렸다. 벨라루스인들로서는 새로운 역사의 한 장이 시작되었고, 이들은 자신들의 문화와 정신적 전통을 지키기 위해 노력하였다. 폴란드화 대신 러시아화(Russification)가 시작되어 러시아에 의한 벨라루스 주민들의 러시아동화가 진행되었다. 소련의 역사가들은 한결같이 벨라루스 영역이 러시아에 병합된 것을 "형제인 러시아 국민들과의 재결합(reunion with its fraternal Russian people)"으로 묘사한다. 그러나 벨라루스인들은 자신들의 행적으로 재결합에 대한 태도를 보였다. 1772년 폴란드 1차 분할 이후 약 4만 명의 주민이 폴로츠크, 비텝스크, 므스티슬라브를 떠나 외국으로 이주했다. 1772년 1차 분할부터 1795년 3차 분할 시기까지 30만 명의 벨라루스인들이 고향을 떠났다. 그러나 3차 분할 이후에는 이들이 더 이상 갈 곳이 없었다.

17장 18세기 벨라루스의 사회와 경제 상황

 봉건국가인 폴란드-리투아니아 연합의 정치적, 경제적 권력은 귀족들이 가지고 있었다. 서유럽 귀족들과 다르게 폴란드, 우크라이나, 벨라루스 귀족들은 수자가 많았다. 18세기 말 귀족은 전체 인구의 10-12%를 차지했고, 귀족이 전체 인구의 2% 가량이었던 서유럽에 비해 월등히 높은 비율이었다. 재산 규모로 따지면 귀족은 다양한 층으로 나누어진다. 가장 부유한 계층으로 대귀족이 있었다. 이들은 거대한 토지와 도시, 마을들을 소유하고 있었다. 그 반대편에는 작은 집과 가족 농토만을 가지고 있는 소귀족이 있었다. 이들은 집사부터 시종까지 대귀족 영지의 다양한 직책을 수행했다. 이들 사이에는 부락 한두 개를 소유하고 있는 중간귀족이 있었다. 재산에서는 큰 차이가 났지만 귀족들은 공통의 권리와 특권을 향유하고 있었다. 우선 귀족들은 토지와 농노를 소유할 수 있었다. 다음으로 귀족만 공직을 맡고 '세임'의원이 될 수 있었다. 귀족은 지방의회를 통해 지역의 모든 문제에 관여할 수 있었으며, 대귀족이나 소귀족 모두 지방의회에서는 같은 한 표를 행사했다. 귀족들은 왕이 수행하는 전쟁에 참여해야 했지만, 상업에 종사하는 것은 법으로 금지되었다. 폴란드-리투아니아 연합은 서유럽처럼 대공, 후작, 백작, 남작 등의 지위가 없었다. 형식적으로는 모든 귀족이 평등했고, 서로를 '형제(brother)'로 불렀다. 그러나 실제에서는 대귀족과 소귀족의 사회적, 경제적 경계는 분명했다.

대귀족은 수십만 헥타르의 땅과 수천 명의 농노를 소유하고 있었다. 이들의 궁정은 엄청난 부로 채워졌다. 대귀족은 자신의 군대를 보유했다. 게로님 라즈위워는 기병과 보병으로 구성된 6천 명의 군대를 가지고 있었다. 이에 더해 그는 필요하면 언제든지 6천 명의 코자크와 소총병을 소집할 수 있었다. 엄청난 부와 군대로 인해 대귀족들은 자신들이 누구보다 우위에 있다고 생각했고, 왕보다도 세력이 강하다고 생각할 때도 있었다. 국왕은 귀족들이 모인 '세임'에서 선출되므로 결정은 언제든지 되돌릴 수 있었다. 이들은 "귀족 지주와 카톨릭 신자"만이 완전한 인간이고 중하층계층이나 농민은 다른 피조물이라고 보았다. 자신들은 성서의 야벳Japheth의 후손이고 이들은 함Ham의 후손이라고 보았다.(역주: 노아는 샘Sam, 함, 야벳 세 아들을 두었고, 샘은 아시아계, 햄은 아프리가 계, 야벳은 백인들의 조상이 된 것으로 알려짐) 폴란드어, 벨라루스어, 러시아어에서 '함(ham, kham)'은 신분이 낮은 비속한 사람이라는 경멸어로 쓰인다. 18세기 대귀족은 물질적으로나 도덕적으로 퇴락의 길에 들어선다. 16-17세기에는 대귀족들은 큰 전투나 전쟁에 참가해 공을 세우고 명예를 얻었으나, 18세기 대귀족들은 연회와 사냥으로 시간을 보냈다. 벨라루스 대귀족 가문 중 가장 유명한 가문은 라즈위워 가문이다. 이들은 자신들이 로마 황제의 후손이라고 내세웠지만, 이 가문이 연대기에 처음 언급된 것은 1401년이다. 1547년 바바라 라즈위워가 폴란드 지기스문트 3세 아우구스투스와 결혼하면서 '붉은(Red)' 미코와이 라즈위어와 사촌인 '검은(Black)' 미코와이 라즈위워는 고위직에 올라 국왕의 측근이 되었다. 그러나 18세기 게로님Geronim 라즈위워와 카롤Karol 라즈위워가 자식을 남기지 않고 죽음으로써 라즈위워 가문의 세력은 꺾이게 되었다.

중간귀족과 소귀족은 사회심리적 상태가 복잡했다. 한편으로는 이 귀족들은 대귀족과 같은 계층에 속한다는 것에 대해 자부심을 느꼈지만, 다른 한편으로는 대귀족을 위해 봉사해야 했고, 경제적으로 대귀족에 의존할 수밖에 없었다. 대부분의 소귀족들은 대귀족의 궁정에서 여러 가지 잡일을 맡아서 했다. 다른 소귀족들은 대귀족의 토지를 임대하여 농사를 지었다. 경제적 의존관계는 정치적 의존관계로 이어졌다. 대귀족은 경제적으로 자신에게 의존하고 있는 소귀족의 표를 얻었다. '세임'에서 귀족들은 자신의 신념이나 의사에 따라 투표를 하기보다는 자신의 후견인인 대귀족의 입장을 무조건 동조해야 했다.

도시주민의 수는 18세기 전반 오랜 전쟁으로 인해 감소했다. 1770년대부터 경제가 회복됨에 따라 도시주민의 수는 다시 늘어났다. 가장 큰 도시로는 빌노, 비텝스크, 민스크, 그로드노, 모길례프를 꼽을 수 있었다. 이 도시들은 큰 강의 유역에 위치해서 교역의 중심지 역할을 했다. 이 도시들이 번영과 부를 누린 것은 16세기와 17세기 초였다. 이 시기에 이 도시들은 외국과 활발히 교역을 하고, 수백 명의 장인들을 고용했으며 마그데부르그 도시로서 자치를 누렸다. 그러나 오랜 전쟁 후 18세기에 들어서서 이 도시들은 파괴되거나 황폐화되고, 인구는 절반이나 1/3로 줄어들었다. 도시는 아주 더디게 부흥되었고, 이미 쇠락하기 시작한 폴란드 정부는 아무 도움도 주지 못했다. 폴란드가 해체되기 직전인 1791년이 되어서야 도시 인구는 1640년대 수준을 회복하였다. 폴란드-리투아니아 해체 직전 약 40개의 도시와 390여개의 소도시에 약 36만 명이 거주했는데, 이는 벨라루스 전체 인구의 약 11%에 해당하는 수자였다. 이 시기 도시 거주민 중 특별한 집단을 이룬 유대인을 언급할 필요가 있다. 18세기 말 유대인은 벨라루스 전체 도시 인구의 약 절반을 차지하였다. 예카체리나 여제 때 '유대인 거주구역(Jewish Pale of Settlement)'이 정해졌고 유대인들은 벨라루스와 우크라이나 대부분의 도시에 거주할 수 있게 되었지만, 모스크바와 상트 페테르부르그 거주는 허용되지 않았다. 유대인 상인들과 장인들은 도시 경제생활에 주요한 역할을 담당했다. 도시에서는 수공업이 점차로 발전하여 대도시 인구의 30-40%, 소도시에서는 15-20%를 수공업자나 장인이 차지했다. 당대의 기록과 묘사를 보면 18세기 가장 아름답고 웅장한 도시는 빌노였다. 빌노에는 많은 석조건물과 40개의 교회와 수도원이 있었다. 인구는 20만이 넘었다. 18세기 후반 폴로츠크는 이전의 영광을 잃고 쇠퇴하여 인구는 천 명이 조금 넘었다. 유럽 문화가 가장 많이 침투한 도시로는 그로드노를 들 수 있었다.

여러 계층 중 가장 어려운 환경에서 생활한 계층은 농민이었다. 농민은 아무 권리도 갖지 못한 채 지주에게 예속되어 있었다. 폴란드-리투아니아 연합에는 귀족, 교회, 궁정의 세 지주가 있었다. 농노가 부담해야 할 노역과 세금으로는 공납과 현금 세금, 일주일에 최대 5일까지 지주를 위해 일해야 하는 규정노동(statute labor)이 있었다. 규정노동은 농민이 지주를 위해 의무적으로 일해야 하는 날수이고, 공납은 지주에게 지불해야 하는 현금과 농산물 세납이었다. 이외에도 지주에게 가금을 길러서 제공하고, 장원과 농지를 관리하고, 양조일을 돕는 등 백여 가지의 노역을 제공해야 했다. 농촌 경제가 살아나면서 지주들은 농민들이 지는 부담을 늘여나갔다. 규정노동 일수는 18세기 중반에는 12-15일까지 늘어났고, 일부 지주들은 20일의 노역을 요구했다. 경제적 예속은 인간적 예속으로 이어졌다. 지주는 농민을 자기 뜻대로 결혼시킬 수 있었고, 사고팔고 교환할 수 있었고, 가족과 분리시키고 군대에 보낼 수 있었고, 신체적 징벌도 가할 수 있었다. 남자는 200루블, 여자와 어린아이의 값은 100루블이었던데 반해 말의 가격은 500루블이었다. 농노들의 생활환경은 누가 농노를 소유하였는가에 따라 차이가 났다. 교회나 수도원에 속한 농노들의 생활환경이 그나마 제일 나았다. 이들은 잔혹한 지주들의 학대를 받지 않아도 됐다. 18세기 후반 계몽사상이 전파되면서 문학에서는 농민을 다른 계급과 동등하게 보기 시작했다. 계몽사상, 특히 루소의 사상에 영향을 받은 일부 지주들은 이러한 사상을 실행에 옮기기도 하였다. 작가이며 교육가였고, 그로드노에 몇 개의 영지를 소유하고 있던 카르핀스키F. Karpinsky는 '회고록(Memoirs)'에 농민들과 같이 일하고, 농민들이 자녀들을 교육시키며, 신체적 형벌을 가하지 않은 사실을 기록하고 있다.

18세기 벨라루스의 경제가 낙후된 것은 오랜 기간의 전쟁 탓이었다. 1648년부터 1718년까지 지속된 폴란드-리투아니아 연합 70년의 존속기간 동안에 65년은 벨라루스 영역에서 전쟁과 전투가 벌어졌다. 외국 군대의 주둔과 약탈, 과도한 보상은 농업사회의 발아기에 있던 벨라루스를 거의 황폐화시켰다. 18세기 초의 전형적인 벨라루스의 모습은 버려진 들판과 마을들이었다. 경작지의 약 60-70%가 영농이 되지 않고 방치되어 있었다. 북방 전쟁 이후 벨라루스 주민들은 경제를 조금씩 일으키기 시작했다. 대지주들은 경제를 살리고 수입을 다시 올리기 위해 농민들에 대한 착취의 강도를 낮추고 짧게라도 공납 유예기간을 주었다. 정부는 국가 소유 농지를 되살릴 재원이 없었기 때문에 농민들에게 농지를 나누어주고 경작하게 하고, 세금 부담도 줄여주었다. 이것은 농민들을 좀 더 효율적으로 일할 수 있게 만드는 큰 자극이 되었고, 1750년대 중반이 되자 버려진 농지들이 다시 경작되고 수확이 늘어나기 시작했다.

개인 농지소유자나 지주들은 반대 방향으로 움직였다. 이들은 농지가 유일한 수입원이었기 때문에 농민들에게 농지를 나누어 주기를 거부하였다. 이들은 자신의 힘으로 농지를 되살리려고 하였으나 전쟁으로 농노들의 수자가 크게 줄어들어 노동력이 부족하였다. 지주들은 노동력을 고용할 재원도 없었다. 이 결과 지주들이 소유한 농지는 국가 소유 농지보다 훨씬 더디게 생산성이 회복되었다. 노동력 부족으로 농지 개간의 질도 떨어졌고, 가축의 부족으로 말미암아 농지를 돌보는 일도 힘들게 되었다. 농업 생산성은 낮았고, 18세기 중반의 수확량은 파종한 양의 2.5-3배 수준에 불과했다. 대부분의 농산물은 농부나 지주의 현지 소비에 충당되었고, 농산물 교역은 극히 제한되었다. 목재 교역은 장원경제에서 중요한 역할을 했다. 벨라루스에서 벌채된 나무와 목재는 리가, 바르샤바, 베를린으로 수출되었고, 멀리 파리까지 운송되기도 하였다. 장원에 초기 목재 가공

시설이 설치되었고, 강을 낀 지역에서는 뗏목운송이 활발했다. 17세기부터 지주들은 장원 내에 소규모 공방과 대장간을 갖추고 필요한 물건을 만들기 시작했다. 경제적 중요성이 있던 것은 양조산업이었다. 지주들은 수확한 곡물의 일부를 주정으로 만들어서 맥주와 보드카를 제조해 판매했고, 양조업에 대한 독점적 지위로 인해 가격도 스스로 정했다.

1720년대-1730년대 경제의 특징 중 하나는 기계를 사용하고 노동자를 고용한 생산 공장이 처음으로 세워진 것이었다. 이 공장들 중 가장 규모가 큰 것은 우루체Uruche와 민스크에 세워진 유리와 유리제품 공장이었다. 이 공장에서는 식기, 샹들리에, 램프 등이 생산되었고 벨라루스를 넘어 외국에도 제품이 널리 알려졌다. 스베르젠Sverzhen에는 도기 공장이 세워졌고, 슬루츠크에는 면직 공장이 세워졌다. 18세기 후반에는 공장 지역이 크게 확대되었다. 1790년대 벨라루스에는 약 53개의 공장에서 약 2,500명의 노동자가 일했다. 외국과의 무역은 벨라루스 경제에 거의 역할을 하지 못하였다. 러시아와 발트 국가들과 크지 않은 무역 거래가 있었고, 이외의 지역과의 교역은 활발하지 못하였다. 라지위워를 비롯한 몇몇 명문 가문은 직접 소유한 선박으로 곡물, 식용유, 아마, 꿀 등을 리가, 그단스크 등을 통해 수출하였고, 사치품과 의류, 자기, 무기류 등을 수입하였다. 18세기 후반부터 벨라루스 도시들은 러시아의 새 수도가 된 상트 페테르부르그와 활발하게 교역하기 시작했다. 국내 시장에서는 농산물과 공업, 수공업 제품들이 거래되었다. 주요 도시에서는 '야르마르크 yarmark'(네덜란드어의 jaarmarkt에서 온 단어)'라고 불린 장터가 열렸고, 이곳에서 다양한 상품과 상업 계약이 맺어졌다. 17-18세기 유럽 도시들의 활발한 경제 성장과 비교할 때 폴란드-리투아니아와 벨라루스의 농업 지역은 긴 경제 침체에 빠져 있었다.

18장 18세기 벨라루스의 문화와 교육

• 귀족의 이데올로기 '사르마티즘'

17세기-18세기 폴란드-리투아니아 연합의 특이한 정신적, 문화적 현상은 '사르마티즘(Sarmatism)'이다. 이것은 폴란드와 벨라루스 귀족의 정치, 문화, 예술, 가족관계, 친교관계 등 생활 영역의 모든 곳에 나타났다. '사르마티즘'의 개념은 폴란드 귀족이 고대 전사 부족인 사르마티아인Sarmatian의 후예라는 데서 출발한다. 고대 역사가인 헤로도토스와 주베날Juvenal이 사르마티아인들은 스키티아인들과 결혼한 아마존들의 후세들이라고 얘기한 바 있다. 이 부족들은 기원전 4세기부터 기원 후 4세기까지 흑해 북부 지역에 정착했다. 중세 서유럽의 지도제작자들은 이 용어를 독일의 동쪽 지역인 폴란드, 벨라루스, 우크라이나를 가르키는 데 사용했다. 예를 들어 카르파티아 Carpathian 산맥은 '사르마티아 알프스(Sarmatian Alps)', 발트해는 '사르마티아 해양(Sarmatian Ocean)', 벨라루스 숲지대는 '사르마티아 늪지(Sarmatian swamp)'라고 불렀다. 프랑스와 독일의 중세 연대기에서 슬라브인들은 서로 다른 부족인데도 불구하고 통칭적으로 사르마티아인들이라고 종종 불렸다. 르네상스 시대에 사르마티즘의 개념이 발달되었고, 고귀하고 낭만적인 색채가 더해졌다. 이 시기는 고대 문화와 역사, 전설, 신화에 대한 관심이 크게 발달하였다. 16세기 폴란드왕국과 리투아니아 대공국은 상당한 정치적 세력을 구축하고 고도의 문화적 발전을 이루었으며 동유럽의 광대한 영토를 점유했고, 이 시기부터 자신들을 지칭하는 말로 '사르마티아'를 사용했다. 이 명칭은 '강대국(great power)'과 동의어로 사용되었다. 귀족들은 이 호칭을 사용하는 것을 자랑스러워했으며, 야기예워 왕조도 '고귀한 사르마티아인 왕조(dynasty of noble Sarmatians)'라고 선언하였다. 르네상스 시대 폴란드 문학에서는 사르마티아족의 용기와 명예를 기술하는 많은 책들이 나왔다.

고전적 의미에서 "사르마티즘"이란 용어는 16세기 말 완전히 정립되었다. 이것은 계층을 가르는 말로 사용되고, 폴란드-리투아니아 연합의 귀족의 생활양식과 사고를 지칭하는 말로 쓰였다. 귀족들은 "폴란드인", "벨라루스인", "리투아니아인"이란 용어를 하층민을 가르키는데 사용하고, "사르마티아인"은 오직 귀족과 대귀족을 지칭할 때만 사용했다. 폴란드 귀족, 리투아니아 귀족, 벨라루스 귀족은 모두 사르마티안족으로 하나의 통합된 집단으로 여겨졌다. 소부르주아나 농민들은 절대 이 계급에 들어올 수 없었고, 귀족들은 이들을 "부들로bydlo('서민, 하층계급'이라는 뜻)"라고 불렀다. 러시아어에서 귀족들이 이들을 "스코티나skotina('동물, 가축'이라는 뜻)"라고 부른 것과 동일했다. 이것은 일종의 '계층적 인종주의(social racism)'였다. 귀족들은 사르마티아인의 후예였고 일반 사람들은 리투아니아인이거나 슬라브인이었다. 사르마티아인 개념의 핵심 중 하나는 귀족들은 육체노동을 하느니 차라리 굶어죽는 것을 택한다는 것이었다. 사르마티즘 사상은 중류계층과 소귀족들에게 특히 매력적으로 다가왔다. 서유럽 대학에서 교육받은 사람들이 다수 포함된 대귀족들은 사르마티즘에 특별한 관심을 기울이지 않았다. 이들의 취향과 관습은 코스모폴리탄적이었다. 리투아니아 상류 귀족들은 자신들은 로마 왕족의 후예라는 혈통적 전설과 자긍심을 가지고 있었다. 고대 루스와의 연계를 기억하는 벨라루스 귀족들은 류릭의 루스 왕조의 후손이라는 생각을 가지고 있었다. 폴란드인들과 자신을 폴란드인이라고 여기는 벨라루스인들만이 사르마티즘의 열렬한 신봉자가 되었다. 폴란드-리투아니아 연합은 정치적 상황에 따라 사르마티즘을 이용했다. '궐위시대'인 1575년에 이반 뇌제의 아들인 표도르를 후계자로 내세우는 그룹은 유럽과 아시아의 두 사르마티아 민족의 통합을 주장했다. 17세기 초반 사르마티즘 신화는 폴란드가 동쪽으로 확장하는 것을 정당화하는 사상적 근거로 이용되었다.

사르마티즘은 점차 폴란드가 기독교 세계의 보루라는 메시아주의적 사상으로 발전했다. 이것은 성공적으로 영역을 확대한 카톨릭교회의 영향이 컸다. 민중들이 보기에 카톨릭교회는 이슬람 터키, 개신교 스웨덴, 정교회 모스크바와의 전쟁에서 승리했고, 폴란드 국내적으로는 종교개혁주의자들을 제압했다. 유럽의 어느 국가보다 계층이 넓었던 폴란드 귀족사회는 자신들을 신이 선택한 사람들로 보고, 자신들이 위대한 국가를 만들었고, 국민들의 자유와 권리를 되찾아왔다고 생각했다. 실제로 폴란드의 귀족들은 다른 서유럽 국가 귀족들이 갖지 못한 '황금' 특권을 누리고 있었다. 귀족들은 모두 귀족계층 내에서 평등했다. 이것은 공후, 백작, 남작 등 서열과 계층을 가지고 있던 독일이나 프랑스 귀족사회와 달랐다. 귀족들은 재산의 정도를 떠난 자신들 사이만 평등할 뿐만 아니라 국왕에 대해서도 평등하다고 생각했다. 국사에 대해 '거부권(right of veto)'을 갖는 것은 유럽의 다른 나라에는 없었다.

반종교개혁의 성공적 완수와 브레스트 연합은 사르마티즘적 관점에서는 다른 종교에 대한 불관용으로 나타났다. 폴란드와 벨라루스 사르마티아인들은 오직 카톨릭교도만이 진정한 사르마티안이 될 수 있다고 보았다. 사르다티아 간행물이나 연설에는 비기독교 민족을 비하하는 인종혐오주의가 종종 나타나고, 이러한 과대망상적 태도는 유럽의 다른 기독교 국가들에 대한 경멸적 태도로도 나타났다. 예를 들면 프랑스인은 경박하고, 영국인은 성인인 체하고, 독일인은 얼간이고, 스페인인은 건방지다고 여겼다. 나쁜 병과 관습을 유입시키므로 외국 여행은 바보같은 일이라고 여겼다. 사르마티즘은 당대의 예술에도 영향을 미쳤다. 사르마티즘은 17세기 화려한 바로크 건축양식을 확산시켰다. 화려한 실내장식과 조각품, 풍부한 금장식이 특징이었다. 회화에서는 초상화가 지배적 조류가 되었고, 형식적 특징 때문에 '사르마티안 초상화(Samartian Portrait)'라는 용어가 생겨났다.

• 교육과 과학

영국과 프랑스에서 태동된 계몽운동은 유럽 문화 환경 전체를 휩쓸었다. 계몽운동의 절정기는 18세기이지만, 발아기는 과학과 무신론에 대한 관심이 급격히 커진 르네상스 말기였다. 벨라루스는 이러한 혁명적 사상을 일찌감치 받아들였고, 이태리의 브루노Giordano Bruno에 비견할만한 벨라루스 귀족 리쉬친스키Kasimir Lyshchins-kiy(1643-1689년)가 벨라루스 계몽운동의 선구자 역할을 하였다. 그는 브레스트의 예수회학교와 크라코우대학을 졸업했다. 리쉬친스키는 25세에 예수회에 가입하였고, 30세에 예수회대학의 학장이 되었다. 뛰어난 교육을 받은 그는 성공적인 길을 갈 수 있었으나 갑자기 예수회를 떠나 고향으로 돌아갔다. 고향에서 지방 법원의 판사로 일하며 그는 사재를 털어 학교를 개설하였고 직접 학생들을 가르쳤다. 그는 고대 철학자들과 르네상스 사상가들의 저술을 연구하였고, 신학과 과학 서적과 논문들을 탐구했다. 1674년 그는 '신의 부재에 관해(On the non-existence of God)'라는 논문을 쓰기 시작했다. 그는 자연의 존재와 발전은 신이나 다른 초자연적 힘의 간섭 없이 이루어진다고 보았다. 그는 기독교 도그마를 거부하고, 자신들을 최고의 진리와 도덕의 수행자라고 생각하는 당대 사제들의 위선을 비판했다. 그러나 그의 작업과 저술은 예수회에 의해 발각되어 그의 연구노트 15권이 압수되었다. 1687년 그는 체포되어 빌노의 감옥에 투옥되었다. 귀족들은 그가 폴란드 '세임'에서 재판을 받아야 한다고 주장했다. 1689년 2월 15일 '세임'은 그에 대한 심리를 시작하였고, 재판은 몇 주간 진행되었다. 로마 교황의 대사와 주교들은 그에게 사형을 언도할 것을 요구하였고, 세임 의원 대부분은 그를 기둥에 묶어 화형시키는 것에 찬성했다. 얀 소베스키왕은 화형대신에 참수형에 처하도록 조치를 했다. 3월 30일 그는 바르샤바 옛시장의 광장에서 참수당했고, 프랑스, 이태리, 스웨덴의 신문들을 벨라루스 자유사상가의 사형 소식을 전했다.

    계몽시대 유럽 모든 국가에서 문화 발전의 핵심은 정신적 영역의 모든 부문의 세속화였다. 폴란드-리투아니아 연합도 이 물결의 예외가 아니었다. 붕괴 직전에 있었던 폴란드-리투아니아 연합은 여러 가지 개혁을 통해 국가 구원의 길을 찾았고, 특히 교육의 개혁에 초점을 두었다. 17세기 중반 벨라루스에는 30개의 중등학교와 17개의 예수회대학이 있었다. 당시까지 예수회는 교육에서 핵심적 역할을 해오고 있었다. 예수회 교육기관은 오랫동안 명성을 유지하고 있었고, 경험 많은 교사와 교육가들을 보유하고 있었다. 예수회의 교육은 다른 교육기관의 모범이 되었다. 1720년대 '파이어리스트 학교(Piarist School)'들이 벨라루스 도시들에 나타나기 시작했다. 예수회 학교와는 다르게 이 학교는 카톨릭교육 방향을 따르지 않고 세속적, 시민적 교육을 실시하였고, 체육 교육도 하였다.(역주: 파이어리스트 학교 - 칼라상티우스Joseph Calasanctius가 1607년 설립한 기독교 교육 결사로서 '성모마리아의 가난한 성직자회(Poor Clerics of the Mother of God)'라고도 불림. 가난한 아동들을 위한 교육을 목적으로 함)

당대의 선각자이며 과학자인 카나르스키Stanislav Kanarskiy(1700-1773년)는 중등교육과 고등교육 부문의 개혁을 시작했다. 그의 주도하에 새로운 교수법이 개발되고, 교과서가 편찬되고 출판되었다. 예수회도 이러한 교육의 새로운 조류를 무시할 수 없어서 예수회대학도 지리, 물리, 외국어 교육을 시작하였다. '파이어리스트학교'에 기선을 빼앗기지 않기 위해 예수회는 빌노에 권위있는 대학을 새로 개설하고 이곳에서 종교 과목의 범위를 훨씬 벗어나는 다양한 과목을 가르쳤고, 댄스와 펜싱도 가르쳤다.

1773년 교황이 예수회를 핍박하자 학교 개혁은 더욱 속도를 내었다. 1773년 폴란드는 유럽 최초로 교육부를 만들었고 교육위원회(Education Committee)를 설치하였다. 이 위원회는 모든 학교의 교육을 감독했고, 해산된 예수회의 학교와 재산을 관장했다. 교육위원회는 단지 교육제도의 개편이 아니라 완전히 새로운 교육제도를 만들어내야 했다. "젊은이는 교회를 위하는 것이 아니라, 국민들 위해야 한다(The youth are not for the church, but for the people)"라는 모토는 교육개혁의 방향을 보여준다. 중등학교에서 종교 과목은 철폐되었고, 자연과학, 외국어, 체육교육이 강화되었다. 벨라루스의 교육개혁은 총리 크랍토비치Ioakhim Khraptovich와 주교 마살스키Ignat Massalskiy가 주도하였다. 그로드노에서는 시 장로 티젠하우스Antoni Tyzenhauz(1733-1785년)가 회계와 의학학교를 개설하였고, 프랑스에서 초빙되어 온 길버트Jan Gilbert(1741-1814년)가 교장을 맡았다. 그는 짧은 기간 동안 장서가 풍부한 연구도서관과 자연과학, 실험실, 해부학 계단교실을 만들었다. 그는 2천 종 이상의 식물이 심어진 벨라루스 최초의 식물원을 만들었다. 그는 학생들에게 고국의 식물상相과 동물상 연구에 관심을 가질 것을 촉구하였다. 1781년 그는 두 권으로 된 '리투아니아의 식물상(The Flora of Lithuania)'을 발간하였다. 티젠하우스의 노력 덕분에 18세기 말 그로드노는 벨라루스 문화와 과학의 중심지가 되었다. 네스비즈, 슬루츠크, 민스크의 대귀족들은 자신들의 궁정 안에 음악, 연극, 발레학교를 만들었다. 이 학교에서는 농민 자녀들이 수학할 수 있었다. 그러나 농민들은 자녀들을 이런 학교에 보내는데 열성을 보이지 않았다. 폴란드와 벨라루스 대귀족들은 자신의 영지 주택에 연극극장을 만드는 것이 유행처럼 번졌다. 이태리와 독일 건축가들이 초빙되어 연극극장 건물을 짓는 경우도 많았다.

 1773년 교육위원회는 벨라루스의 유일한 최고교육기관인 빌노의 과학아카데미(Academy of Sciences)의 개편에 착수했다. 예수회가 해산된 다음 과학아카데미는 쇠락하기 시작했다. 과학아카데미는 리투아니아 대공국 '대학원(Graduate School)'으로 개편되었다. 기존의 신학, 철학, 법률 학부 외에 자연과학학부와 도덕과학 학부를 개설하였다. 자연과학부에서는 수학, 천체학, 물리학, 화학, 기계학, 지리학, 의학, 교육학을 가르쳤고, 도덕과학부에는 역사, 문학, 철학, 수사학, 신학, 법학을 가르쳤다. '대학원'의 원장은 빌노 과학아카데미를 졸업하고 독일에서 수학한 천체학자 포초부드-오들랴니츠키Pochobud-Odlyanistskiy(1728-1810년)가 맡았다. 그는 프랑스 과학아카데미의 준회원(correspondent member) 자격증도 가지고 있었다. 그는 빌노에 유럽 최초의 천문관측대도 만들었다. 도서관은 계몽사상 전파에 핵심적 역할을 하였다. 벨라루스의 가장 큰 도서관은 1600년에 세워진 라즈위워 도서관이었다. 이 도서관은 유럽 각국어로 된 2만 권의 장서를 소장했다. 이 도서관에는 블라디미르-수즈달의 역사를 기록한 13세기의 라즈위워 연대기(Radziwiłł Chronicle)도 소장되었다. 폴란드-리투아니아 연합이 1차로 분할된 1772년 이 도서관 소장도서는 상트 페테르부르그 과학아카데미로 옮겨졌다. 벨라루스에서 두 번째로 큰 도서관은 대귀족 크랍토비치의 저택에 세워진 쉬호르스Shchors도서관이었다. 이 도서관은 약 6천 권의 장서와 필사본, 지도를 소장했다. 이 도서관이 소장한 자료 중 희귀한 것으로는 우크라이나의 보그단 흐멜니츠키Bogdan Khmelnitskiy와 폴란드 정부의 교신, 러시아 주재 폴란드대사관의 일지, 가짜 드미트리의 부인인 마리나 므니쉐크Marina Mnishek의 일기 등이 있다. 18세기 후반부터 이 도서관은 유럽의 계몽사상가들의 저술을 받기 시작했다. 디드로의 백과사전, 볼테르와 루소의 저술 등이 구입되었다. 18세기 후반은 벨라루스의 교육, 사회사상, 과학에 큰 발전과 변화가 일어난 시기였다. 교육은 더 이상 교회나 수도원의 점유물이 아니었고 세속 문화의 일부가 되었다. 그러나 폴란드-리투아니아의 3차 분할로 이 모든 과정은 끝나고 문화 발전은 다른 길을 가게 되었다. '교육위원회'는 해체되었지만, 기능적이고 진보적인 교육체계와 새로운 교육방법으로 양성된 수천 명의 새로운 전문가들을 유산으로 남겼다.

• 문학과 연극

다수의 벨라루스 귀족들이 카톨릭이나 연합교회로 개종하면서 벨라루스 민족문화 발전 과정에도 변화가 일어났다. 벨라루스인들의 '폴란드화(Polonisation)'는 정부의 정책적 지원과 잘 조직된 카톨릭교회에 의해 적극 추진되었다. 1696년 폴란드-리투아니아 연합의 '세임'은 벨라루스어의 공식언어 지위를 박탈하고 대신 폴란드어를 모든 공식 행사와 문서에 사용하도록 했다. 벨라루스어는 점차적으로 농민이나 도시 교외에서나 사용되는 언어가 되었다. 벨라루스어가 공식언어 지위를 상실한 것은 계몽운동이 확산되던 중요한 시기에 문화 발전에 민족적 뿌리가 제거된 것과 마찬가지의 부정적 결과를 가져왔다.

정교회와 카톨릭의 투쟁은 완화되기보다 점점 더 가열되었으므로 이것은 변증적 출판물(polemical publicism)의 발전을 가져왔다. 변증법 장르의 가장 뛰어난 대표자는 멜레티이 스모트리츠키Meletiy Smotritskiy(1572-1633년)였다. 그는 빌노 과학아카데미 철학부에서 수학하고, 이후 비텐베르그대학과 라이프찌히대학에서 수학했다. 그는 과학자로서 많은 과학 논문을 남겼지만, 재능있는 작가이자 변증론자로서 이름을 떨쳤다. 그의 '울음(Weeping)'이라는 저술은 종교가 공직 생활에 어떠한 의미를 갖는가에 대해 많은 논란을 불러일으켰다.

그는 이 저술에서 당대 사람들에게 정교회 신앙에서 물러나지 말고 카톨릭과 타협하지 말 것을 호소했다. 정언적 성격의 저술이지만, 밝고, 활기 있고 설득력이 강한 문체로 쓰여서 이 책은 당시 사회에 큰 논쟁을 불러일으켰다. 이 작품에서 그는 정교회와 카톨릭 사제, 고대 철학자, 서양의 작가와 학자 140명의 자료를 인용하면서 자신의 학식을 과시했다. 스모트리츠키의 애국적 호소에 당황한 국왕 지기스문트 3세는 1610년 이 책의 판매를 금지하고 이 책을 출간한 인쇄소를 폐쇄했다. 1618년 스모트리츠키의 대표적 학술 저서 '슬라브어 문법(A Slavonic Grammar)'이 출간되었다. 이 책은 출간된 이후 약 2세기 동안 동부유럽의 모든 교육기관에서 교재로 사용되었다. 이 책은 해외에서 출간된 다른 슬라브어 문법책의 전범이 되었다. 스모트리츠키는 작가인 동시에 뛰어난 번역가였다. 그의 번역을 통해 벨라루스 독자들은 페트라르흐의 시와 에라스무스, 로테르담의 저술을 읽을 수 있었다.

계몽사상의 영향으로 정치적 성격의 소책자와 정치적 풍자집도 출간되었다. 지자니Stefan Zizaniy(1550-1634년)는 '세계의 종말(The Apocalypse)', '로마 교회에 대한 소책자(The Little Book on the Roman Church)', '교황으로부터 정교회의 보호(The Protection of Orthodoxy from Papistry)'를 썼고, 교황과 카톨릭 주교들의 위선을 가차 없이 비판했다. 브레스트 수도원장이었던 브레스트의 아파나시Afanasiy of Brest(1595-1648년)은 '일기집(Diariush)'에서 일기 형식으로 당시의 복잡한 상황과 브레스트 연합의 문제점을 기록했다. 그는 폴란드 관리들의 사치와 부패를 비판하고, 카톨릭교회 사제들을 위선자와 거짓말쟁이로 묘사했다. 그는 연합교회로의 개종을 결사반대하다가 산 채로 매장되어 죽었다. 1984년 그는 벨라루스의 성인으로 시성되었다.

17세기의 모든 작품들의 작가가 밝혀진 것은 아니다. 작자 미상의 작품 중 가장 유명한 것은 '오부코비치에게 보내는 편지(A Letter to Obukhovich)'이다. 이 작품에서 작자는 오부코비치 가문 3대의 무능과 쇠락을 통해 벨라루스 사회의 쇠퇴를 비유적으로 묘사했다. 시 장르는 벨라루스 문학에서 비교적 느리게 발전했다. 경구, 서사시, 서정시, 종교시 등 시의 모든 장르가 발전했지만 대중들에게 크게 인기가 있지는 못했다. 작가 미상의 '시인 랴본 카르포비치의 죽음을 애도하며(crying over the death of the poet Lyavon Karpovich)'는 인기가 높아 여러 번 출간되었다. 바로크 스타일로 쓰인 이 시는 화려한 경구와 은유를 사용하였다.

벨라루스 문학 발전에 큰 역할을 한 인물로는 폴로츠크의 시몬 Simeon Polotsk(1629-1680년)을 꼽을 수 있다. 그는 영성적 작가이고, 시인이며, 극작가였고 동시에 출판가였다. 그는 폴로츠크의 상인 가문에서 태어나 빌노의 과학아카데미에서 수학하였다. 그는 카톨릭과 정교회의 조화로운 결합을 지지했으며 평생 연합교회 신앙을 유지했다. 그는 폴로츠크로 돌아와 수도 생활을 하며 학교에서 강의하고 극장을 만들어 자신이 쓴 희곡을 상연했다. 1656년 러시아 짜르 알렉세이 미하일로비치가 폴로츠크를 방문했을 때 시몬은 짜르를 환영하는 시를 낭송하게 되었는데, 그의 박식과 재능을 알아본 짜르는 후에 그를 크렘린궁정으로 초빙하여 짜르 자녀의 가정교사가 되게 하였다. 폴로츠크의 시몬은 이러한 영향력 있는 자리를 이용하여 교회 설교의 내용과 형식을 덜 형식적이 되도록 바꾸었다. 그의 설교에는 인생의 의미, 노동의 신성함, 매일 생활의 소소한 즐거움과 가치

등에 대한 얘기가 들어있다. 당시에 이러한 설교는 정교회에서는 물론 개신교 교회에서도 불가능했다. 그의 개혁적 사상과 시도는 정교회 지도부의 견책을 받았다. 그러나 그는 직접 인쇄소를 만들어 책을 출판했다. 그는 고등교육기관 계획의 초안도 만들었는데, 이것은 후에 모스크바대학 설립 때 이용되었다. 그는 거의 모든 장르의 시를 썼는데, 그의 시모음집인 '다양한 색깔의 베트로그라드(Multicolored Vetrograd)'는 바로크 문학의 결정체이다. 벨라루스 시인인 폴로츠크의 시몬은 러시아 시의 창시자라고도 말할 수 있다. 신학 부문에서도 그는 큰 족적을 남기었다. 200편이 넘는 그의 설교는 1681-1683년 '영혼을 위한 만찬(Dinner for the Soul)', '영혼을 위한 저녁식사(Supper for the Soul)'로 출간되었다. 극작가로서 그는 두 편의 유명한 희곡을 남기었다. 하나는 '방탕한 아들의 코메디(The Comedy of Prodigal Son)', 다른 하나는 '네부하드네자르 왕의 비극(The Tragedy of King Nebuchadnezzar)'이다.

 18세기 벨라루스의 모든 문학은 다양한 언어로 저술되었다. 폴란드어, 벨라루스어, 프랑스어, 독일어, 러시아어, 이디쉬어로 작품이 저술되었다. 어려운 환경에도 불구하고, 벨라루스 문학은 잘 보존되었고, 민담, 민요, 서사 등 구술문학도 새로운 형태를 띠게 되었다. 민간의 이야기들은 부자와 가난한 사람의 대립을 다루기도 하였고, 많은 이야기들은 반카톨릭 내용을 담고 교황을 악당으로 그리기도 하였다. 서사는 코자크 봉기, 가짜 드미트리 사건, 스웨덴과의 전쟁 등 주민들의 기억에 생생한 최근의 사건들을 긴 역사 민요로 기술하였다.

 16세기부터 벨라루스는 '바틀레이카(Batleika)'라고 불리는 인형극장을 가지고 있었다. 인형극은 특별히 건축된 2층 건물에서 상연되었다. 성서의 이야기가 주 소재가 되기도 하고, 순진한 벨라루스 농민의 일화가 중간 시간에 상연되기도 하였다. 모든 인형극에는 음악과 노래가 들어갔다. 17세기 초에 연극극장들이 나타나기 시작했다. 처음에는 학교, 대학 등에 주로 연극극장이 세워졌다. 17세기 후반에는 소위 '농노극장(serf theatre)'이라는 것이 생겨 벨라루스 문화 발전에 중요한 몫을 차지했다. 라지위워, 오신스키Osiński, 티쉬케비치Tyshkevich 등 대귀족들은 경쟁적으로 자신의 영지에 농민이나 농노가 참여하는 극장을 만들었다. 때로는 약 200명의 인원이 배우, 음악가, 화가, 장식가, 목수 등으로 '농노극장'에서 일하기도 하였다. 오긴스키의 극장에는 106명의 연주가가 일했고, 몇 년 간 오스트리아의 위대한 작곡가 하이든이 극장의 오케스트라를 지휘하기도 했다. 겨울 공연은 특별히 건축된 화려한 궁정식 극장에서 상연되었고, 여름 공연은 '녹색극장(green theatre)'라고 불리는 야외에서 공연되어 천 명 정도의 관객이 관람할 수 있었다. '농노극장'을 위해 작곡된 '오신스키 폴로네즈'는 오늘날까지 유명하다. 이러한 극장들은 자체의 발레, 음악학교를 가지고 있어서 농민 자녀들이 이곳에서 공부할 수 있었고, 뛰어난 인재들은 바르샤바, 베를린, 상트 페테르부르그까지 진출했다.

5부 러시아 통치 시대

19장 러시아의 통치 정책

세 번에 걸친 폴란드의 분할로 약 300만 명의 인구와 함께 벨라루스 전체는 러시아에 병합되었다. 1762년 예카체리나 여제가 짜르로 즉위할 때 벨라루스의 카니스키Georgiy Kanisskiy 주교가 축하사절로 참석하였다. 여제와 면담하는 자리에서 카니스키는 폴란드-리투아니아 내의 정교도들을 보호해 줄 것을 요청하였다. 예카체리나가 그렇게 하는 경우 어떤 이익이 있는지를 묻자, 카니스키는 정교회를 보호한다는 명목으로 러시아는 600베르스타versta(역주: 베르스트 - 러시아의 거리 단위로 1,067km)의 비옥한 땅을 폴란드로부터 빼앗을 수 있고, 그 땅을 경작할 수많은 농민들도 얻을 수 있다고 했다. 폴란드-리투아니아의 소멸 이후 정확하게 이러한 일이 일어났다. 러시아 정부는 새로 획득한 땅에 통치권을 강화하기 위한 일련의 조치들을 취하였다, 첫 번째로 벨라루스가 병합된 지 한 달 만에 포고령이 발표되어 모든 벨라루스인은 러시아 여제에게 충성을 서약하도록 했다. 충성 서약을 거부하는 사람은 3개월 안에 소유 재산을 처분하고 러시아를 떠나도록 했다. 대귀족과 귀족들은 거의 빠지지 않고 충성 서약을 했다.

1796년 행정적 개혁 조치들이 대거 취해졌다. 벨라루스도 러시아와 같은 새로운 행정 구역으로 구획되었다. 벨라루스는 비텝스크를 수도로 하는 약 150만 명의 인구를 가진 비텝스크주, 민스크를 수도로 하는 약 80만 명의 인구를 가진 민스크주, 빌노를 수도로 하는 160만 명의 인구를 가진 리투아니아주로 나뉘었다. 각 주의 행정 권한은 여제가 임명한 주지사가 행사하였다. 예카체리나 여제는 벨라루스 귀족의 권한을 제한하기 위한 조치를 즉각 취하였다. 그녀가 보기에 벨라루스 귀족들은 지나친 자유와 권리를 누리고 있었다. 대귀족들은 군대를 보유할 권한과 도시를 사적으로 소유할 권한을 상실했고, 성城도 스스로 만들 수 없었다. 귀족들은 특정 정치적 이익을 달성하기 위해 상호간 연합을 형성할 수 없었다.

카톨릭교회와 관련해서는 예카체리나는 신중한 정책을 취했다. 로마 카톨릭교회와 수도원의 재산은 그대로 보존되었고, 카톨릭 의례에 대한 제약도 없었다. 예카체리나는 '교회에 대한 훈령(Instruction to the Churches)'을 발하여 오히려 벨라루스 카톨릭 대주교구를 설립하여 카톨릭교회의 운영에 필요한 행정적 기반을 만들었다. 이 조치로 예카체리나는 카톨릭교회에 대한 배려를 보여주면서, 카톨릭교회가 로마로부터 조종당할 여지도 없앴다. 카톨릭 사제들에게 금지된 것은 정교회 신자를 개종시키는 일이었고, 반대로 카톨릭 신자의 정교회로의 개종은 허용되었다. 정교회 교회가 폴란드-리투아니아 시절 당했던 압박과 통제는 러시아로 통합된 후 수십 년 동안은 시행되지 않았다. 전반적으로 새로 병합된 벨라루스 지역에 대한 예카체리나 여제의 정책은 유연하고 평화로웠다. 그러나 예카체리나는 벨라루스를 러시아의 한 지방으로 다루었고, 예카체리나가 임명한 주지사들도 이 정책에 충실한 행정을 펼쳐나갔다.

벨라루스 도시에 대한 통치와 운영 방식도 러시아식으로 변화되었다. 예카체리나 여제는 '도시에 대한 훈령(Instuction to Cities)'을 발하여 이전에 대귀족에게 소유되어 있던 도시들을 국가 소유로 바꾸고 대귀족의 행정기구를 없앴다. 도시의 행정은 시 두마(City Duma)가 관장하고 두마에는 도시의 모든 계층이 참가했다. 유대인 주민들에 대한 특별한 법령이 공포되었다. 1794년 6월 23일 공포된 법령을 통해 '유대인 거주지역(pale of settlement)'의 경계가 주지사에 의해 결정되었다. 주지사들은 유대인 상공인들이 거주할 수 있는 도시와 모스크바와 상트 페테르부르그처럼 거주할 수 없는 도시를 구분했다. 이 법은 1917년 2월 혁명 때까지 효력을 발휘했고, '거주지역'이란 용어 자체가 반유대인 정책과 동일시되었다.

러시아 정부가 실시한 농지 조사에 의하면 벨라루스 농지의 많은 부분이 황폐화되었고, 농지 개간을 위해 많은 농민들이 '규정노동'에 동원되고 자신의 농지를 경작할 수 없었다. 이러한 상황 때문에 대다수의 농민들은 극도로 가난한 생활을 벗어나지 못했다. 벨라루스와 러시아는 같은 중세적 소유제도를 바탕으로 운영되었으나 오랜 전쟁으로 인해 벨라루스 농촌은 러시아 농촌보다 경제 발전이 매우 느렸다. 농촌의 이러한 상황을 감안하여 병합 이후 2년 동안 벨라루스 농촌 지역의 세금은 면제되었고, 이후 10년 동안은 러시아 지역의 절반에 해당하는 세금을 냈다.

16세기-17세기 동안 서유럽에서 진행된 자본주의 경제 발전을 폴란드-리투아니아는 경험하지 못했고, 농노제와 중세적 제도가 절정을 이루고 있었다. 병합 이후 수십 년 동안 벨라루스의 경제 발전은 빠르게 이루어져 농지 개간이 활발히 진행되고, 상업 교역과 수공업 생산 활동도 크게 늘어났다. 러시아 행정 당국은 농민들의 생활상을 점검하기 위해 회계조사와 센서스를 정기적으로 실시했다. 상원의원들과 왕족들도 벨라루스를 직접 방문하여 경제상황을 살폈다. 1780년에는 예카체리나 여제가 벨라루스를 방문하여 주민들 앞에서 연설을 했고, 정교회에 큰 기부금을 하사했다. 예카체리나는 흉작일 때를 대비하여 예비식량 비축 창고를 짓도록 지시하기도 했다. 벨라루스에 대한 예카체리나 여제의 조심스럽고 유연한 정책은 전략적 목적에 바탕을 두고 있었다. 즉 모든 계층과 종교에 대한 배려를 보여줌으로써 반대의 소지를 없애고, 순조로운 러시아와의 통합과 주민 동화가 기본적 목적이었다. 러시아 귀족들과 거의 같은 권리를 인정받은 벨라루스 귀족들은 새로운 현실에 만족했고, 예카체리나에게 감사의 편지를 보내기도 했다. 그러나 러시아 정부는 토지 소유에 대해서는 확고한 입장을 취했다. 러시아 당국은 러시아 농지가 최대한 멀리 확장되는 것을 목표로 했고, 이전에 폴란드 왕실에 소유되었던 토지의 상당부분이 러시아 국가 소유가 되었다. 폴란드 대귀족들이 소유했던 거대한 영지들은 소속 농노들과 함께 러시아 왕실이나 귀족 소유로 전환되었다. 1772년부터 1796년까지 75만 명의 남자 농노 중 약 20만 명이 러시아 지주 소유로 이전되었다. 1796년부터 1801년 사이 예카체리나의 아들 파벨은 러시아 국고 소유 토지를 약 28,000명의 농노와 함께 러시아귀족들에게 나누어 주었다. 이전의 폴란드-리투아니아 국유지는 모두 러시아 지주들의 손에 넘어갔고, 폴란드나 벨라루스 지주들은 조금도 땅을 늘릴 수 없었다. 예카체리나는 자신의 총신이며 애인인 포템킨Grigoriy Potemkin에게 15,000명의 농노가 딸린 영지를 하사했으며, 또다른 애인 류만체프공Count Petr Rumayntsev에게는 11,000명의 농노가 딸린 고멜 인근의 영지를 하사했다. 러시아 귀족들에게만 혜택을 준 이러한 농지 분배는 벨라루스 귀족과 농민 모두로부터 불만을 야기시켜 소규모 폭동이 자주 일어났다. 1797년 파벨 1세는 농민들의 불만을 달래기 위해 농민의 의무노역일을 일주일에 3일로 제한하였다. 이러한 조치에도 불만이 가라앉지 않자 1801년 짜르 알렉산드르 1세는 국유지를 귀족 소유의 사유지로 전환하는 것을 금지시켰다. 그러나 이미 농지와 인구 변화가 일어나 19세기 중반 조사된 자료에 의하면 벨라루스 농지의 25%를 새로운 러시아 지주들이 소유하고 있었다.

벨라루스 귀족들을 통제하고 이들의 경제적 지위를 약화시킬 수 있는 효과적 방법은 농지의 몰수였다. '반국가적 활동'이라는 애매한 용어를 적용하여 귀족들의 토지를 빼앗는 일이 자주 일어났다. 폴란드-리투아니아 시대에도 정치적 반체제파에 대한 징벌로 토지를 몰수하고 추방을 시키는 일이 있었지만, 이런 일은 반란의 주동자에게만 적용되어 아주 드물게 일어났다. 폴란드 1차 분할 이후 러시아에 반대하는 폴란드와 벨라루스 귀족들의 농지 몰수가 자주 일어났다. 코쉬우쉬코 반란 참가자들의 농지는 모두 몰수되었고, 후에는 러시아에 충성 맹세를 하지 않은 귀족이나 농민들의 농지가 몰수되었다.

벨라루스가 러시아에 병합된 것의 의미는 과소평가될 수가 없다. 병합이 국내 정치 상황을 안정시켰고, 무정부적인 중세 제도와 연이은 전쟁을 끝냈으며 경제를 부흥시킨 것은 긍정적인 효과로 볼 수 있다. 러시아 정부의 벨라루스 문화, 정체성, 언어, 카톨릭 교회에 대한 몰이해는 벨라루스에 부정적으로 작용했다.

20장 나폴레옹 전쟁과 반러시아 봉기

• 나폴레옹 전쟁

　1806-1807년 영국, 프러시아, 러시아, 스웨덴의 반나폴레옹 동맹이 붕괴된 후 나폴레옹 군대는 러시아 국경까지 진출하였다. 프러시아에 넘겨진 폴란드 영토에 바르샤바공국을 만든 나폴레옹은 폴란드-리투아니아의 1772년 국경을 복원해야 한다고 주장했다. 이러한 나폴레옹의 행동은 선전 목적에서 나온 것이며 그는 폴란드-리투아니아를 복원할 생각이 없었다. 이 선전의 목적은 앞으로 있을 러시아와의 전쟁에서 폴란드 귀족들을 자기편으로 끌어들이기 위한 것이었다. 나폴레옹의 선전 전략은 폴란드인들을 움직였다. 러시아도 이에 대한 대응으로 폴란드-리투아니아 연합과 리투아니아공국은 러시아의 보호 하에 자치를 누리게 될 것이라고 선전했다. 그러나 러시아의 이러한 선전은 폴란드인이나 벨라루스인들에게 큰 호소력을 갖지 못했다. 폴란드와 벨라루스 귀족 사이에서는 폴란드-리투아니아의 오랜 동맹이었던 프랑스에 대한 우호적 감정이 강했다. 프랑스는 폴란드 분할 이후 이주해 온 수천 명의 이주자들에게 피난처를 제공했고, 이들은 프랑스군에 가담하여 자신들의 적인 러시아와의 전쟁을 준비했다.

　1812년 6월 12일 12만 명의 폴란드 병사를 포함한 60만 명의 나폴레옹 군대는 코브노Kovno(현재의 Kaunas)와 그로드노 지역에서 국경을 돌파하여 러시아 지역으로 진격했다. 벨라루스 귀족의 상당수는 러시아의 방어 전략에 협조하지 않았고, 일부는 프랑스군을 위한 식량을 비축하면서 방어 전략을 방해하기도 했다. 라지위워공Prince Dominik Radziwiłł은 자신의 비용으로 기병연대를 조직하여 나폴레옹 편에서 싸웠다. 민스크의 지주 모뉴쉬코Ignatiy Monyushko와 티젠하우스공Prince Rudolf Tyzenhaus도 자발적으로 부대를 조직하여 나폴레옹군에 가담했다. 불과 얼마 전에 러시아에 대한 충성 맹세를 했던 귀족들도 프랑스군을 해방군으로 환영했다. 벨라루스와 폴란드 귀족들은 폴란드-리투아니아를 복원시키는 것이 나폴레옹의 의도라고 믿었다. 6월 28일 프랑스군은 전투를 치르지 않고 빌노를 접수했다. 벨라루스 귀족들의 지원을 얻고 싶었던 나폴레옹은 빌노에 리투아니아 대공국의 임시 정부를 세웠다. 그러나 나폴레옹이 이 허수아비 정부에 요구한 것은 군량과 신병 조달이었다. 7월 25일 임시정부는 만 명의 신병 소집령을 내렸고, 자신들이 직접 무장비용을 조달해서 기병연대를 만들었다. 귀족 지원병 천 명으로 구성되는 친위 부대를 만들기도 했다.

나폴레옹의 대군은 벨라루스에서 세 개의 러시아 부대를 만났다. 첫 몇 주간 러시아군은 전력이 월등한 나폴레옹군을 상대하지 않고 후퇴했다. 벨라루스 전 지역을 장악한 나폴레옹은 7월 16일부터 8월 1일까지 2주간 진격을 멈추고 비텝스크에 머물렀다. 원래 그의 계획은 벨라루스 지역에서 러시아군을 격파하고 강화협상을 하는 것이었는데, 러시아군이 계속 후퇴하자 다음 행동을 어떻게 해야 할지 고민하게 되었다. 비텝스크에 머무는 2주 동안, 약 100km 떨어진 스몰렌스크에 쿠투조프Mikhail Kutuzov 장군이 지휘하는 러시아 대부대가 다가왔다. 스몰렌스크에서 양측 간의 본격적 전투가 전개되어 나폴레옹군이 승리했다. 치열한 전투로 양측 합쳐 약 3만 명의 전사자가 나왔다. 스몰렌스크는 나폴레옹 수중에 떨어졌고, 나폴레옹은 포로로 잡은 투츠코프Tuchkov 장군을 러시아 알렉산드르 1세 황제에게 보내 강화협상을 제안했다. 그러나 러시아는 아무 반응도 보이지 않았다.

러시아군은 모스크바 인근으로 후퇴하여 결전을 준비했다. 8월 26일 모스크바에서 100km 정도 떨어진 보로디노Borodino에서 양측 간 결전이 벌어졌다. 12시간 정도 지속된 전투에서 어느 측이 승리하였는가에 대해 역사가들의 판단은 엇갈린다. 러시아 역사가들은 러시아가 승리하였다고 주장한다. 그러나 사실史實과 자료는 어느 쪽이 승리했는지를 분명히 얘기해 주지 않는다. 한 가지 분명한 것은 이 전투는 19세기에 벌어진 전투 중 가장 치열한 것이었고, 적게 잡아도 양측이 각각 10만 명의 사상자를 낸 것으로 보인다. 쿠투조프장군이 이끄는 러시아군은 승리했다고 주장하면서도 후퇴를 결정하고 모스크바를 프랑스군에 내주었다. 9월 2일 프랑스군은 텅 비어 있는 모스크바에 입성했다. 30만 명의 인구 중 모스크바에 남아있던 사람은 수천 명이 되지 않았다. 프랑스군이 들어오자마자 모스크바에서는 대화재가 발생하였다. 모스크바의 점령은 나폴레옹의 최종 승리를 의미하게 되어 있었다. 그러나 모스크바는 보급품이 끊겼고 대화재까지 발생하여 대군이 머무를 수 없었다. 약 한 달을 머문 후 나폴레옹은 모스크바에서 철수를 지시했다. 그는 이 기간 동안 계속 알렉산드르 1세에게 강화협상을 요구하는 사절을 보냈으나 러시아는 아무 답도 하지 않았다. 10월 철수를 시작한 나폴레옹군은 초토화되지 않은 러시아 남부지방을 통과하여 철수하려 했으나 러시아군은 이

지역을 봉쇄했다. 프랑스군은 진격해 온 길을 따라 철수했는데, 이미 전쟁으로 황폐화된 이 지역에서 보급품을 얻는 것은 불가능했고, 숲 속에 매복한 게릴라 부대의 습격을 자주 받았다. 프랑스군이 지치고 전열이 흐트러졌을 때 러시아군은 반격을 해왔다. 10월과 11월 비텝스크, 폴로츠크, 브레스트, 민스크가 프랑스군으로부터 해방되었다. 나폴레옹군은 러시아군의 공격으로 여러 부대로 분산되어 후퇴했다. 1812년 11월 14-16일 베레지나Berezina 강을 건너던 프랑스군 대부대는 러시아군의 기습 공격을 받았고, 프랑스군은 4만 명의 장교와 병사가 전사하였다. 프랑스어에 가망 없는 완전한 실패를 뜻하는 "이것은 베레지나다(C'est la Berezina!)"라는 표현이 존재할 정도로 프랑스군은 결정적 타격을 입었다. 12월 말 프랑스군이 벨라루스에서 완전히 쫓겨났을 때 모스크바를 떠난 10여만 명의 병력 중 5만 명만이 살아서 벨라루스를 떠났다. 나폴레옹은 폴란드 장교로 변장을 하고 수하 병력을 포기한 채 파리로 돌아갔다.

 나폴레옹 전쟁으로 벨라루스는 이미 여러 번 반복된 대로 전쟁터가 되어 수많은 도시와 마을들이 파괴되었다. 인명과 재산 손실은 엄청났다. 일례로 1811년 11,200명의 주민이 살던 민스크는 1812년 말 3,480명의 주민만 남아있었다. 벨라루스 전체의 일 년 세수가 100만 루블 정도가 되었는데, 전쟁으로 인한 손실은 5,200만 루블로 추산되었다. 주민들이 겪은 피해는 짜르의 가혹한 정책으로 한층 가중되었다. 농민들은 전쟁에서 승리하면 농노제가 철폐되고 개혁 조치가 시행될 것으로 기대했으나, 농민들에 대한 착취는 더욱 심해졌다. 러시아는 가장 가난한 계층인 농민들의 희생으로 전쟁 피해를 복구해 나갔다. 프랑스군 편을 든 폴란드와 벨라루스의 귀족들에 대해서 러시아 정부는 반러시아 정서가 형성되는 것을 막기 위해 관용 정책을 취했다. 짜르 알렉산드르 1세는 프랑스군에 협조한 동조자들에 대한 사면령을 내렸다. 프랑스군을 떠나 고향으로 돌아오는 사람은 사면을 받을 수 있었다. 나폴레옹 전쟁은 바로 끝나지 않고 16개월이나 더 지속되다가, 1814년 3월 31일 연합군대가 파리에 입성하면서 끝이 났다. 벨라루스의 많은 귀족들은 벨라루스와 폴란드의 정치적 개혁의 희망을 나폴레옹에게 두었으나 이는 무산되고 말았다. 한 자료를 인용하면 나폴레옹과 함께 민스크를 떠난 103명의 귀족들 중 사면령을 듣고 귀환한 사람은 열 명에 불과했다.

- **비밀 결사와 반러시아 봉기**

19세기 초 벨라루스의 정치적 환경은 서유럽의 혁명, 특히 프랑스 혁명과 폴란드의 민족독립 사상의 영향을 받았다. 프랑스 혁명은 유럽 각국에 자유민주 사상을 전파했을 뿐 아니라 일부 국가에서는 급진적 사회변혁 운동을 고무시켰다. 프랑스 혁명은 보수적 질서를 유지하려는 유럽 국가 정부들을 긴장시켜 '혁명의 전염병(revolutionary contagion)'에 효과적으로 대처하기 위해 공동전선을 폈다. 이러한 투쟁에서 러시아는 보수적 체제의 리더로 떠올라 '유럽의 헌병(gendarme of Europe)'이란 별명을 얻었다.

벨라루스 사회의 많은 부문에서 발생한 불만의 원인은 러시아와의 병합과 소멸된 폴란드-리투아니아의 부활에 대한 갈망이었다. 동시에 급진적 그룹들은 계층 간 불평등, 사회, 정치적 생활에서의 민주적 개혁의 필요성과 농노제에 시달리는 농민의 해방이 중요한 이슈였다. 짜르가 절대적 권력을 행사하는 러시아에서 정치적 갈망을 논의할 수 있는 유일한 무대는 지방 의회였다. 폴란드의 지방 의회를 닮은 이러한 모임에서 귀족들은 반체제적 감정을 다소 발산할 수 있었다. 그러나 짜르 정부는 이러한 불온한 모임을 제거해야 한다고 생각했고 지방 의회에서는 경제 문제 이외의 다른 문제를 논의하지 못하게 금지하는 칙령을 발했다. 이러한 칙령이 공포된 후 비밀 결사와 그룹이 나타나기 시작했다.

첫 번째 비밀 결사는 폴란드 3차 분할 직후인 1796년 빌노에 나타난 '빌노연합(Vilno Association)'이다. 이 단체의 핵심 목표는 폴란드-리투아니아를 1791년 헌법을 바탕으로 부활시키는 것이었다. 이 비밀 결사는 자신들의 목표를 달성하는 방법을 담은 '빌노 봉기 강령(Vilno Uprising Act)'을 작성하고, 민스크, 브레스트, 코브린Kobryn, 아쉬먀니Ashmayny, 그로드노에 지부를 설치했다. 이 비밀단체는 이런 활동에 대한 경험이 전혀 없었고, 러시아 비밀경찰의 사찰 능력을 제대로 파악하지 못해서 2년 만에 발각되었다. 결사에 참가한 귀족들은 지위를 박탈당했고, 사제들은 사제직에서 추방되어 가담자 전원이 시베리아 유형에 처해졌다.

나폴레옹 전쟁에서 러시아가 승리하자 프랑스에 기대를 걸었던 벨라루스와 폴란드의 귀족들은 크게 실망했다. 1812-1815년 적극적인 민족해방 운동이 폴란드와 벨라루스에서 전개되었고 대학을 중심으로 많은 비밀결사가 탄생했다. 1817년 빌노대학에서는 미츠케비치Adam Mickiewicz가 주도하는 '필로마스 연합(Philomath Association, philomathes는 그리스어로 '지식을 사랑하는 사람들')'이 탄생했다. 이 조직은 단기간에 대중 조직으로 발전하여 다른 도시에도 지부가 생겨났다. 이 연합의 회원들은 시민의식의 기초가 되는 개인의 도덕적 완성에 특별한 주의를 기울였다. 이 결사는 의무적인 공교육 제도를 수립하는 것이 필요하다고 보았고, 스스로 벨라루스 문화, 농민 생활과 민속을 배우고, 각 지역의 민속학적 전통을 기록하였고, 모임에서는 당시 아무런 공식 지위를 얻지 못한 벨라루스어를 사용했다. 이들의 정치적 사상은 농노제의 철폐, 절대군주를 견제하는 헌법 제정, 법 앞에 만인의

아담 미츠케비치 초상

평등 등이 핵심 내용이었다. 이들은 모임에서 그리스, 스페인, 이태리의 혁명 투쟁을 보고하고 이러한 투쟁을 칭송했다.

  1820년 같은 대학에서 '광채(Radiant)'라는 조직이 결성되어 순식간에 200명의 회원을 확보하였다. 폴로츠크의 고등신학교(Higher Theological Seminary)에서는 '필로레츠연합(Philorets Association, *philoretos* 는 그리스어로 '덕을 사랑하는 사람들'이라는 뜻)'이 조직되었다. 이 결사는 "하나의 폴란드와 카톨릭 신앙'(One Poland and Catholic Faith)'이라는 모토를 사용하며 정치적 지향점을 분명히 했다. 이 모든 결사들은 자유와 평등사상을 전파했고, 학생들뿐 아니라, 부유한 귀족, 관리, 사제들도 가담했다. 필로마스연합과 필로레츠연합은 오래 지속되지는 못하였다. 1823년 봄 이 단체들은 당국에 발각되어 해산되었다. 빌노에서는 100명 이상 체포되었고, 결사의 주도자들은 투옥된 후 유형에 처해졌다. 일반 가담자들은 귀족 지위를 박탈당하고 유형에 처해지거나, 징집되어 25년 군에 복무하도록 처벌되었다. 빌노대학과 폴로츠크 고등신학교의 교수진들도 처벌되거나 해직되었다.

1825년 초 '군사동지연합(Military Friends Assciation)'이 그로드노의 리투아니아 특수군단 안에 결성되었다. 이 결사에는 장교들뿐 아니라 병사들도 가담하였다. 이 결사는 엄격한 위계질서를 갖추고 사회 여러 계층 사이에서 적극적으로 활동했다.

러시아의 데카브리스트 운동도 벨라루스에서 지원자를 얻었다. 데카브리스트들은 폴란드의 민족해방운동을 주의 깊게 관찰하고 폴란드 '애국연합(Patriotic Association)'과 연계를 맺었다. 애국연합은 벨라루스에도 지부를 두고 있었다. 러시아 데카브리스트 운동 가담자의 상당수가 폴란드의 애국연합 운동을 지지하고 폴란드-리투아니아의 복원을 지지했다. 이들은 러시아가 침략자나 타민족에 대한 압제자가 되는 것을 바라지 않았다. 1823년 러시아와 폴란드의 지하 혁명운동가들은 벨라루스의 보브루이스크에서 봉기를 일으키기로 계획하고 알렉산드르 1세가 이 도시를 방문할 때 짜르를 구금하기로 하였다. 그러나 알렉산드르 1세의 갑작스런 죽음과 니콜라이 1세의 즉위로 데카브리스트의 봉기는 앞당겨졌다. 1825년 12월 14일 상트페테르부르그 겨울 궁전 앞 상원광장에 데카브리스트들은 모였고, 헌법 제정, 농노제 철폐, 일련의 자유민주적 개혁의 실행을 조건으로 새 황제에 대한 충성 서약을 하기로 하였다. 그러나 봉기에 가담하기로 한 부대들이 도착하지 않은 상태에서 이날 저녁 3천 명의 기병대가 봉기가담자를 살육하고 체포했다.(역주: 데카브리스트 반란 - 개혁과 혁명 사상을 가진 러시아 청년 장교들이 1825년 12월 14일 일으킨 봉기. '데카브리스트(12월 당원)'들은 입헌군주제와 농노제 폐지 등 서부 유럽같이 자유주의사상을 실현하고자 했었으나 거사 실행직전에 계획이 새어나감. 121명의 데카브리스트가 재판을 받았고, 이 중 5명이 처형당했으며,

31명이 감옥에 갇히고 나머지는 모두 시베리아로 유배당함)

12월 25일 그로드노 특수군단의 '군사동지연합'도 봉기를 일으키기로 하였으나, 이들의 계획도 사전에 발각되었다. 결사의 주동자인 인겔스트롬K. Ingelstrom대위를 포함한 가담자들이 체포되어 사형이 선고되거나 시베리아로 유형을 갔다. 이러한 사건들을 겪은 짜르 정부는 벨라루스에 탄압정책을 폈다. 니콜라이 1세는 즉위 첫날을 겨울 궁전 앞 상원광장에서 데카브리스트 반란 주모자들을 처형하는 것으로 시작함으로써 어떠한 자유주의 운동도 허락하지 않을 것임을 상징적으로 보여 주었다. 정부 기관과 교육 기관의 모든 관리들은 자신들이 비밀결사에 가담하지 않았다는 정치적 충성서약을 해야 했다. 교수들은 학생들의 정치적 동향에 대해 정기적으로 보고서를 써야 했다. 벨라루스의 젊은 학생들은 외국 대학에 유학하는 것이 허락되지 않았고, 외국 서적과 현지 정기간행물은 검열을 받았다.

폴란드-리투아니아가 완전히 분할 점령된 후 대부분의 폴란드 사람들은 국가를 재건하고자 하는 열망을 가지고 있었다. 러시아에서 이 문제는 '폴란드 문제(Polish question)'로 불렸다. 러시아 짜르의 압제적 정책도 자유사상과 반체제 운동이 확산되는 것을 막을 수 없었다. 1828년 바르샤바에서는 이전의 비밀결사의 잔존 조직과 인물들을 총망라한 '장교연합(Officers' Association)'이 결성되었다. 장교들은 단순히 반체제 선전 운동에 나서는 것에 그치지 않고, 1829년 니콜라이 1세가 바르샤바에서 대관식을 할 때 짜르를 암살하기로 했다. 그러나 거사 전날 계획이 발각되어 주동자들은 체포되었다.

1830년 프랑스와 벨기에에서 시작된 혁명 운동은 벨라루스와 폴란드에 큰 영향을 끼쳤다. 바르샤바 봉기는 1830년 11월 28일 시작되었다. 사관학교 생도들이 무기고를 장악하고 시민들에게 무기를 나누어주기 시작했다. 폴란드 부대들은 바로 봉기에 가담하고 시민들은 거리로 나와 바리케이드를 쌓았다. 러시아 정부는 봉기의 규모에 크게 놀랐다. 러시아 황제의 동생인 폴란드 총독 콘스탄틴은 러시아 주둔부대들로 하여금 바르샤바에서 철수하도록 명령하였다. 봉기의 두 주류 세력이 형성되었다. 첫째는 보수-귀족그룹이었고, 두 번째는 민주그룹이었다. 보수-귀족그룹은 폴란드-리투아니아를 1772년 1차 분할 전의 모습으로 복원하거나, 최소한 러시아 제국 내에서 폭넓은 자치를 누리고 자치정부를 운영하는 것을 목표로 삼았다. 사회, 경제적 개혁 문제는 두 번째 관심사였다. 이 그룹의 리더들은 정부나 군의 고위직을 맡고 있는 사람들이었다. 중산층, 소귀족, 학생, 부르주아로 구성된 민주 그룹은 평등과 자유사상을 전파하고, 경제적 개혁과 군주의 절대 권력의 제한을 목표로 삼았다. 그러나 각 참가 그룹 사이의 통일성이나 유대성이 없었고, 군대에 대한 영향력도 없었다. 민주그룹은 자신들에 대한 지지가 민중으로부터 나온다는 것을 잘 알았다. 이들은 러시아 국민에 대항해서 투쟁하는 것이 아니라 러시아의 전제주의를 투쟁 대상으로 삼는다는 것을 분명히 했다. 바르샤바는 완전히 봉기군이 장악했다. 의회가 열렸고, 의회의 첫 결의는 러시아의 로마노프 왕가, 즉 니콜라이 1세에게서 폴란드 왕위를 박탈하는 것이었다.

　짜르 정부는 벨라루스 지역에서 반란의 확산을 막기 위해 모든 가능한 방법을 동원했다. 계엄령이 선포되고, 벨라루스는 군사적 교두

보가 되었다. 정부 관리에 대한 대대적 물갈이가 시작되었다. 모든 폴란드와 벨라루스 출신의 관리는 러시아인으로 대체되었다. 봉기에 동조하는 벨라루스 지주들은 봉기에 가담하기 위해 바르샤바로 피신해 갔다. 니콜라이 1세는 봉기에 가담한 지주들의 재산을 바로 몰수하라는 명령을 내렸다. 1831년 초 바르샤바에서 빌노로 대표단이 내려와 봉기를 준비했다. 혁명위원회가 구성되어 자금과 무기를 모았다. 빌노의 봉기는 지휘부와 조직이 갖춰진 후 1831년 봄에 시작되었다. 봉기군은 러시아군이 주둔하지 않은 지역을 바로 장악하고 행정관리 체제를 수립했다. 이들은 소집령을 내렸고 봉기군의 수자는 급격히 증가했다. 비텝스크 지역에서는 시인이자 민족자료 수집가인 플랴테르 공작부인Countess E. Plyatter이 부대를 조직했다. 카톨릭 수도원들은 봉기군의 근거지가 되었고 봉기군을 적극 도왔다. 그러나 농민들은 봉기에 적극 가담하지 않았다. 농민들은 아무 약속도 받지 못했고, 폴란드-리투아니아를 복원한다는 슬로건에도 큰 관심이 없었다. 봉기군은 강제로 농민들을 징집했는데, 러시아 정부는 봉기군을 이탈하는 농민은 사면을 받고 짜르의 호의를 받게 될 것이라고 선전했다. 농민들은 대거 봉기군에서 이탈했고, 이것이 벨라루스의 봉기가 광범위한 민중의 지지를 받지 못한 주요 원인이 되었다. 러시아군은 차례로 봉기군이 점령했던 지역들을 탈환했다. 잘 조직되고 무장된 폴란드에서 온 반란군은 정신적으로도 투쟁 의지가 강했으므로 끝까지 항거했다. 폴란드 부대는 코브노와 파네베지스Panevėžys를 점령했다. 러시아군은 4만 명의 병력이 폴란드로 진주했다. 반란군은 이에 대항할 수가 없었고, 폴란드 부대는 프루시아로 후퇴했다. 러시아군 사령관 톨스토이P. Tolstoy장군은 모길례프 주지사인 무라베프M. Muravev의 조언을 받아들여 각 지방 지주들이 봉기군의 집결을 막을 것을 지시했다. 봉기에 협력하는 경우 재산 몰수의 위협을 받은 지주들은 봉기군이 집결하는 것을 막았고, 의심스러운 움직임에 대해서는 바로 러시아 군영에 보고했다. 1831년 여름에는 봉기군과 러시아군 사이에 간헐적인 전투가 있었으나, 여름이 지나기 전 모든 봉기군의 교두보는 섬멸되었다. 벨라루스에는 러시아군의 진격을 막을 세력이 없었다. 8월 6일 러시아군은 바르샤바를 점령했다. 모든 봉기 가담자와 협력의 의심을 받는 사람들은 처벌을 받았다. 각 도시에는 러시아 당국이 직접 관할하는 조사위원회가 설치되어 가담자를 색출하고 처벌했다. 짜르 정부는 봉기에서 핵심적 역할을 한 소귀족들을 가혹하게 처벌했다. 이들은 토지를 몰수당하고, 직급이 병사로 강등되어 시베리아 유형에 처해졌다.

1830-1831년의 봉기로 짜르 정부는 폴란드의 영향력과 카톨릭교회의 존재가 벨라루스에 얼마나 위험하고 해로운 것인지를 잘 깨닫게 되었다. 봉기가 진압된 후 러시아는 벨라루스인들을 러시아화시키는 작업을 시작하였다. '귀족 감찰(Inspection of the gentry)'제도가 이러한 동화 정책의 시작을 알렸다. 1831년 공포된 칙령에 의하면 자신이 귀족 가문 출신임을 증명하는 서류를 제출하지 못하는 모든 귀족은 귀족 지위를 박탈당하고, 중하위계급이나 농민으로 지위가 내려가게 되었다. 약 만 명의 귀족이 귀족 지위를 박탈당했다. '슐라흐타shlyakhta'라는 폴란드식 귀족 명칭의 사용을 금하고 대신 러시아어의 '드로랸스트보dvoryanstvo', '드보랴닌dvoraynin'을 사용하게 만들었다. 자신이 귀족가문 출신인 것을 증명하지 못한 소귀족들은 대거 지주 계급에서 추방되었다. 이것은 큰 인구학적 변화를 가져왔다.

벨라루스에는 소지주 계급에 속하는 사람들이 많았다. 이들은 약간의 재산을 가지고 작은 영지를 소유하거나 농민보다 조금 더 큰 농지를 소유하고 있었다. 그러나 이들은 귀족계급에 속했기 때문에 여러 권리를 누리고 있었다. 이런 지위상의 특권 때문에 이들은 반체제 운동의 진앙이 되었다. '귀족 감찰제' 시행 이후 소귀족 계급은 말살되어 버렸다. 이제 귀족은 대지주만 남게 되었고, 대부분이 러시아 가문 출신이었다. 이들은 짜르로부터 땅과 영지를 하사받은 경우가 대부분이었다.

1832년 니콜라이 1세는 모든 정부 기관과 관직에 러시아 명칭을 주고, 앞으로 이 명칭만 사용하도록 명령했다. 같은 해 '서부지방 특별위원회(Special Committee fo the Western Provinces)'를 만들었다. 러시아는 벨라루스를 고유의 이름으로 부른 적이 없고, 모든 정부 문서에 '서부지방'이라는 명칭을 사용했다. 이 명칭은 벨라루스라고 불릴만한 인종적, 문화적 주체는 없고 벨라루스는 단지 러시아의 서쪽에 위치한 지방이라는 뜻을 내포하고 있었다. 특별위원회는 벨라루스와 관련된 모든 공무를 관장하고, 교육, 법원, 문화 문제도 통제했다. 모길레프의 주지사인 무라베프가 이 위원회를 주도했다. 그는 모든 벨라루스인을 폴란드인으로 보았다. 그는 별개의 벨라루스 문화를 인정하지 않았고, 모든 '폴란드 정신'을 '러시아 정신'으로 바꾸어야 한다고 주장했다. '벨라루스 정신'은 어디에도 없었다. 1832년 반체제 운동의 발원지였던 빌노대학이 폐교되었다. 교수들과 강사진은 독일이나 프랑스로 이주했다. 이것은 벨라루스 학문 발전의 미래를 위해 큰 손실이었다.

앞에 서술한 대로 러시아는 벨라루스를 병합한 후 초기에는 한 종교가 다른 종교를 지배하는 상황을 허락하지 않았다. 그러나 짜르 정부는 카톨릭교회나 연합교회를 통한 폴란드의 영향을 더 이상 허용하지 않기로 했다. 1839년 오랜 준비 끝에 러시아 정부는 폴로츠크에 정교회 공의회(Orthodox Church council)를 설립했다. 공의회는 1596년의 교회연합을 무효화하고 연합교회를 정교회와 통합하는 결정을 내렸다. 공의회 결의서의 부속문서로 연합교회에 속한 1,600명의 사제와 수도사가 모두 공의회의 결정에 따른다는 것이 첨부되었다. 이 결정이 내려진 후 2세기 이상 교회 의식에 사용되던 교황의 이름 대신 정교회 총주교의 이름이 사용되게 되었다. 몇 달 동안 이 결정에 대한 공표가 도시와 마을들을 돌며 진행되었고, 정교회 고위 사제의 연설과 교회종의 타종과 축하 예배가 뒤따랐다. 연합교회의 정교회로의 통합은 아무 저항 없이 평화롭게 진행되었다. 이것은 전형적으로 '위로부터 아래로의' 변혁이었다. 벨라루스 인구의 약 70%가 연합교회 교인이었던 상황에서 이러한 변화는 러시아의 큰 승리였다. 당시 교인 분포는 연합교회 외에 카톨릭이 약 17%, 정교회가 6%, 유대교가 7%, 개신교와 기타 종교가 약 2% 정도였다. 정교회는 1,607개의 연합교회 교구와 약 150만 명의 신도를 받아들였다. 이것으로 벨라루스에는 더 이상 연합교회가 존재하지 않게 되었다. 이러한 작위적 종교 변화로 인해 벨라루스 농민들 사이에서는 종교를 형식적인 것으로 보는 무관심한 태도가 늘어나게 되었다. 지방 법률의 변혁도 의미가 컸다. 벨라루스는 1588년의 리투아니아 법률의 영향을 많이 받고 있었다. 이 법률의 대부분의 규정들은 무효화되지 않고 계속 사용되었고, 지방의 공공 생활에 잘 맞았다. 1840년 러시아 황제의 칙령으로 벨라루스의 지방 법률은 폐지되고, 러시아의 법체계로 통합되었다. 모든 문서 작업과 대학에서의 강의는 러시아어로만 진행되어야 했다.

러시아 정부가 취한 이 모든 조치에도 불구하고, 벨라루스인들에게 민족적, 사회적 투쟁에 대한 의지는 계속 남아있었다. 1830년대, 1840년대 민족운동의 중심은 빌노였다. 비록 빌노대학이 폐교되었지만, 많은 지식인들이 빌노에 거주하고 활동하고 있었다. 1830년 봉기 가담자들이 아직 투옥되어 있는 상태였지만 1836년 '민주연합(Democratic Association)'이 빌노의과대학에 결성되었다. 이 결사의 강령은 사회적 정의 실현과 농노 해방을 내세웠다. 이 결사의 멤버들은 아주 급진적인 견해를 가지고 있었다. 이들은 군주제를 완전히 거부하고 공화제의 수립을 주장했다. 이 결사는 증오하는 반동 귀족과 관리에 대한 물리적 공격, 즉 테러리즘도 배제하지 않았다. 20-30년 후 이러한 아이디어는 러시아 혁명가들의 마음을 사로잡아, '폭탄테러리스트(bombers)'와 대량 테러가 등장했다. 폴란드의 해외이주자들 중 급진주의자들은 '러시아령 폴란드'에서의 봉기에 대한 희망을 버리지 않고 있었고 이를 행동에 옮겼다. 1833년 폴란드 이주자 그룹은 위조 여건을 소지하고 벨라루스로 들어와 나바흐루닥 지역에서 지역 농민들로 구성된 무장단체를 결성했다. 그러나 이 조직은 러시아 비밀경찰에 발각되었고, 조직의 주동자인 장교 볼로비치M. Volovich는 교수형을 선고받았다. 1846-1849년에는 '자유형제단(Union of Free Brothers)'이 결성되어 민스크, 아쉬먀니, 그로드노, 빌로, 리다Lida에 지부를 두고 수백 명의 멤버를 포섭하였다. 이들은 민스크 근교에 무기를 생산하는 비밀 공장을 만들기도 했다. 이들의 주목표는 무장 투쟁을 통해 전제군주제를 전복시키고, 러시아와 폴란드에 민주개혁을 실시하는 것이었다. 그러나 1831년 봉기 이후 비밀경찰 조직을 확대시킨 짜르 정부는 모든 비밀 혁명조직을 적발하고 해산시키는데 큰 노력을 기울였기 때문에 비밀 결사들은 3-4년 이상 존속하지 못했다.

1848-1849년 유럽을 휩쓴 혁명 운동은 벨라루스에도 파장을 몰고 왔다. 비밀리에 인쇄되거나 손으로 쓴 팜플렛이 주민들에게 돌았다. 팜플렛은 혁명 사상을 고취하고 봉기를 선동하는 내용을 담았다. 1848년 민스크에 주둔 중인 부대가 헝가리의 봉기를 진압하도록 출동 명령을 받자 구세프A. Gusev대위를 비롯한 몇몇 장교는 출동 명령을 거부하였다. 이들은 군법회의에 회부되어 총살당하였다. 알렉산드르 2세Aleksandr II(재위 1855-1881년) 즉위 초기에 벨라루스와 폴란드에 대한 러시아의 정책은 다소 유연해졌다. 모든 정치범이 사면을 받고 유형지에서 돌아왔다. 10년 이상 관련 분야 경험이 있고 정치적 사상으로 처벌을 받지 않은 사람만 공직에 취임할 수 있게 한 조항도 철폐되었다. 교육기관은 폴란드어로 교육을 할 수 있게 되었다. 카톨릭교회는 오랜 기간 동안의 금지에서 벗어나 성당을 건축할 수 있게 되었다. 이 모든 자유주의적 정책은 목표하던 결과를 이루지 못했다. 이 정책들은 폴란드와 벨라루스의 귀족들을 만족시키지 못하고, 오히려 더 많은 요구와 공개적 반대를 야기시켰다. 일례로 비텝스크의 귀족들은 러시아 황제에게 편지를 보내 카톨릭교회의 수자를 늘려줄 것과 폴로츠크에 대학을 설립해 줄 것을 요구했고, 빌노에서는 혁명적 사상을 담은 책자가 팔리고, 귀족회의는 러시아와의 즉각적 분리를 요구하기도 했다. 카톨릭 사제들은 당시 크게 유행했던 '금주모임(sobriety fraternities)'을 반러시아 선전장으로 이

용했다. 1859년 러시아 내무부는 이러한 금주모임의 활동을 제한하기 시작했다. 반러시아 감정은 모든 기관과 교육기관에 퍼졌고, 심지어는 폴란드인보다 믿을만하고 생각되는 벨라루스인들로 주로 구성된 헌병조직도 반체제 귀족들과 협력했다. 농민들 사이에서는 만약 농노들이 곧 일어날 반러시아 봉기에 지주들을 도와서 참여하면 후에 농지를 받을 수 있다는 소문도 돌았다. 젊은이들 사이에서는 단지 러시아에 반대하는 것이 유행처럼 되기도 하였다. 짜르는 자신의 자유주의적 정책이 벨라루스인들과 폴란드인들에게 유약함으로 보이고, 이대로 방치하면 이 지역이 자신의 통제에서 벗어할 수 있다는 염려를 하기 시작했다.

21장 농노제 철폐와 칼리노우스키 반란

• 농노제 철폐

1840년대부터 낡은 중세적 제도의 붕괴는 경제적 위기를 불러왔다. 낡은 경제 제도의 모순이 심화되고 자신들의 노동에 대한 아무런 보상도 받지 못한 농민들의 자괴감이 높아갔고, 이로 인해 부르주아 경제는 태동도 하지 못하고 있었다. 러시아 정부는 몇 가지 개혁 조치를 시도했으나 체계적인 개혁은 이루어지지 못하였다. 정부는 농지에 대한 귀족들의 독점과 힘없는 농민들에 대한 착취제도를 계속 유지하려고 하였다. 1840년대에는 벨라루스에만 465,000명에 달하는 국가농민들에 대한 개혁 조치가 시행되었다. 규정노동제는 철폐되었고, 그 대신 단일 세금제도가 도입되었다. 이것은 농민들에게 훨씬 효율적으로 일하게 자극하고, 생산물을 시장에 내다 파는 것을 가능하게 함으로써 노력한 결과에 대한 보상을 느끼게 만들었다. 농민의 지위에도 큰 변화가 일어났다. 농민들은 자유롭게 결혼하고 유산을 물려받을 수 있으며, 상업과 수공업에 종사할 수도 있었다. 만약 농민들이 중하위 계급의 지위를 얻는데 필요한 돈을 지불하면 계층 이동도 가능했다. 이 모든 개혁이 아직 선언적인 단계에 머물렀지만, 과거의 완전한 노예적 상태와 비교하면 큰 발전이었다. 국가농민들에 대한 개혁 조치는 지주들이 보기에 너무 급진적이었다. 그러나 중세적 경제 운영체제를 계속 유지하는 것은 불가능했다. 알렉산드르 2세는 진보적 개혁 조치를 구상했다. 1855년 토지조사위원회 설치 법안이 통과되어 모든 지주와 농민들의 토지 보유 상태를 조사하였다. 모든 농민은 가구당 5데샤티나desyatina(약 5헥타르, 약 15,000평) 이상의 농지를 경작할 수 있게 되었고, 지주를 위한 규정노동은 일주일에 3일을 넘기지 못하게 규정되었다. 이 제도는 농민들의 비참한 상황을 다소 개선하기는 하였지만, 농노제에 기반한 중세적 농지 소유 제도를 근본적으로 변화시키지는 못하였다.

농노제의 완전한 폐지 문제는 1850년대의 가장 뜨거운 논쟁 대상이었다. 이 시기 러시아는 혁명적 동요의 위기에 처해 있었고, 1840년대에 시행된 개혁 조치는 가시적 성과를 내지 못했다. 짜르 정부는 '아래로부터의' 혁명이 일어나기 전 '위로부터'의 개혁을 시도할 때가 왔다고 느꼈다. 개혁 준비는 일반 대중이 모르게 비밀스럽게 진행되었다. 1857년 정부는 '토지문제에 대한 비밀위원회(Secret Committee on the Land Question)'를 조직하고 지주들로부터 토지 개혁에 대한 의견을 수합했다. 이 과정에서 알렉산드르 2세는 그로드노와 빌노 지방 총독인 나지모프V. Nazimov로부터 많은 조언을 들었다. 그는 황제에게 자신의 지방의 모든 지주들은 농노제 철폐의 지지자들이라며 많은 조언을 제공했고, 황제는 이를 경청했다. 벨라루스의 지주들은 러시아 다른 지역의 지주들보다 훨씬 경제력이 강했다. 이들은 통상과 금융 거래도 했고, 농지 개간에 현대적 기술을 이용했다. 이들은 농노제가 얼마나 경제 발전을 저해하고 있는지를 잘 알았다. 이러한 배경 하에 지주들은 정부의 개혁 아이디어 수집에 적극 협조했다. 이러한 과정이 5년 정도 지속된 다음 1862년 2월 개혁 초안이 황제에 의해 서명되었고, 이후 '농노제 철폐에 대한 선언(Manifesto on the Abolition of Serfdom)'이 공표되었다. '선언에 대한 일반 규정(General provisions of the Manifesto)'은 지주들은 개혁 조치 이전에 소유했던 농지의 소유자로 남되, 농민들은 소유권 없이 자신들이 경작할 농지를 할당받는다고 규정했다. 농민은 지주로부터 농지를 살 수 있으며, 농지를 구입할 때는 20%의 가격만 지불하고 나머지 80%는 정부가 채권형태로 지불해 주기로 했다. 농민은 20%의 금액을 49년 간 분할해 상환할 수 있도록 되었다. 그러나 이 조치는 농민뿐만 아니라 자녀에게도 재정적 부담을 지게 하는 것이었다. 이 기간 동안 빌린 금액의 300%를 상환해야 하는데, 이것은 농지의 시장 가격의 3-4배 이상 되는 것이었다. 이에 더해 '경과조항(Temporary Regulation)'에 의해 처음 9년 간 농민은 농지를 떠날 수 없고 지주에 대한 규정노동을 포함한 모든 의무를 이행해야 했다. 농민들이 반긴 유일한 부분은 민권적 자유였다. 농민은 더 이상 지주에 예속되지 않고 동산, 부동산을 획득하고 상속할 수 있으며 교육을 받을 수 있고 공직에도 진출할 수 있었다. 그러나 농민은 정부로부터 자유를 부여받은 것이 아니라, 지주들로부터 이 자유를 높은 가격에 사야한다는 것이 드러났다. 농민들은 새로운 '자유'에 만족할 수가 없었다. 농노해방 선언 이후 몇 달 동안 크고 작은 봉기가 벨라루스와 러시아에서 일어났다. 벨라루스에서는 370건의 봉기가 일어났으며 이중 125개가 군대와 경찰에 의해 강제 진압되었다. 농민들은 규정노동을 이행하거나 새로 할당된 농지로 이동하기를 거부했다. 1863년의 농민들의 저항은 폴란드의 카스투스 칼리노우스키Kastus Kalinowski 반란과 시기가 겹쳤다. 이 사건은 당국을 긴장시켰고 벨라루스 농민들에 대한 양보 조치를 바로 내놓게 만들었다. 먼저 9년 '경과조항'과 이와 관련된 모든 제약을 철폐하였다. 1863년 농민들에게 할당된 농지를 조사하는 위원회가 설립되어 농민들은 보다 큰 농지를 할당받았다. 농민 시위를 염려한 당국은 벨라루스에서는 농지 구매 가격을 15-20% 감액했다. 농노제 폐지는 벨라루스에 나름대로의 독특한 영향을 미쳤다. 당국이 제시한 양보조치로 벨라루스 농민들의 여건은 러시아 다른 지역에 비해 좋아졌다. 농민들에게 할당된 농지는 더 컸고 구매 가격은 상대적으로 낮았다. 농지 매매가 가능해지자 농촌의 계층화는 사라지고, 노동시장도 형성되었다. 유럽과 가까운 지리적 이점으로 인해 농산물의 무역도 활발히 진행되었다. 이 모든 변화가 부르주아 계층 부상에 유리한 조건을 만들어 놓았다. 1861년의 개혁이 러시아에 자본주의 발달을 자극한 것은 분명하다. 서유럽 국가에서 몇백 년에 걸쳐 일어난 개혁이 벨라루스에서는 몇십 년 만에 일어났지만, 러시아는 러시아 사회 지하의 화약고나 마찬가지인 중세적 잔재를 계속 보존하고 있었다.

• 칼리노우스키 반란

1830년의 봉기가 무산된 후에도 폴란드와 벨라루스 귀족들은 폴란드-리투아니아의 복원에 대한 희망을 버리지 않고 있었다. 1860년대 러시아가 경제적 위기에 처하고 혁명적 기운이 고조되자 대중적 봉기의 조건이 무르익어 갔다. 자유주의 사상을 가진 알렉산드르 2세의 정책은 좀 더 급진적 변화에 대한 희망을 키워주었다. 1860년대가 되자 새로운 정치 세력이 등장했다. 이들은 농민과 도시 노동자, 소부르주아의 이익을 대변했고, 농노제 철폐, 농민들에게 농지 환원, 군주제 전복, 민주적 자유체제 수립 등을 목표로 했다. 벨라루스에서는 새로운 혁명가 세대는 하위 관리, 사제, 중하위 계층, 학생들로 구성되었다. 그러나 벨라루스 혁명 운동의 특징은 사회혁명적 아이디어가 폴란드 해방 운동, 특히 좌파 그룹과 밀접히 관련되어 있었다는 점이다. 봉기 직전 두 개의 반체제그룹이 형성되었다. 백색그룹과 적색그룹이었다. 백색그룹은 부르주와 상류층과 지주들의 이익을 대변했다. 이들은 러시아에 대한 서유럽 국가들의 압박과 짜르에 대한 대중적 의사 표시와 요구를 통해 폴란드의 독립 회복을 이루려고 했다. 이들은 혁명 그룹 중 보수파였다. 이들은 군사적 수단보다는 민주적 요구 개진을 통해 목적을 달성하려고 했다. 이들은 봉기를 귀족들의 과제로 여기지 않았고, 농민들이 토지 문제를 가지고 봉기에 참여하는 것을 달가워하지 않았다. 적색그룹에는 소부르주아, 소지주, 지식인, 학생들, 일부 농민들이 가담했다. 이들의 주요 목적은 폴란드-리투아니아의 복원이었지만, 후에는 벨라루스와 우크라이나인들의 자치도 받아들였다. 또한 농민 위주의 토지 소유 제도의 도입도 목표로 했고, 이러한 목표를 달성하기 위해서는 전국적인 무장 봉기가 필요하다고 생각했다. 적색그룹은 러시아의 혁명 세력과의 연대가 성공의 열쇠이고, 이들의 지원을 받아 내부에서부터 러시아 정부의 대응을 약하게 해야 한다고 생각했다.

칼리노우스키 초상

적색그룹은 1862년 봄 봉기를 지휘할 '중앙국민위원회(Central National Committee)'를 창설했다. 이 위원회는 칼라노우스키가 지도했다. 그는 벨라루스 소귀족 집안에서 태어나 상트 페테르부르그대학 법학부를 졸업했다. 빌노에서 그는 '농민의 진실(Peasants' Truth)'이라는 신문을 발행하여 농민들이 의식화를 선동했다. 카톨릭교회 사제들도 봉기 준비에 중요한 역할을 담당했다. 설교에서 카톨릭 국가인 폴란드-리투아니아의 복원을 강조했고, 미사에서는 종종 1830년 봉기 희생자를 추모했다. 많은 벨라루스인들과 폴란드인들은 부러진 카톨릭 십자가가 그려진 옷을 입었다. 봉기는 1863년 바르샤바에서 시작되었다. '중앙국민위원회'는 '폴란드임시정부 선언(Manifesto of the Provisional Government of Poland)'을 발표하고 시민의 평등과 농민에 의한 농지 소유, 모든 중세적 의무의 폐기를 주장했다. 선언문은 농민들의 봉기 참가를 선동했으나 벨라루스와 리투아니아의 자치에 대해서는 언급을 하지 않았다. 이것은 폴란드-리투아니아 복원에 포함되어 있다고 보았다. 1772년 이전의 폴란드의 복원에 큰 관심이 없었던 벨라루스인들은 봉기에 큰 지원을 보내지 않았다. 러시아에서도 민주적 성향의 대중들에게 봉기의 슬로건은 분노를 일으켰을 뿐 아니라 국수주의적 감정도 자극했다. 러시아의 민주주의자들의 지원을 받지 못한 봉기는 실패할 수밖에 없었다.

폴란드에서 온 무장부대가 벨라루스 지역에서 활동했고, 초기에는 몇 차례 성공을 거두었다. 그로드노에서만 약 2천 명의 현지 주민들이 6개의 부대를 조직하고 활동했다. 1863년 4월과 5월 봉기군은 수적으로 훨씬 우수하고 포병을 가지고 있는 러시아군에게 패배했다. 1863년 5월 봉기의 진압은 1831년 봉기를 성공적으로 진압한 경험이 있는 무라베프M. Muravev장군이 맡았다. 그는 황제로부터 혁명 진압의 전권을 위임받고 막강한 병력과 화력을 투입하여 봉기를 진압했지만, 현명하게도 도시와 마을에 민간 정부조직을 건설하는데도 많은 노력을 기울였다. 그는 러시아 정부가 의존할 수 있는 사회 계층을 중립화시키는데 성공했다. 토지개혁의 전격적 실현을 통해 농민들에게 많은 혜택이 돌아가게 했다. 그는 농지 구매가격을 15-20% 삭감해주고, 모든 구시대적 의무를 철폐했으며, 봉기에 가담한 지주들에게서 몰수한 농지를 농민들에게 분배해 주었다. 농민들의 신뢰를 얻었다고 확신한 무라베프는 지방 자경대를 조직하여 봉기군이 나타나는 경우 바로 신고하도록 했다. 이 모든 조치가 징벌이나 보복보다 더 큰 효과를 발휘했다. 그러나 진압작전은 잔인하게 진행되었다. 약 6,000명의 봉기 가담자가 죽었고, 4,500명이 기소되어, 128명은 사형 언도를 받았고 나머지는 시베리아로 유형 보내졌다. 약 13,000명의 주민들이 러시아 내륙지방으로 이주되었다. 진압작전의 희생자 대부분은 적색그룹 소속이었고, 백색그룹은 대거 해외로 이주했다. 칼리노우스키는 러시아군에 넘겨져 사형언도를 받았다. 봉기 진압 후 벨라루스에 대한 정책은 사회정치적 상황을 모두 변화시키는데 초점이 모아졌다. 정부는 1862년부터 1865년까지 활동한 서부지역위원회(Western Committee)를 통해 봉기군과 연관이 있는 지주들의 토지를 모두 몰수하여 낮은 가격에 러시아 지주들에게 넘겨주었는데, 퇴역 장교들이 주로 혜택을 받았다. 벨라루스의 유일한 고등교육기관인 고르키농업대학(Gorki Agricultural Institute)은 폐교되었고, 다른 교육 기관에서도 지속적인 경찰의 사찰이 시행되었다. 효과가 큰 제도는 관리 순환제도였다. 벨라루스의 교사, 의사, 관리들은 러시아의 내륙 지역으로 전근되었고, 러시아로부터 온 대체인력이 이들의 자리를 채웠다. 1864년 벨라루스 귀족 감찰 제도가 갱신되어 수천 명의 가난한 귀족들이 중하층 계급으로 전락했다.

22장 19세기 후반의 사회사상과 민족자결의 문제

농노제 폐지 등 자유주의적 개혁을 추진한 알렉산드르 2세는 '해방자 짜르(Tsar Liberator)'라고 불리기도 하였다. 그러나 그는 1881년 3월 과격한 혁명주의자에 의해 암살당했다. 알렉산드르 2세 암살 이후 러시아의 국내 정치는 극적으로 변했다. 자유주의는 소멸되고 보수 세력이 정국을 주도했다. 1880년대와 1890년대는 역사에 반개혁과 반동의 시대로 기억되었다. 1882년 모든 간행물과 신문에 대한 경찰의 사찰이 시작되었다. 이전에는 가명으로 글을 쓰는 것이 가능했지만, 내무장관의 지시에 의해 모든 저자의 이름은 실명이 공개되어야 했다. 벨라루스의 출판사들은 정치적 저술을 출판할 수 없었다. 종교와 신학 관련 서적, 사전, 백과사전, 지리책들만이 출간되었다. 출판을 준비 중인 모든 책은 검열을 받았다. 공식적 정치 노선에서 벗어나거나 민주적 사상을 담은 원고는 검열관에 의해 삭제되었다. 오랜 기간 동안 벨라루스에는 독립적 정기간행물이 없었다. 모든 신문과 잡지는 정부 소유였다. 주요 신문으로는 '지방 신문(Provincial Gazette)'과 '교구 신문(Diocesan Gazette)'이 있었다. 이 신문들은 정부나 지방 정부의 정책을 다루지 않았고, 어떠한 비판이나 논설 기사도 싣지 않았다. 빌노에서는 '서부러시아 공보(Western Russia Bulletin)'가 발행되었는데, 명칭 자체가 벨라루스를 러시아의 지리적 서부 지방으로 보고 있었다. 이 간행물의 성격은 정부의 공식 정책 노선과 일치했고, 러시아 법률과 정교회의 장점을 선전했다.

  1880년대에는 교육 제도에 제약을 두는 여러 가지 법률과 포고령이 발표되었다. 예를 들어 1884년 발표된 '교구학교에 대한 규정(Regulations on Parish Schools)'은 초등교육에서 종교적 기초를 중시했는데, 이는 당연히 정교회에 기반을 둔 것이었다. 중등교육에 대한 통제도 강화하기 위해 1887년 교육부는 중등기숙학교인 김나지아gymnasia는 하인, 소상점 주인, 노동자 등 도시 하층 계층 자녀를 받지 못하게 하였다. 이 조치는 '요리사 아이들에 대한 법령(Decree on Cooks' Children)'이라고 희화화되어 불렸다. 고등교육에 대한 통제도 더욱 강화되었다. 1884년 발표된 '대학에 관한 규정(Regulations on Universities)'은 대학 운영의 자치를 사실상 완전히 폐지하고 1년 학비도 10루블에서 50루블로 올렸다. 대학에 등록하기 위해 학생은 경찰이 발행하는 신원조회서에 해당하는 '충성(loyalty)증명'을 제출해야 했다. 빌노대학과 고르키농업대학이 폐교된 이후 벨라루스에는 제대로 된 대학이 하나도 남지 않게 되었다.

1880년대 개신교에 대한 정부의 정책이 급격히 변했다. 개신교 신도수가 얼마 되지는 않았지만 짜르 정부는 개신교의 활동을 제한하기 위해 모든 조치를 취했다. 새로운 예배 장소를 짓는 것을 금지하고, 루터교회는 16세기 이후 전통적으로 폴란드어와 독일어로 예배를 드리고 있었는데도 불구하고, 예배에 러시아어를 사용하도록 하였다.

1892년 '도시행정에 관한 규정(New Regulations on Urban Governance)'이 발표되어 도시 두마에 선출될 수 있는 재산 수준을 급격히 올렸다. 새 규정으로 인해 도시의 빈민층은 물론 부르주아도 충분한 재산을 가지고 있지 못하면 도시 두마에 선출될 수 없었다. 이로 인해 투표자수가 현격히 줄어들었다. 일례로 1893년 민스크시 두마 선거에는 1%의 주민만 투표했다.(1870년에는 14%가 투표) 따라서 공업이나 재정 부문에서 재산을 쌓은 부르주아만이 시 두마 의원이 되었다. 또한 이들은 대부분 러시아인들이었다. 이러한 양상 때문에 새로운 규정은 민족간 차별을 가져왔다고 볼 수 있다.

벨라루스의 상황은 폴란드인들, 더 정확하게 말하면 카톨릭 교도들에게 내려진 여러 제약으로 더욱 복잡해졌다. 1863년 봉기 이후 벨라루스의 주민들을 러시아화하는 노력이 한층 강화되었다. 카톨릭 교도는 새로운 토지를 구입할 수 없었고, 유산으로 물려받은 땅만을 보존할 수 있었다. 카톨릭 지주나 상인은 러시아의 가장 큰 은행인 귀족은행(Nobles Bank)으로부터 대출을 받을 수 없었다. 카톨릭 신자인 농민은 가족 당 60데샤티나 이상의 토지를 소유할 수 없었다. 유대인들에 대한 차별도 심했다. 예카체리나 여제 때 발령된 거주구역 제도로 인해 유대인들은 한정된 도시에서만 살 수 있었고, 이로 인해 벨라루스의 몇몇 중소도시에서는 유대인 인구가 전체 주민의 절반에 이르렀다. 이 법령은 1882년에 다시 갱신되어 유대인들은 허가된 지역에만 거주할 수 있었고, 이 지역 외에 토지를 구입하거나 임대할 수 없었다. 유대인은 경찰, 군대, 철도 등을 포함한 정부기관에서 일할 수 없었다. 중등학교나 고등교육기관에 등록하는 유대인들은 특별한 이자를 내야만 했다.

농노제의 폐지로 사회 계급구조에도 변화가 일어났다. 19세기 말 벨라루스의 사회 계층 분포를 보면 지주, 부르주아, 고위관료가 2.3%, 중간부르주아가 10.4%, 농민 30.8%, 노동자와 하인 56.5%였다. 크게 보면 벨라루스 인구의 85%가 농민계층이었고, 15%만이 도시 주민이었다. 1897년 인구 조사를 보면, 언어 사용 기준으로 벨라루스인의 비율이 모길레프주에서는 82.4%, 민스크주는 76%, 빌노주는 56%, 비텝스크주는 52%, 그로드노주는 44%였다. 폴란드인들과 리투아니아인들은 그로드노와 빌노 등 서부지역에 주로 거주했고, 러시아인들은 벨라루스 전 지역에 퍼져 거주했다. 벨라루스 인구의 14%를 차지한 유대인들은 거주지역령으로 허가된 도시와 부락에 거주했다. 종교 분포도 크게 변화했다. 오랜 기간 동안의 러시아 정부와 정교회의 노력으로 벨라루스인의 80%는 정교도가 되었고, 20%만이 카톨릭 교도였다.

1863년 봉기의 진압과 그 이후의 압제적 정책으로 인해 벨라루스의 민족운동은 침체되었다. 그러나 1880년대 새로운 혁명 사상인 대중적 '나로드니키Narodniki('인민주의자들'라는 뜻)'운동으로 민족운동은 되살아나게 되었다. 1870년부터 19세기 말까지 '나로드니키'운동은 반체제 시민운동의 핵심적 역할을 하였다. 나로드니키들은 혁명적 귀족들을 대체했고, 다양한 출신 성분의 지식인들로 구성되어 있었다. 나로드니키들은 러시아의 독특한 사회발전 과정을 믿고 있었다. 이들은 노동계급을 착취하는 자본주의를 경원시하고, 러시아는 자본주의 단계를 피해 바로 사회주의에 도달할 수 있다고 믿었다. 이들은 농민 사회를 사회주의 실현을 위한 바탕으로 보았고, 이러한 '농촌 사회주의'가 나로드니키들의 사상적 바탕이 되었다. 나로드니키 운동은 시작 단계부터 두 갈래가 있었다. 하나는 혁명주의이고, 다른 하나는 개혁주의였다. 혁명주의자들은 원하는 목표를 이루기 위해서는 농민들이 봉기를 일으켜야 한다고 생각하고 농민들에게 혁명사상을 주입하려고 노력하였다. 학생, 교사, 하위 관리 등 수천 명의 나로드니키들이 시골 마을로 내려가서 농민을 위한 교육과 선전 활동을 벌였다. 이 운동은 '민중 속으로('브나로드'v narod)'란 슬로건을 내걸고 약 20년 간 활발하게 진행되었지만 성공을 거두지 못하였다. 농민들에게 혁명 사상을 전파하는 것은 '소귀에 경 읽기'처럼 전혀 효과를 거두지 못하였고, 오히려 농민들은 종종 운동가들을 경찰에 신고하거나 넘겼다. 1880년 나로드니키 조직은 벨라루스의 거의 모든 도시에 퍼져있었다. 민스크에는 '검은 재분배(Black Redistribution)'라는 지하 인쇄소가 생겨 러시아 전역에 배포되는 신문과 선전물을 만들었다.

'민중 속으로'라는 슬로건대로 농민들에게 침투하는 것이 좌절되자 나로드니키 조직은 정부 요인들에 대한 테러행위로 투쟁 방향을 바꾸었다. 이들은 가장 혐오를 받는 정치인에 대한 테러는 모든 사회

계층으로부터 지지를 받을 것이고, 귀족들에 대한 봉기를 유발할 것이라고 보았다. 이러한 테러행위의 가장 큰 목표는 짜르였다. 1881년 3월 1일 급진주의자들은 다섯 번의 실패 끝에 알렉산드르 2세를 암살하는데 성공했다. 벨라루스인 테러리스트인 그리네비츠키Ivan Grinevitskiy는 황제의 마차에 폭탄을 던져 황제를 암살했다. 그러나 황제의 암살은 기대한 것과 전혀 다른 반향을 일으켰다. 봉기는 전혀 일어나지 않았고, 언론은 분노의 사설과 테러리스트들을 비판하는 글을 실었다. 교회는 황제 추모 예배를 올렸고, 수천 명의 군중이 황제의 죽음을 애도하기 위해 모였다. 경찰은 대대적인 체포 작전을 벌여 나로드니키 조직은 거의 와해되었다. 벨라루스의 나로드니키들은 모든 혁명 조직을 단일 조직으로 통합하고, 활동도 중앙에서 통제하기로 했다. 이를 위해 1882년 '인민의 의지(Narodnaya Volya)'라는 조직이 빌노에 탄생했다. 상트 페테르부르그에서는 여러 결사에서 활동하던 학생들이 벨라루스 사회민주 조직인 '소음(Shum)'이라는 통합 단체를 조직했다. 이들은 '벨라루스 젊은이들에게, 벨라루스에 대한 편지(To the Berarussian youth, Letters about Belarus)', '벨라루스 지식인들에게(To the Belarusian Intelligentsia)', '벨라루스 동포들에게 보내는 서한(Epistle to fellow Berarusians)'같은 선전물을 발행했다. 이 모든 간행물은 동슬라브족의 한 분파로 독자적인 벨라루스 민족이 존재한다는 것을 주장하고, 이를 위한 모든 과학적 증거를 제시하려고 노력했다. 혁명적 사상을 가진 기고자들은 벨라루스인들에 대한 차별에 항의하고, 별도의 벨라루스 민족이 존재하지 않고, 단지 '서부 러시아인(Western Russian people)'이 존재한다는 주장의 허구를 비판했다. '벨라루스 동포들에게 보내는 서한'에서는 벨라루스 문화에 대한 몰이해로 인해 러시아 당국이 벨라루스인들이 권리를 침해한 많은 사례를 나열했다. '벨라루스 지식인들에게'에서는 벨라루스인들 자신들의 문화를 위해서가 아니라, 러시아나 폴란드 문화를 위해 벨라루스인들이 노예민족처럼 봉사해 왔다고 비판했다. 이 간행물은 러시아 학계가 19세기 초부터 '서부 루스주의(Western Rusism)' 사상을 발전시켜 벨라루스 땅을 지배할 권리를 정당화시켰다고 주장했다.

벨라루스 민족의 발전과정에 대한 논의에서 역사적 과거의 문제가 가장 중요하게 떠올랐다. 러시아의 공식 역사학계는 리투아니아 대공국 시기를 전러시아적 통합(all-Russian unity)이라는 관점에서 본다. 이 관점의 핵심은 15세기까지의 리투아니아 대공국의 형성과 발전과정에서 서부 루스 땅이 핵심적 역할을 했다는 것이다. 폴란드와의 몇 차례의 통합을 통해 이 러시아 땅은 이교도인 카톨릭의 영향권 아래 들어가 압제를 받았고, 이후의 역사는 정교회 러시아와의 재통합을 지속적으로 갈망해 온 것이라는 것이다. 이러한 '서부 루스주의'의 대표적 옹호자는 상트 페테르부르그 신학교의 코얄로비치 M. Koyalovich교수였다. '서부 루스주의'와 유사한 이론들이 19세기와 20세기 러시아와 벨라루스에서 발전되었고, 볼셰비키 혁명 이후 소련 역사학계에서도 주류적인 이론으로 자리를 잡았다. 1892년 상트 페테르부르그에는 국제적인 결사인 '폴란드, 리투아니아, 벨라루스 청년 그룹(Polish, Lithuanian and Belarusian Youth Circle)'이 결성되었다. 벨라루스 시인 구리노비치Gurinovich가 이 결사의 리더였다. 이 결사는 제네바에서 활동하던 마르크스주의자 그룹인 '노동 해방(Emancipation of Labor)'과 연계를 갖고 마르크스, 엥겔스, 플레하노프 등의 불법 서적과 자료를 입수했다. 이들은 혁명적 선전물을 학생과 지식인뿐 아니라, 공장과 작업장 노동자들에게도 배포했다.

1890년 나로드니키 사상은 점차적으로 마르크시즘에 자리를 내주었다. 당시 상황은 마르크시즘의 전파와 사회민주당의 부상에 유리하게 변했다. 나로드니키의 농촌 사회주의는 이미 낡은 사상이 되었고, 아무 결과도 만들어 내지 못했다. 자신들의 경제적, 정치적 이익에 눈을 뜬 노동자 그룹이 형성되기 시작했고, 이들은 마르크스와 추종자들의 사상에 강하게 끌렸다.

1895년 민스크에 최초의 사회민주 지하그룹이 탄생했다. 이들은 선동가를 훈련시켜 공장으로 파견하여 노동자들을 교육시키게 하였다. 이 결과 민스크의 모든 공장과 작업장에서는 데모와 파업이 연이어 일어났다. 이러한 파업은 나름대로 결과를 가져와 몇 가지 규정이 만들어졌다. 예를 들어 하루의 작업 시간은 11.5시간 이내로 제한되고, 여성과 17세 이하 청소년은 야간 작업이 중지되고, 모든 노동자들에게 일 년에 66번의 주말과 휴일이 보장되었다. 벨라루스의 노동운동은 러시아 다른 지역의 노동운동과 다른 특징을 가지고 있었다. 폴란드계와 유대인계 사회민주주의자들은 민족 중심의 마르크시스트 조직을 만들려고 하였다. 1897년 벨라루스 전 지역의 유대인 대표자들의 회의가 빌노에서 열려 소위 '분트(Bund)'라고 불리는 '유대인 노동자총회(General Jewish Workers' Union)'가 결성되었다. 분트는 '노동자의 소리(Arbaeiter Stimme)'라는 간행물을 이디쉬어(Yiddish)로 발행했다. 분트의 지도자들은 민족적인 노동자 조직만이 노동자들의 권익을 보호할 수 있다고 보았다. 분트는 좌익 사회주의 민족 정당이 되었고 마르크시즘을 신봉했다. 1898년 벨라루스와 러시아뿐 아니라 유럽 전체의 미래에 큰 의미를 갖는 사건이 민스크에 일어났다. 러시아, 벨라루스, 우크라이나뿐만 아니라 유대인 '분트'의 대표자들이 모여 '러시아 사회민주노동당(Russian Social Democratic Labor Party)'을 창설하였다. 이 정당의 강령은 1917년 러시아 혁명을 일으킨 볼셰비키 공산당의 기초가 되었다.

19세기에 활발히 진행된 벨라루스 민족성의 형성은 20세기 초 거의 완성되었다. 민족을 구성하는 요소인 공동의 경제생활, 영구적 거주 지역, 민족어가 모두 갖추어졌다. 전문적 예술이 제대로 발전하지 않은 탓에 벨라루스의 문화를 이루는 것은 민속적 작품, 민담, 민속 의례와 관습, 문학, 서정시 등이었다. 벨라루스 주민들을 민족으로 결합시킨 것은 민족의식의 성장이었다. 19세기 말부터 벨라루스란 이름과 벨라루스인이란 명칭이 자리를 잡기 시작했다. 민족의식의 형성은 벨라루스의 역사와 민속학을 연구한 기본적 학문적 저술의 발간으로 촉진되었다. 다른 국가에서와 마찬가지로 세력이 확대된 부르주아 계층은 민족의 대표적 계층이 되었으나 짜르 정부의 반대를 받게 되었다. 이러한 어려운 여건 속에서 부르주아는 벨라루스인들이 민족 독립이라는 목표를 중심으로 단합하도록 노력하였다. 20세기 초 민족 자치를 위한 투쟁의 선두에 선 것은 '벨라루스 사회주의의회당(Bearusian Socialist Assembly party)'이었다. 일부 자료에 의하면 이 당에는 약 3천 명이 가입되어 있었다. 이 당은 불법화된 선전 자료를 배포하며 활발히 활동했는데, 특히 농촌 지역에서의 영향력이 컸다. 도시 지역에는 벨라루스 주민이 많지 않았다. 의회당의 강령은 민족적, 사회적 평등권 확보와 벨라루스어의 사용, 공식 문장과 고유 문학의 소유였다. '의회당'은 벨라루스가 러시아 연방(Russian Federation) 안에서 빌노에 의회를 둔 자치정부를 가져야 한다고 주장했다. '의회당'은 당시의 가장 중요한 이슈를 내세웠다. 즉 국민들에게 자치를 허용하는 헌법의 채택, 보통, 평등, 비밀 선거에 의한 공직자 선출, 언론의 자유, 출판의 자유, 집회의 자유 등을 요구하였다. 의회당의 첫 슬로건은 "짜르와 그의 정부의 퇴진(Down with the Tsar and his government)"이었다. 이 정당의 공식 간행물은 '우리의 몫(Nasha dolya)'이었는데, 정교도 벨라루스인들을 위해서는 키릴 문자로, 카톨릭계 주민을 위해서는 라틴 문자로 인쇄되어 배포되었다. 이 신문의 기고자들은 오직 노동자와 농민에 의해서만 혁명적 변화가 달성될 수 있고, 이들의 이익은 서로 상충되지 않는 동일한 것이라고 주장하였다. '우리의 몫'이 법원의 결정에 의해 오랜 기간 정간되자, 의회당은 '우리의 들판(Nasha Niva)'이라는 신문을 대신 발행하였고, 이 신문은 창간호에서 "모든 압제받는 벨라루스인들을 위해 봉사할 것"이라고 선언했다. 이 신문의 정치 노선은 이전 신문과 완전히 달라서 모든 이슈에 대해 절제하는 입장을 보였고, 혁명을 고무시키지 않았다. 오히려 반대로 모든 희망을 정부의 진보적 개혁 정책에 걸었다. 그러나 이 신문은 벨라루스를 자신들 국가의 일부로 간주하는 러시아와 폴란드 국수주의자들에 대한 비판은 자주 실었다. '태양은 우리의 창문으로 비친다(Zaglyanet solntse v nashe okontse)'라는 긴 이름을 가진 출판사는 상트페테르부르그에서 벨라루스어로 쓰인 책과 벨라루스 풍경을 담은 엽서, 작가들의 초상화와 민속, 교육 자료들을 출판하며 벨라루스 민족운동에 중요한 기여를 하였다.

⟨1897년 벨로루스 지방의 인구 분포⟩

지방	전체 인구	벨라루스인	러시아인	폴란드인
빌노	1,591,207	891,903	78,623	130,054
비텝스크	1,489,246	987,020	198,001	50,377
그로드노	1,603,409	1,141,714	74,143	161,662
민스크	2,147,621	1,633,091	83,999	64,617
모길레프	1,686,764	1,389,782	58,155	17,526
스몰렌스크	1,525,279	100,757	1,397,875	7,314
체르니기프	2,297,854	151,465	495,963	3,302
프리비스린스키	9,402,253	29,347	335,337	6,755,503
러시아제국 전체	125,640,021	5,885,547	55,667,469	7,931,307

　러시아 정부와 우파 계열 정당들은 점증하는 민족운동을 제어하기 위해 강대국 국수주의를 사용했다. 1907년부터 1910년 사이 이것은 정부의 공식 노선이 되었다. 국가두마에서 폴란드와 우크라이나 지방에 대한 의석 배분이 줄어들었다. 벨라루스에서는 대표성이 한 번 더 왜곡되었다. 정교회 농민들을 폴란드계 지주들에 대항하게 하기 위해 정부는 중부 러시아에서보다 훨씬 높은 농민대표비율(30%)을 정했고, 반대로 지주들의 대표비율은 감소했다. 빌노, 그로드노, 비텝스크주에서는 폴란드국과 러시아국이 행정을 나누어 관할했다. 러시아국은 정교도 벨라루스인들을 맡았고, 폴란드국은 카톨릭계 벨라루스 주민들을 담당했다. 이렇게 함으로써 벨라루스인들이 하나

의 민족이라는 것을 의도적으로 부정했다. 이와 함께 벨라루스의 민족운동에 반대하는 선전과 사상적 중심인 '우리의 들판'에 대한 탄압은 가중되었다. 폴란드, 우크라이나, 유대인 민족운동도 똑같이 탄압받았다. '검은 백 명(Black Hundred)'이라는 단체가 나타나 민족운동을 저지했다. 이 단체의 멤버들은 자신들을 "진정한 러시아 애국자이며 왕정주의자"로 불렀다. 이들의 사상 경향은 극우노선과 반유대노선이었고, 슬로건은 "러시아인들을 위한 러시아, 러시아인들이 지배하는 러시아(Russia for Russians, and Russians to govern it)"였다. 이 단체는 민족자치와 자결을 위해 노력하는 모든 정치세력과 적극 싸웠다. 이들은 벨라루스 민족의 존재를 부정하고, 벨라루스를 '러시아 토착 지역'으로 여겼다. 이들은 '러시아 변경지방(Okrainy Rossii)' '민스크 말(Minskoe Slovo)' '빌노 공보(Vilenskiy Vestnik)'라는 신문과 '농민(Krestyanin)'이라는 잡지를 발행했다. '검은 백 명'의 간행물들은 벨라루스의 분리주의가 자본주의를 사회주의로 대체하는 것보다 더 위험한 적이라고 비판했다.

  벨라루스인들의 민족적 관심사항에 대한 러시아 정부의 몰이해는 교육 부문에서 잘 나타났다. 1906년 법령에 의해 초등학교에서의 교육은 민족어로 진행되도록 바뀌었지만, 벨라루스에서는 별개의 벨라루스어가 없다는 이유로 러시아어로 교육이 이루어졌다. 이렇게 되자 많은 벨라루스인들은 스스로를 폴란드인이라고 내세웠다. 벨라루스 민족운동은 러시아 당국 뿐 아니라, 폴란드 사제들과 지주들로부터도 저항을 받았다. 벨라루스인들을 종교에서 러시아인과 폴란드인으로 이분하여 다루는 것은 효과가 있었다. 빌노에는 1906년 10개의 폴란드 신문과 잡지가 간행되었고, 1910년에는 18개, 1914년에는

얀카 쿠팔라

28개가 간행되었는데, 모두 반벨라루스적인 국수주의 간행물이었다. 벨라루스 서부 지역은 폴란드 땅이고 오랜 기간 폴란드인들이 점령했다는 사실을 강조하는 왜곡된 민속 지도들이 발행되었다. 이러한 반동적 공작 때문에 좌파 민주정당들의 조직은 크게 위축되었다. 벨라루스 사회주의연합은 오직 지하조직으로만 영향력을 행사했고, 잠시 활동이 중단되었다. 이 결사의 리더들은 합법적 간행물인 '우리의 들판' 발행에 노력을 집중했다. 이 신문은 민족 운동의 정치적, 사상적 중심 역할을 하였다. 이 신문은 민족의 문화적 부흥과 문화의 근간으로서의 민족어 확산에 우선적 목표를 두고 있었으므로 급진적 민주 사상을 확산시킬 수는 없었다. '우리의 들판'은 쿠팔라Yanka Kupala(1882-1942년), 보그다노비치Maksim Bogdanovich(1891-1917년), 보구쉐비치Frantishek Bogushevich(1840-1900년), 콜라스Yakob Kolas(1882-1956년) 같은 작가와 시인들의 작품을 게재했다.

1900년대 초 벨라루스 문화는 문학 분야에서 의미 있는 성과를 냈다. 산문작가와 시인들은 주민들의 생활과 이들의 억압받는 환경, 자유와 좀 더 나은 생활을 갈망하는 벨라루스인들의 염원을 표현했다. 쿠팔라와 콜라스의 작품은 1905년 혁명과 바로 직결되었다. 높은 예술성을 보여준 이들의 작품은 당대의 가장 중요한 사회적, 인도주의 문제를 다루었다. 얀카 쿠팔라는 1905년-1914년 발표된 작품에서 농민들에게 혁명을 고무했고, 당시의 사회 질서와 러시아의 귀족제를 비판했다. 이 기간 동안 그는 '구슬랴르Guslyar'(러시아 전통 악기)', '인생의 길에 관해(On life's road)', '파이프(Fife, 스코틀란드 전통 관악기)'라는 시집을 발행했다. '누가 거기로 가는가?'라는 시에서 쿠팔라는 벨라루스의 국가 형성 문제를 시의 형식을 빌려 다루었다. 민주주의자 박애주의자인 콜라스는 고전주의적 벨라루스 작가이다. 그의 초기 시들은 1906년 '우리의 들판'에 발표되었다. 이후의 작품들은 '슬픔의 노래들(Songs of grief)', '모국의 형태(Native forms)', '이야기들(Stories)'이란 작품집에 수록되어 출판되었다. 야콥 콜라스는 일상생활에 대한 사실적 묘사와 가난한 사람들의 생활 묘사로 유명했고, 인권적 주제와 착취에 대한 저항을 쉽게 감지할 수 있었다. 막심 보그다노비치는 작품에서 분명한 민주적 사상을 표현하고 민중을 위한 삶을 살았다. 그는 낭만주의적 문체로 전제 권력과 독재에 대해 날카롭게 비판하고 민중들의 자유에 대한 갈망을 묘사했다. 그는 우크라이나어, 세르비아어, 프랑스어, 독일어, 핀란드어로 쓰인 시를 벨라루스어로 번역했다.

- 19세기 – 20세기 초 벨라루스어의 발전

벨라루스 학자들은 통상 18세기 말 폴란드의 3차 분할을 경계로 이전의 벨라루스어를 중세 벨라루스어(Old Belarusian Language), 그 이후의 언어를 현대 벨라루스어(Modern Belarusian Language)로 구분한다. 18세기 말까지만 해도 중세 벨라루스어는 소귀족과 평민 사이에 널리 사용되었다. 1840년대에 체초트Jan Czechot 같은 학자는 '우리의 할아버지들은 중세 벨라루스어를 사용했다'라고 회고했다. 벨라루스어 구어口語는 소도시나 농촌 지역 주민들과 농민들의 언어인 동시에 구전 민담과 민요의 언어로 사용되었다. 1846년 민속학자였던 슈필렙스키Pavel Shpilevskiy는 민스크 지역의 방언을 바탕으로 시릴 문자로 기술된 벨라루스어 문법책을 만들었다. 그러나 러시아 과학아카데미는 이 책이 학술적 가치를 결여했다는 이유로 출판을 거부했다.

1860년대 농노해방과 관련하여 반러시아 운동을 주도하던 인사들은 농민 홍보와 동원을 위해 다양한 간행물과 팜플렛을 준비했다. 칼리노우스키가 1862년-63년 사이에 발행한 신문 '농민의 진실(Peasants' Truth)'이 이러한 것 중 대표적인 간행물이었다. 농민을 대상으로 한 선전물에는 반러시아, 반짜르, 반정교회적 내용이 벨라루스어로 작성되었다. 1870년대와 1880년대 농촌 지역에서 활동한 인민주의자(narodniki)들도 벨라루스어에 관심을 가졌다. 그러나 19세기 말 벨라루스 도시 지역의 주류 언어는 러시아어나 폴란드어였고, 5만 명 이상 인구를 가진 소도시에서 벨라루스어를 구사하는 인구는 전체의 1/10정도에 불과했다. 벨라루스어는 '시골(rural)'언어이자 '무교육자들(uneducated)'의 언어로 인식되었다.

1904년 12월 벨라루스어 서적 출판금지 조치가 해제되면서 벨라루스어에 대한 관심이 크게 늘었다. 특히 1905년 혁명 이후 벨라루스 문학과 언론이 크게 발전했다. '우리의 들판'같은 간행물과 얀카 쿠팔라, 야쿱 콜라스 같은 작가의 활동이 두드러졌다. 특히 1903년 '벨라루스인들(Belarusians)' 1권 발간을 시작으로 총 일곱 권의 저술을 완성한 예핌 카르스키Yefim Karskiy는 종전의 벨라루스어와 고대 러시아어의 동일성에 대한 주장을 반박하고, 벨라루스 민족의 독자적 정체성을 내세우고, 풍부한 벨라루스 전통문화의 보고를 보여주었다. 그의 저작은 "벨라루스인들로 하여금 자신들이 독자적 민족임을 깨닫게 해주었다"고 평가받았다. 1910년대 초반 벨라루스어에 대한 통일적 문법서의 필요가 대두하자, 상트 페테르부르그대학 러시아어문학부장인 샤흐마토프Shakhmatov는 '우리의 들판' 편집진을 접촉하여 적절한 인물을 추천하면 벨라루스어 문법서 저술을 위한 언어학적 훈련을 시키겠다고 제안했다. 처음에는 당시 저명한 시인인 바그다노비치Maksim Bahdanovich가 추천되었으나, 건강상의 이유로 일을 맡지 못하고 젊은 학자인 타라쉬케비치Branislaw Tarashkyevich가 문법서 저술을 맡게 되었다. 타라쉬케비치는 1917년 저술 작업을 마쳤고, 1918년 빌노에서 '학교를 위한 벨라루스어 문법(Belarusian Grammar for schools)'이라는 이름으로 문법책이 출판되었다. 이 책은 이후의 벨라루스 문법서의 기본 자료가 되었다. 1915년에는 파춉카 Balyaslaw Pachopka가 라틴 문자를 사용한 벨라루스어 문법서를 발간하였고, 이 책도 많은 학교에서 교재로 사용되었다.

23장 1차 세계대전과 벨라루스

1914년 여름 세계 1차 대전이 발발하자 러시아의 모든 지주 계급은 정부의 전쟁 수행 정책을 찬성했지만 벨라루스의 정치 단체들은 다른 입장을 취했다. 정부 소유의 모든 신문들은 주민들에게 "짜르와 고국"을 방어하기 위해 나서기를 촉구했다. 자유주의 정당이나 보수 정당 모두 외부 적과의 싸움에서 승리하기 위해 계급 간의 단결과 여러 정치 운동의 단합을 촉구했다. 유대인분트는 전쟁에 대해 통일된 의견을 내지 않았다. 일부 멤버들은 온건한 평화주의를 주장했고, 다른 멤버들은 러시아의 국수주의자들과 같은 입장을 취했고, 세 번째 그룹은 독일의 승리를 기원했다. 볼셰비키는 제국주의 전쟁을 국내전으로 변형시켜 유산계급과 무산계급의 투쟁을 유도하려고 했다. 병사들에게는 러시아군이 패배하여 짜르 정부가 전복되도록 해야 한다고 선동했다. 벨라루스에서 볼셰비키의 사상은 '우리의 들판'을 통해 전파되었다. 전쟁이 시작된 수일 후인 7월 18일 벨라루스 전 지역에는 계엄령이 내려졌다. 모든 회합과 시위는 엄격히 금지되었고, 국가가 소유한 출판기관이 아닌 다른 기관의 간행물 발행도 금지되었다. 러시아 정부는 벨라루스의 철도 파업을 특히 염려했다. 이를 막기 위해 '교통보호 강화를 위한 특별위원회(Special Committee for the Further Protection of Transport)'가 설립되었다. 1914년 말 경에는 모든 혁명, 파업 운동이 중지되었다. 러시아의 서부 전선은 상당 부분 벨라루스 지역에 전개되었다. 총사령부도 벨라루스에 설치되었다. 처음에는 바로노피비치Baranovichy에 설치되었다가 후에 모길레프로 옮겨졌다. 1915년 7월 독일군은 전쟁 중 처음으로 독가스를 사용하며 바르샤바를 점령했고, 약 6천 명의 러시아군이 전사했다. 벨라루스는 전쟁터가 되었고, 벨라루스 지역에는 약 250만 명의 러시아군이 배치되었다. 독일군이 진격해 오면서 약 150만 명의 난민이 벨라루스로 몰려들었다. 수천 명의 굶주린 피난민이 브레스트에서 모길레프로 이어지는 길을 메웠고, 피난민 사이에는 발진티푸스가 창궐했지만 러시아 정부는 상황을 통제하지 못했다. 1915년 여름 벨라루스 동부 지역 전체는 피난민으로 넘쳐났다. 1916년 초 벨라루스 영토의 1/4이 약 200만 명의 주민과 함께 독일군에 점령되었다. 독일 점령 당국은 즉시 세금 부과, 노역 징발, 재산 몰수 등의 조치를 취했다. 노동자들과 귀중한 재산, 문화유산 등이 독일로 반출되었다. 독일 당국은 점령한 땅에 독일인을 대거 이주시켜 식민화하려고 했다. 벨라루스 사회주의연합을 포함한 벨라루스 지식인 그룹의 상당수는 독일군의 점령을 환영하고 벨라루스 주민들에게 독일의 승리를 위해 협조하도록 설득했다. 기관지인 '소음'을 통해 사회주의연합은 독일 보호 하에 리투아니아 대공국을 부활시키는 안을 주장했다. 참혹한 전장 상황과, 열악한 보급, 사상적 혼란 속에 러시아 병사들은 자신들이 무엇을 위해 싸우는지를 몰랐다. 러시아군 내에 혁명적 기운이 일어나기 시작했다. 서부 전선의 러시아군 내에서는 볼셰비키를 비롯한 다양한 혁명 조직이 활동하기 시작했다. 1916년 가을부터 부대 전체가 전투에 투입되는 것을 거부하고, 탈영자가 속출하면서 12,000명의 병사가 전선을 이탈하였다. 1916년 고멜에서는 4,000명의 병사가 반란을 일으켜 경비소를 파괴하고 600명의 죄수를 탈옥시켰다. 당국은 사태를 잔혹하게 진압하고 주동자 9명을 처형하고 수백 명을 감옥으로 보냈다. 그러나 시간이 가면서 군내의 동요와 군의 해체를 통제할 수 없게 되었다.

1917년 2월 23-27일 수도인 페트로그라드(1914년 8월 상트 페테르부르크에서 개명)에서 6만 명의 병사들이 노동자들과 함께 시위에 참여하면서 소위 '2월 혁명'이 일어났다. 2월 27일 시위대는 무기고와 전신국, 철도를 장악했다. 3월 2일 전선에서 돌아오던 니콜라이 2세가 퇴위하면서 로마노프 왕조는 막을 내리게 되었다. 2월 27일에는 '노동자, 병사 대표 소비에트(Soviet of Workers' and Soldiers' Deputies)'가 만들어졌고, 두마의 의원들은 르보프공Prince Grigory Lvov를 수반으로 하는 임시정부를 만들었다. 이렇게 해서 한쪽에는 소비에트, 다른 한쪽에는 임시정부라는 이중적 통치 체제가 생겼다. 벨라루스의 상황은 훨씬 혼란스러웠다. 3월 6일 민스크에서는 혁명의 성공을 축하하는 대규모 가두 행진이 벌어져 시민들은 붉은 기를 흔들고 "민주공화국 만세(Long live the democratic republic)"를 외치며 혁명을 축하했다. 이 집회에는 거의 모든 시민이 참가했다. 축하연설에 나선 인사들은 평화 회복과 임시정부 지지를 촉구했다. 3월 동안 벨라루스의 주요 도시에는 '노동자병사소비에트'가 설립되어 정부의 기능을 대신했다. 그러나 소비에트는 페트로그라드 소비에트와 임시정부에 복종하며 이들의 지시를 수행했다. 농촌 지역에서는 볼셰비키의 선동을 받은 농민들이 지주를 습격하고 약탈물을 나누어 갖는 일이 잦아졌다.

3월 민스크에서는 '벨라루스민족위원회(Belarusian National Committee)'가 구성되었다. 이 단체는 모든 혁명 정당들을 통합하기 위해 만들어졌다. 3월 25-27일 열린 총회에는 벨라루스 사회주의자연합, 카톨릭민주당(Catholic Democratic Party), 인민민주당(the People's Democratic Party), 유대인분트당의 대표들이 참석하였다. 총회는 민족위원회에 헌법 초안을 작성하고 벨라루스 의회 구성을 준비하는 임무를 맡겼다. 총회는 페트로그라드의 임시정부를 승인하고 모든 사람이 임시정부의 지시에 따를 것을 요구하였다. 총회는 러시아가 앞으로 연방국가가 되어 모든 민족에게 자치권을 부여할 것으로 보았고, 벨라루스는 러시아 연방 내의 자치체가 되어야 한다고 생각했다. 총회는 벨라루스민족위원회를 벨라루스의 최고 행정기관으로 인정받기 위해 페트로그라드의 임시정부와 협상을 하기로 하였다. 총회는 대표단을 구성하여 임시정부가 자리 잡은 겨울궁전으로 파견하였으나 임시정부 지도부와의 면담은 거절되었다. 임시정부는 벨라루스인들의 분리주의보다 중요한 문제들을 해결하는데 바빴다. 2월 혁명이 발발한 지 수주가 지나자 벨라루스에 직업 동맹들이 결성되기 시작했다. 3월말까지 제화공, 인쇄공, 철도원 직업동맹이 민스크에 결성되었다. 이들은 하루 8시간 노동과 임금 인상을 요구하는 결정을 내렸다. 그러나 혼란 상황에서 이러한 결정을 시행할 주체가 없었다.

전국적 규모의 조직을 가진 정당들은 더욱 확장되어 정치적 중심 역할을 맡을 것을 자처했다. 정당들 중 가장 크고 영향력이 강했던 것은 약 만 명의 당원을 보유하고 있는 벨라루스 사회주의자연합이었다. 1917년 7월 혁명 조직들의 2차 총회가 민스크에서 열렸다. 2차 총회는 사회주의자연합이 주도하였다. 총회는 모든 정당들이 민주적 러시아연방 내의 벨라루스 민족자치공화국의 설립이라는 기본적 목표 아래 단합할 것을 요구하였다. 그러나 한 달 뒤 벨라루스에서 지방 선거가 실시되었을 때 사회주의자연합은 거의 대중적 지지를 받지 못하였다. 1917년 대부분의 벨라루스 주민들과 서부 전선의 병사들은 러시아 사회혁명당과 입헌민주당(Kadets)을 지지하였다. 이 정당들은 러시아의 미래가 민주적으로 선출되어 구성되는 제헌의회에 의해 결정되어야 하고, 가장 시급한 과제는 휴전, 농업 개혁, 민족문제라는 생각을 가졌다. 그러나 볼셰비키는 이러한 입장과 거리를 멀리하고 자신들의 핵심 목표인 프롤레타리아 독재를 계속 내세웠다. 그러나 대중에 대한 볼셰비키의 영향력은 급격히 확장되었다. 이러한 현상은 토의만 계속하며 아무런 실질적 조치를 내놓지 못하는 임시정부의 무능에서 영향을 받았다. 가능한 빨리 독일과 무조건적으로 종전을 해야 한다는 볼셰비키의 선전이 매우 효과가 있었다. 그러나 임시정부는 서부 전선에서의 공세를 강화하기로 결정을 내렸다. 6월에 공세가 시작되었지만, 볼셰비키 선동의 영향으로 수만 명의 병사와 노동자들이 민스크, 비텝스크, 모길레프에서 시위에 나섰다. 시위참가자들은 영토 병합이나 보상 없는 즉각적인 강화를 요구하고 나섰다. 7월이 되자 서부 전선의 병사들에 의한 대규모 시위가 발생했다. 이들은 적대행위를 즉각 중지하고, 임시정부를 해체하며 모든 권력을 노동자병사대표소비에트로 넘길 것을 요구하였다. 임시정부는 시위에 나서는 병사들을 현장에서 사살할 것을 지시했다. 임시정부가 소비에트의 즉각적 해산에 나섬으로써 두 정부의 공존(diarchy)은 종결되었다. 서부 전선이 펼쳐져 있는 벨라루스에서 모든 소비에트 당원과 볼셰비키와 시위 참가 병사들에 대한 대규모 검거가 진행되었고, '의심스런' 부대는 해체되었다. 이 모든 것이 대중들을 급격하게 '좌경으로 기울게' 만들어 볼셰비키의 호소가 더욱 강력한 영향력을 갖게 되었다.

24장 볼셰비키 혁명

1917년 10월 25일(구력) 밤 볼셰비키는 해군과 병사들을 조직하여 임시정부가 있는 겨울 궁전을 공격하게 했다. 임시정부의 모든 요인들은 체포되고, 권력은 '전소러시아 노동자병사소비에트 의회(All-Russian Congress of Soviets and Workers' and Soldiers' Deputies)'로 넘어갔다. 사회혁명당은 정부요인들의 체포에 동의하지 않고 소비에트의회를 떠났다. 며칠 후 소비에트의회는 '평화에 대한 포고령(Decree on Peace)'과 '토지에 대한 포고령(Decree on Land)'을 발령하고 레닌이 주도하는 정부를 구성했다.

임시정부 해체 소식은 전 러시아에 바로 퍼졌다. 볼셰비키가 이미 대부분을 차지하고 있던 민스크 노동자병사소비에트는 포고령 1호를 발하여 "모든 권력을 소비에트로(All power to the Soviets)"를 선언했다. 소비에트는 2,000명의 죄수와 탈영병을 석방하고 이들로 제1혁명연대(First Revolutionary Regiment)를 구성하였다. 다른 2개 예비 연대도 약 5천 명의 병력과 함께 볼셰비키측으로 넘어갔다. 소비에트는 수백 명의 노동자들에게 무기를 지급하였다. 권력을 공고화하기 위해 소비에트는 인민위원(commisar)들을 철도역, 우체국과 다른 중요한 정부 기관에 파견했고, 모든 언론에 대한 검열을 실시했다. 10월 27일 임시정부 지지자, 카데트, 분트, 사회혁명당원들은 볼셰비키들이 불법적으로 권력을 장악했다고 생각하고 민스크에 혁명을 살리기 위한 혁명구제위원회를 구성했다. 2만 명의 병력을 보유한 코카사스 사단의 지원을 받고 있어 군사력의 우위를 점하고 있던 '위원회'는 민스크시의 권력을 이양할 것을 볼셰비키에게 요구하였고, 이들은 이 요구를 따를 수밖에 없었다. 그러나 볼셰비키는 군에 수백 명의 선동자를 보내 세력을 늘렸고, 11월 1일 2개 연대의 혁명 병력이 민스크에 장갑열차편으로 도착하였다. 혁명구제위원회는 해산되었고 권력은 다시 민스크볼셰비키소비에트로 넘어갔다. 11월 중 독일군이 점령하지 않은 벨라루스 전 지역에 볼셰비키가 주도하는 소비에트 체제가 수립되었다.

벨라루스에서 볼셰비키 세력이 비교적 쉽게 권력 장악에 성공한 것은 사회 모든 계층이 가장 절박한 문제인 평화와 토지 문제의 해결을 바라고 있었기 때문이다. 볼셰비키 정부는 즉각적으로 "인민에게는 평화를, 농민에게는 토지를(Peace for the people, land for the peasants)"이라는 구호를 내세웠다. 이 대중적인 슬로건으로 볼셰비키는 수백만 명의 지지자를 확보했다. 벨라루스 인구의 절반이 전쟁에 동원되었고 이들은 평화를 원했다. 인구의 2/3인 농민들은 토지를 원했다. 볼셰비키의 성공적인 대중선동 슬로건으로 다른 정당들의 입지는 급격히 축소되었다. 레닌은 연설 때마다 핀란드, 벨라루스, 우크라이나의 민족 자치를 위해 볼셰비키는 모든 노력을 기울일 것이라고 강조했다. 11월 19-21일 노동자병사대표자회의가 민스크에 소집되었다. 참석한 대표 560명 중 480명이 볼셰비키를 지지하였다. 대표자회의는 모든 정부 관리는 소비에트 정부에 협조하고, 볼셰비키를 지지하지 않는 장교는 모두 직위에서 물러날 것을 요구하였다. 회의는 법원을 해산하고 세 명의 재판관으로 구성되는 혁명법원을 신설했다. 재판관들은 기소나 조사 없이 사형을 포함한 모든 형량을 결정할 수 있었다. 벨라루스 사회주의자연합을 비롯한 혁명 단체들의 정책은 독특했다. 모든 단체들은 주권적인 벨라루스 국가의 설립을 목표로 했다. 이들은 러시아와 벨라루스에서 소비에트의 승리는 지지했지만, 러시아 중앙정부의 지배는 거부했다.

소비에트 정부가 설립된 지 몇 주 만에 러시아는 독일과 강화협상을 맺는데 성공하고 서부 전선에서의 전투 행위를 중지했다. 그러나 볼셰비키 정부는 전쟁을 마무리하고 토지를 지주들로부터 농민들에게 넘겨주고, 8시간 노동을 시행하는 등의 업무를 수행할 경험 있는 관리들을 갖고 있지 못했다. 볼셰비키는 정권은 장악했지만 건설적 행동 계획이나, 필요한 경험과 지식은 가지고 있지 못했다. 1918년 기근이 발행하자 볼셰비키 정권은 빈곤구제위원회(Poverty Committee)를 구성하여 부농에게서 곡물을 강제로 빼앗았고, 복종하지 않는 농민은 총살했다. 그러나 이러한 조치로 곡물 생산량은 늘어나지 않았다. 볼셰비키 혁명은 무장 쿠데타 형식으로 일어났고, 혁명 직후 볼셰비키는 '프롤레타리아의 독재'라고 일컬어지는 독재정부를 탄생시켰다. 이러한 체제는 사회의 대립과 다양한 사회 세력과 볼셰비키 간의 무장 충돌을 야기시켰다. 사회혁명당과 멘셰비키들은 자신들이 짜르 정부에서 투옥과 추방을 무릅쓰며 추구한 자유와 민주의 원칙이 실현되지 않자 새 정부와 바로 충돌에 들어갔다. 모든 사업체를 국유화하고 교역을 중지하며, 농민들로부터 곡물을 강제 징발하고 노동력을 동원하는 급진적인 새로운 법률과 조치는 사회의 모든 계층에 큰 고통을 안겨주었고 내전을 유발시켰다. 그러나 벨라루스에서는 내전이 비교적 널리 확산되지 않았다. 그 이유는 벨라루스에서는 부르주아 상류층이 정치적 세력을 확보하고 있지 못하였기 때문에 새 체제에 대해 효율적으로 저항할 수 없었기 때문이다. 단지 사회주의자연합만이 관리들, 사제들, 지식인들과 젊은이들을 연합하여 강력한 반볼셰비키 입장을 견지했다.

10월 혁명 이후 벨라루스에서는 벨라루스 국가 창설의 문제가 다시 대두되었다. 1917년 12월 5일 '전全벨라루스의회(All-Belarusian Congress)'가 소집되어 약 2,000명의 대표가 참석하였다. 이 회의는 최초로 각계각층을 대표하는 대표들이 적극 참석한 시민적 의회였다. 회의에 참석한 대표들은 볼셰비키의 정책에 반대하고, 10월 혁명은 무정부상태를 초래하고, 2월 혁명으로 획득한 자유를 잃게 만들고 대신 정치적 테러가 지배하고 있다고 비판했다. 의회는 집행위원회를 구성하고, 집행위원회는 3월 '벨라루스민족공화국(BNR, Belarusian National Republic)'의 창설을 선언했다. 선언문에는 언론과 집회의 자유, 양심의 자유와 벨라루스 내 모든 민족의 언어의 평등이 공표되었다. 10월 혁명에 반대하고 볼셰비키 정권에 적극 반대하는 인사들로 정부가 구성되었다. 정부는 주로 사회혁명당과 사회주의자연합 인사들로 구성되었다. 3월 25일 새 정부는 벨라루스민족공화국이 러시아로부터 탈퇴하여 자유독립 국가를 구성한다고 선언했다. 정부 지도자들은 흰색-붉은색-흰색으로 된 국기(1991년 독립 후 국기가 되었으나 루카셴코 정권은 이를 다시 바꿈)를 채택하고 리투아니아 대공국의 문양이었던 '파코냐(Pahonia)'를 새 공화국의 국가문양으로 선택했다.

벨라루스민족공화국은 큰 대중적 지지를 받지 못하였다. 공화국의 의회인 '라다(Rada)'는 독립에 대한 지지를 국제적으로 받으려는 과정에서 큰 실수를 범하였다. 그것은 독일과의 협조와 타협을 추구한 것이다. 당시 독일군은 벨라루스 영역의 절반 정도를 점령하고 있었다. 새 정부의 지도자들은 독일의 카이저에게 벨라루스를 볼셰비키로부터 해방시켜준 것에 감사하고 앞으로 국가 건설 과정을 지원해줄 것을 요청하는 편지를 보내기도 했다. 이 편지가 공개되자 큰 파장이 일어났고 새 정부의 활동은 마비되었다. 유대인은 정부를 이탈했고, 이제까지 벨라루스 정치활동의 중심적 역할을 하였던 사회주의자연합은 해체되고 소멸되었다. 새 공화국 정부의 인사들은 대부분 해외로 이주했다. 새 공화국은 아무런 법적 승인을 받지 못하고 국가 창설은 문서로만 남게 되었다. 연합국도 벨라루스민족공화국을 승인하지 않았다. 벨라루스민족공화국의 합법성에 대해 현재의 역사가들은 의견이 갈라지고 있다. 소련의 학계나 교육 자료에는 벨라루스민족공화국 창설에 대한 언급이 전혀 없다. 소련 붕괴 이후 벨라루스 역사학자들은 공화국 창설의 의미를 지나치게 과장하기도 하였다. 그러나 벨라루스민족공화국은 벨라루스 땅 위에 최초의 독립 국가를 세우려는 시도였던 것은 분명하다. 1차 대전의 종전으로 유럽의 여러 제국이 해체되었고 많은 국가들이 탄생했다. 헝가리, 오스트리아, 체코슬로바키아, 폴란드, 핀란드, 에스토니아, 라트비아, 리투아니아가 탄생했다. 이 중 마지막 다섯 국가는 러시아 제국의 영역에서 벗어나 독립국이 되었다. 그러나 벨라루스에게는 이런 행운이 오지를 않았다.

1918년 11월 독일에서 봉기가 발생하자 적군은 서부 전선에서 공세를 시작하여 독일군이 점령했던 벨라루스 지역을 탈환했다. 12월 독일군은 민스크를 떠났고, 1919년 3월 벨라루스 전역이 독일군으로부터 해방되었다. 그러나 2월부터 폴란드 군대가 독일군이 점령했던 지역으로 진격해 오기 시작했다. 독일이 전쟁에서 패한 후 폴란드는 주권을 되찾고 국가를 다시 세웠다. 그러자 폴란드와의 국경 문제가 바로 부각되었다. 폴란드 정치인들은 이전 폴란드-리투아니아 동부 지역에 어떠한 지위를 부여해야 할 것인가에 대해서는 의견이 일치되지 않았지만, 벨라루스, 리투아니아, 우크라이나의 일부 지역은 다시 폴란드 영역으로 들어와야 한다는 데는 생각이 일치했다. 반면에 소비에트 정부는 러시아제국이 관할했던 모든 지역을 통치해야 한다고 생각했고 벨라루스를 폴란드에 넘겨줄 생각이 없었다. 이로 인해 양측 사이에서는 무력 충돌이 발생했다. 폴란드의 10개 사단이 민스크와 빌노에 대한 공세를 시작하여 3월에는 브레스트, 슬로님Slonim, 핀스크를 점령했다. 폴란드군이 빨리 진격할 수 있었던 것은 볼셰비키 정권에 반대하는 벨라루스인들의 호응이 있었기 때문이었다. 반볼셰비키 지주와 소소부르주아 계층은 폴란드군을 환영했다. 1919년 8-9월 폴란드군은 베레지나 강까지 도착하여 벨라루스의 절반을 점령했다. 폴란드군은 점령 지역의 소비에트 체제를 와해시키고 사유재산을 복원해 주었다. 적군은 러시아 지역으로 후퇴하고 대신 볼셰비키 요원들이 벨라루스에서 게릴라전을 선동하고 독려했다.

1920년이 되자 러시아 내전은 적군赤軍에게 유리하게 전개되었다. 적군은 동부와 남부 전선에서 백군을 상대로 몇 차례 결정적 승리를 거두었다. 7월 폴란드군도 적군의 공세에 밀려 민스크, 빌노, 그로드노와 브레스트에서 철수했다. 적군의 적극적 공세는 서방국가들을 자극시켰다. 영국 외무장관 쿠르존은 소비에트 정부에 전문을 보내 적군이 그로드노와 브레스트를 연결하는 선을 넘지 않도록 경고했다. 그러나 소비에트 정부는 이 요구를 거부하고 계속 공세를 폈다. 영국은 다시 적군이 바르샤바로 입성하면 영국 해군이 폴란드를 지원하는 작전을 펼칠 것이라고 경고했다. 원래 벨라루스를 폴란드로부터 해방하기 위해 시작된 적군의 작전은 크게 변화되어 서구 국가에 볼셰비즘을 수출하려는 시도로까지 확대되었다. 적군 사령관인 투카체프스키M. Tukhachevskiy는 폴란드뿐만 아니라 베를린까지 진격하겠다고 나섰다. 그러나 기대했던 폴란드 노동자들과 농민이 호응은 없었고, 반대로 폴란드에서는 민족주의적이고 애국적인 운동이 일어나서 폴란드 방위를 위해 온 국민이 단결했다. 적군은 바르샤바 진격을 멈추고 폴란드에서 퇴각했다. 연합국 중 프랑스는 폴란드군에 많은 무기와 보급품을 공급하며 지원했다. 10월 15일 폴란드군은 다시 민스크를 탈환했다. 가을과 겨울 동안 벨라루스 지역에서 양측의 전투가 계속되었고, 벨라루스인들은 게릴라전으로 폴란드군을 도왔다. 폴란드군이 점차 밀리면서 후퇴를 하였지만, 소비에트 정부는 벨라루스 전체를 장악하는 것이 불가능하다는 것을 깨달았다. 1921년 3월 18일 리가에서 양측 사이의 강화조약이 서명되었다. 리가조약으로 그로드노, 브레스트, 민스크주와 비텝스크주의 절반이 폴란드에 넘겨졌다. 이 지역은 약 108,000km^{2}의 면적에 400만 명의 인구가 살고 있었다. 결국 벨라루스의 약 1/3(약 6만km^2, 인구 165만 명)만이 소비에트 러시아에 남게 되었다. 이것으로 볼셰비키 혁명과 러시아 내전 후의 벨라루스의 운명이 일단 결정되었다.

6부 소련 시대의 벨라루스

25장   1920년대–1930년대의 사회, 정치 상황

내전이 끝난 후 러시아 소비에트 정부는 국내의 산적한 과제와 함께 새로운 국가체제를 결정하는 문제를 해결해야 했다. 러시아제국처럼 단일적 체제로 복귀하는 것은 불가능한 것이 분명했고, 여러 다민족과 공존할 수 있는 연방체제를 만들어야 했다. 여기에는 두 가지 방안이 있었다. 하나는 각 민족의 자치를 보장하는 선에서 단일 국가를 만드는 것과, 다른 하나는 독립된 각 공화국이 연합한 연방국가를 만드는 안이었다. 민족문제 담당 서기였던 스탈린은 전자를 선호했고, 레닌은 후자를 주장했다. 결국 레닌이 주장한 연방안이 채택되었다.

1922년 12월 30일 모스크바에서는 '전연방소비에트대회(All-Union Congress of Soviets)'가 열려서 '소비에트사회주의공화국연방(Union of Soviet Socialist Republics)'의 출범이 선언되었다. 벨라루스는 독립 공화국으로 소연방을 구성했다. 그러나 이것은 단지 원칙적인 구성 원칙이었을 뿐, 실제적인 독립성은 없었다. 벨라루스의 영역은 혁명 후 몇 년 간의 혼란스런 시기에 러시아연방공화국의 일부가 된 지역을 포함하게 되었다. 비텝스크, 스몰렌스크, 고멜 지역의 일부가 벨라루스에 포함되었다. 이러한 새로운 국경 설정으로 벨라루스는 1921년 리가 조약에서 확정된 영토의 두 배가 넘은 영토를 확보하게 되었다. 인구는 450만 명이었고, 이중 70% 이상이 벨라루스인이었다. 역사적으로나 인종적으로 동질적인 지역을 행정적으로 통합한 것은 경제 발전에 유리한 환경을 제공해 주었다.

1920년대 초 정치 상황의 핵심은 단일정당 제도의 수립이었다. 혁명과 내전 기간 동안 여러 갈래로 나뉜 민족주의적 민주 세력들은 볼셰비키 공산당으로 통합되었으며 이에 순응하지 않은 사람은 제거되었다. 1918년에 '벨라루스 볼셰비키공산당(Bolshevik Communist Party of Belarus)'이 결성되자 곧바로 다른 정당들을 제거하는 작업에 착수했다. 1921년 3월 공산당은 유대인 노동자분트를 해산했고, 여기에 소속되었던 많은 당원들은 자발적으로 볼셰비키공산당으로 이적했다. 공산당의 강압적 주도권 장악으로 공산당에 가입하지 않은 사람은 망명을 떠나거나, 처형을 당하거나 아니면 공산당에 가입하는 수밖에 없었다. 1921년 초 공산당보다 당원수가 5배나 많고, 8천 명의 청년조직을 가지고 있던 사회혁명당에 대한 숙청이 시작되었다. 세력을 잃은 사회혁명당은 1924년 완전히 해체되었다. 강력하고도 억압적인 전체주의 체제가 전 공화국에 걸쳐 자리를 잡으면서 정치 활동의 꿈을 가졌던 모든 정치세력들이 와해되었다. 베를린에 망명했던 벨라루스민족공화국 지도부도 1925년 10월 소비에트 체제에 대한 항거를 중단하고 스스로 해체했다. 1917-1920년 활동했던 모든 정당들에 대해 1923년 사면령을 내린 소련 정부의 조치가 이러한 자발적 해산에 일조를 했다. 정부의 사면령을 믿은 인사들은 벨라루스로 돌아와 문화와 학문 분야에서 일을 했다. 그러나 외국에서 귀환한 사람들은 1930년대 '인민의 적'으로 몰려 모두 처형되거나 강제수용소에 수감되었다. 반대 정치세력이 모두 와해되자 공산당은 권력공고화에 노력을 기울였다. 1922년 당원이 4,834명이었던 벨라루스공산당은 1929년 당원수가 33,380명으로 늘었다. 당원 대부분은 교육 수준이 낮은 노동자와 농민 출신이었다. 지식인들은 공산당에 거의 가담하지 않았다. 1927년 당 자체 조사에 의하면 당원의 30%는 초등교육도 받지 않은 사람들이었고, 고등교육을 받은 당원은 0.6%에 불과했다.

1927년 4월 11일 벨라루스사회주의공화국의 헌법이 채택되었다. 헌법은 공화국이 프롤레타리아의 독재가 이끄는 공화국임을 선언하고, 공화국의 권력은 노동자농민대표소비에트에 있다고 규정했다. 인민의 기본권도 제시가 되었는데, 실행에 옮겨진 가장 중요한 권리는 무상교육을 받을 권리와 의료혜택을 받을 권리였다. 1920년대 말 당과 정부 조직을 연합하는 작업이 끝나서 중앙집권적인 지배 체제가 완성되었고, 당서기들이 통치의 중심을 이루었다. 내전으로 나락에 빠진 경제를 회복하기 위한 '신경제정책(NEP)'이라는 비교적 자유주의적 경제 실험이 끝나고 통제경제가 다시 시작되었다. 공식 노선에서 조금이라도 벗어나는 사상과 방법은 바로 정치적 탄압을 받았다. 모스크바의 중앙당은 각 공화국의 공산당의 활동을 세밀히 관찰하였고 정기적으로 인민위원을 보내 활동을 지도하고 감시하였다. 1924년부터 1953년까지 벨라루스 공산당의 지도부에는 단 한 명의 벨라루스 출신 지도자가 없었다.

1920년대 초 벨라루스에는 벨라루스어, 러시아어, 폴란드어, 이디쉬어 등 4개 공식 언어가 있었다. 그러나 당지도부는 목표한 정책과 선전을 적극 추진하기 위해 언어에 대한 제한을 두기로 했다. 1924년부터 '벨라루스화(Belarusization)' 정책이 추진되었다. 이 정책을 전담하기 위해 정부 내에 위원회가 설립되었다. 1923년의 정치적 사면령과 이에 따른 수백 명의 망명 인사들의 귀환은 '벨라루스화'에 큰 도움을 주었다. 귀환한 망명 인사 대부분은 저명한 학자와 문화인이었다. 망명 학자의 귀환으로 민스크대학은 충분한 수자의 수준 있는 교수진을 확보하게 되었다. '벨라루스화'로 모든 문서가 벨라루스어로 작성되고, 학교 교육도 벨라루스어로 진행되었다. 지방 정부에는 외부에서 온 사람보다 토착민이 임용되었다. 그러나 벨라루스 인구 구성이 다민족적이고, 4개의 공식 언어가 있는 상황에서 '벨라루스화' 정책은 적극 추진되지 못하였고, 오래 지속되지도 못하였다. 1920년대 말 자유주의적 정책과 다소 간의 경제적 자유도 끝이 나면서 '벨라루스화' 정책도 막을 내렸다. 1927년 벨라루스공산당 대회에서는 민족적 민주화는 자본주의와 귀족제에 대한 투쟁을 위한 일시적 수단이고, 프롤레타리아 독재가 확립된 현 시점에서는 민족의 이익을 계급의 이익보다 우선시하는 반혁명적 제도라고 선언했다. 또한 민족적 정서에 대한 지원은 부농(kulak)들로부터 온다고 비판했다. 이것은 앞으로 농민들에 대한 대량 압제의 사상적 근거를 마련해 주었다. 민족문화에 대한 과도한 열정은 해로울 뿐 아니라 위험한 것으로 비판받았다. 1929년 당 중앙위원회는 민족적 민주주의가 '공산주의 건설의 현 단계에서 가장 위험한 요소'라고 비판했다. 이러한 민족주의 비판에는 당시 비밀경찰인 NKVD가 적극 나섰다. 1930년 NKVD의 후신인 '체카Cheka'는 반혁명 조직인 '벨라루스해방동맹

(Union for the Liberation of Belarus)'을 적발했다고 발표했다. 이 사건과 관련되어 벨라루스의 지식인과 고위 관리 108명이 체포되었다. 과학원 정회원 라스톱스키V. Lastovskiy, 레식I. Lesik, 네크라소비치S. Nekrasovich, 스몰리치A. Smolich교수, 페트롭스키D. Petrosvkiy교수, 농업장관 프리쉬체포프D. Prishchepov, 교육장관 발리츠키A. Balitskiy, 작가인 고레츠키M. Goretskiy와 푸쉬차Y. Pushcha, 당 중앙위원 바실례비치I. Vasilevich 등이 체포인사에 포함되어 있었다. 모든 인사가 장기형을 선고받았다. 당시에는 사형언도가 드물었지만, 6년 뒤 대숙청기에는 많은 인사가 처형되었다. 1988년 페레스트로이카가 시작된 후 역사학연구소의 요청에 의해 벨라루스 KGB는 '당시의 자료를 면밀히 조사한 결과 '벨라루스해방동맹'의 존재에 대한 증거를 찾을 수 없었다'라고 발표했다. 1930년대 벨라루스의 정치와 사회 상황은 큰 논란의 대상이었다. 한편으로 눈에 띄는 경제적 발전과 생활수준의 향상이 달성되었지만, 다른 한편에서는 조금이라도 정치적 이견이 표시되는 경우 큰 박해를 받아서 최고의 지식인들과 군사 지도자들이 제거되었다. 나라 전체는 일당 독재뿐만 아니라 1인 독재 체제 밑에 있었다. 스탈린은 오류가 전혀 없는 지도자로 우상화되었다. 관료적 지배체제는 당체제와 결합되어 새로운 통치체제를 형성했다. 1937년 새로 채택된 벨라루스 헌법은 외양으로 보면 세계에서 가장 민주적 헌법이었다. 최고회의(Supreme Soviet)가 최고의 통치 기관으로 규정되었지만 이것은 완전한 거짓이었고, 전혀 실현되지 않은 많은 민주적 자유들이 선언되었다.

1930년대 말 '인민의 적들'에 대한 투쟁은 완전히 다른 차원으로 전개되었다. 경제의 실패에 대한 희생양으로 삼기 위해, 또한 공포를 조성하여 어떠한 저항도 불가능하게 만들기 위한 수단으로 '인민의 적들'이 필요했다. 당국은 이러한 '인민의 적들'로 어떠한 권리도 보장받지 못하는 약 100만 명의 노동력을 만들어냈다. 1930-1932년 벨라루스 지식인들에 대한 숙청이 일단락되자 유대인과 폴란드 문화의 상징적 인물들과 종교인들, 특히 카톨릭 인사에 대한 탄압이 시행되었다. 교황이 소련 정권에 의해 무너진 종교의 자유를 촉구하기 위해 편지를 쓴 것을 계기로 카톨릭 교도들에 대한 탄압이 여러 차례 자행되었다. 교황은 1930년 4월 19일 전세계 카톨릭교회가 공산정권의 희생자를 위해 기도하자고 호소했다. 4월 19일 서유럽의 모든 카톨릭교회들은 소련 내의 기독교인들을 위한 미사를 진행했다. 소련 선전당국은 이러한 행위를 노동자와 농민들의 국가에 대한 세계 자본주의의 '십자군'행동이라고 비난했다. '벨라루스 민족주의 파시스트', '트로츠키주의자', '폴란드 스파이', '시오니스트' 등의 용어를 써가며 실제로 존재하지도 않는 다양한 반혁명, 간첩, 체제전복 단체에 소속된 사람들을 체포했다.

공산당 간부들은 당원들도 신뢰하지 못해 정기적으로 '당 숙청'을 진행하였다. 이러한 숙청으로 1933년 벨라루스 공산당의 당원 수는 65,000명에서 38,000명으로 줄어들었다. 1935-36년 당원증을 교체 발급하면서 당원 수는 더욱 줄어들어 1937년 1월 시점으로 31,937명의 당원만 남아있었다. 정치적 테러와 숙청으로 공산당은 약 40%의 당원을 잃었고, 대신 새로운 당원들을 충원했다. 이렇게 해서 1941년에는 약 7만 명의 당원이 등록되었다. 이들은 이전 세대 공산당원들과 다르게 당의 이상과 목표에는 관심이 없고, 절대적 복종에 의한 경력 관리를 위해 공산당에 가입했다. 1937년 스탈린에 의한 숙청이 절정일 때 수십 명의 당서기, 직업동맹 및 청년조직(Komsomol)의 간부들이 체포되었다. 학계와 문화계 인물들도 대거 숙청되어 26명의 과학원 정회원과 많은 과학자, 교수들, 100명이 넘는 작가와 언론인들이 강제수용소로 보내졌다. 지식인 계급을 숙청한 다음 정부 사찰 기구는 자체 내의 숙청을 벌였다. 1939년 비밀경찰 요원의 절반 이상이 총살되었고, 다섯 명의 비밀경찰 책임자가 연달아 숙청되었다.

1930년대 말 나치 정권의 공격적 정책으로 유럽의 정세는 악화되고 전쟁의 기운이 감돌았다. 소련 정권은 나치가 침범하는 경우 방어를 위해 영국과 프랑스와 상호방위 협정을 맺으려고 하였으나 이들 국가들의 거부로 무산되었다. 1939년 8월 23일 소련은 독일과 비밀 상호불가침조약을 체결했다. 이 협정의 부속서에는 독일과 소련의 영토 분할 점령에 대한 비밀협약이 들어있었다. 당시 폴란드의 영토였던 서부 벨라루스는 소련의 영향력 아래 들어가게 되어있었. 1939년 9월 1일 독일이 폴란드를 침공하면서 2차 대전이 시작되었다. 전력이 월등한 독일군 공세에 폴란드군은 와해되어 9월 중순 독일군은 서부 벨라루스에 도달했다. 이렇게 되자 소련군도 9월 17일 폴란드와의 국경을 넘어 침공했다. "서부 벨라루스와 서부 우크라이나 주민의 생명과 재산을 보호한다"는 것이 침공의 명분이 되었다. 폴란드군이 부대 단위로 항복하는 바람에 소련군의 진격은 아무런 저항도 받지 않았다. 9월 25일이 되자 소련군은 서부 벨라루스 전역을 장악했다. 소련 신문들은 형제민족인 벨라루스와 우크라이나인들이 폴란드의 압제에서 해방되어 러시아인들과 다시 결합했다고 선전했다. 9월 28일 독일과 소련 사이에는 우호불가침조약이 다시 서명되어 리투아니아도 소련에 넘겨졌다. 이 협정 이후 소련은 벨라루스 당국의 동의 없이 빌노시와 빌노주를 리투아니아로 편입시켰다. 이렇게 됨으로써 벨라루스는 가장 중요한 역사적 지역을 잃게 되었다. 서부 벨라루스와 리투아니아를 점령한 소련은 곧바로 점령 지역에 소비에트 정권을 수립하기 위한 조치를 취하였다.

새로운 영토를 얻은 소련은 영토획득에 합법성을 부여하기 위한 조치를 취하였다. 10월 1일 공산당 중앙위원회는 '서부 벨라루스와 서부 우크라이나 문제에 대한 결의(Resolution on the Question of Western Belarus and Western Ukraine)'를 통과시켜 두 지역에 민족회의를 소집시켰다. 민족회의의 결정사항과 문구는 미리 정해져 있었다. 10월 28-30일 열린 벨라루스 민족회의는 서부 벨라루스를 벨라루스사회주의공화국에 편입시키고, 토지, 은행, 산업을 국유화시키는 결의를 통과시켰다. 11월 2일 같은 결정이 소련 최고회의에서도 통과되었다. 1차 대전 이후 소련과 폴란드에 나뉘어 살던 벨라루스인들은 다시 하나로 통합되었다. 벨라루스는 약 10만km^{2}의 영토를 늘렸고, 인구도 560만 명에서 1,030만 명으로 늘어났다. 새로 획득된 영토에는 바로 행정기구가 수립되었고, 당과 청년조직도 곳곳에 조직되었다.

26장 2차 대전과 벨라루스

1941년 6월 22일 아무런 사전 경고나 선전포고 없이 나치 독일군은 발트해에서 흑해에 이르는 전 전선에서 소련에 대한 공격을 개시했다. 히틀러는 소련군의 빈약한 전력과 정치제제의 약점으로 몇 번의 패배를 소련에 안기면, 다민족으로 구성된 소련은 붕괴하고 해체될 것이라고 보았다. 독일 군부는 4개월 안에 소련을 굴복시키고 승리를 거둘 것으로 확신했다. 소련을 공격할 당시 독일군은 850만 명의 총병력 중 550만 명을 동부전선에 집결시켰고, 각각 5천 대의 항공기를 보유한 4개 비행전단과 핀란드와 루마니아 공군도 전쟁에 동원했다. 독일군은 벨라루스 전선을 돌파하기 전 엄청난 포격과 공습을 가했다. 독일 공군은 도시와 공항, 철도연결점과 소련군의 전략적 요충을 공습했다. 전쟁 첫 날 538대의 소련 항공기가 벨라루스 공항에서 파괴되었고, 공격을 당한 지 일주일 만에 소련 공군은 1,200대의 항공기를 잃어 전력의 40%를 상실했다.

　소련을 공격하는 독일군은 '북부방면군', '중부방면군', '남부방면군'으로 나뉘었다. '북부방면군'은 발트 국가들과 상트 페테르부르그(레닌그라드)를 포함한 발트해의 항구를 향해 진격했고, '남부방면군'은 곡창지대와 유전을 장악하기 위해 우크라이나와 코카사스 방면으로 진격했다. 전력의 핵심인 '중부방면군'은 스몰렌스크와 모스크바로 진격하기 위해 벨라루스의 소련군을 섬멸해야 했다. 중부방면군은 그로드노와 브레스트에 맹공을 퍼부었다. 독일군의 병력과 화력은 러시아군의 다섯 배 이상 강했다. 브레스트 방어요새의 소련군은 전력을 다해 방어전에 나섰다. 방어 병력은 9,000명에 불과했고, 독일군은 보병 17,000명이 탱크를 비롯한 강력한 화력의 지원을 받았다. 독일군은 브레스트 요새를 개전 첫 날 점령할 계획이었으나, 소련군은 화약과 의약품이 부족한 상태에서 강력하게 저항하여 한 달을 버텨냈다. 결국 요새는 함락되어 방어군 4,000명이 전사했고, 나머지는 포로가 되었다. 중부방면군의 계획은 민스크와 스몰렌스크를 점령한 후 모스크바를 공략하는 것이었다. 6월 28일 민스크 근교에서 벌어진 전투에서 소련군이 패하여 33,000명이 포로가 되었고, 3,500대의 탱크가 파괴되었다. 공방전에서 독일 공군의 공습으로 민스크는 불타고 크게 파괴되었다. 6월 24일 중요 서류들을 방치한 채 시 지도부가 서둘러 후퇴하였고, 민스크를 점령한 독일군은 이 서류들을 보고 관리들과 당원, 군인들의 가족을 색출하여 체포하고 처형하였다. 비뎁스크를 방어하던 153사단도 근 한 달 동안 독일군의 공격을 막아냈다. 2개 군단의 독일군에 의해 포위된 도시를 방어하는 것은 거의 불가능했으나, 소련군은 포위망을 뚫고 퇴각하여 러시아 주력군에 합류하였다. 7월 14일 비뎁스크도 독일군의 수중에 떨어졌다. 7월 9일 비뎁스크주 오르샤에서의 전투에서 소련군의 첨단무기인 '카츄사(Katyusha)' 로케트가 사용되었다. 모길례프 방어전도 23일을 끌었다. 7월 16일 도시 전체가 완전히 독일군에 포위되었으나, 소련군은 열흘을 더 버텼다. 도시의 경찰 1,200여명도 별도의 연대를 구성하여 도시 방어에 나섰으나, 이중 230명이 전사했다. 벨라루스 지역에서의 소련군의 영웅적인 방어는 소련군의 사기를 크게 높였다. 예상치 못한 강력한 저항을 맞은 독일군은 7월 말 공세를 멈추고 전열을 가다듬기 위해 방어 태세에 들어갔다. 8월 4일 벨라루스의 보리소프Borisov를 방문한 히틀러는 독일군의 손실을 보고받고, 두 달 안에 모스크바를 점령하는 것이 불가능하고 전쟁이 장기화될 것을 깨달았다. 8월 말 독일군은 공세를 재개했는데, 소련군 주력부대들이 모스크바 방면으로 후퇴한 상태라서 큰 저항을 받지 않고 진격을 계속했다. 9월 초 벨라루스 전 지역이 독일군에게

2차대전 중의 벨라루스 파르티잔

점령되었다. 전쟁 발발 후 두 달 동안 벨라루스에서 전개된 전투는 독일군의 '전격전(blitzkrieg)' 계획을 무산시키고 모스크바 방어를 강화할 수 있는 시간을 벌어주었다. 이것은 이후 전쟁의 전개 과정에 큰 변화를 주었다.

1943년 2월 스탈린그라드(볼고그라드) 전투로 승기를 잡은 소련군은 반격을 개시하여 1944년 중반 벨라루스 대부분 지역을 탈환했다. 독일군이 벨라루스를 점령한 동안 270개 도시 중 209개 도시가 파괴되었다. 2차 대전 중 벨라루스에서만 약 만 개의 산업시설이 파괴되어, 전체 산업 시설의 약 86%가 파괴되었다. 민스크, 비텝스크, 고멜, 오르샤, 폴로츠크 등 대도시는 주택의 80-90%가 파괴되었다. 인명 피해도 엄청나서 벨라루스에서만 약 2백만-3백만 명이 사망했다. 특히 유대인들은 거의 모두 체포되어 폴란드의 강제수용소에서 대량 학살되었고, 벨라루스 주민 38만 명이 독일에 노동자로 징용되어 갔다. 벨라루스는 1971년이 되어서야 2차대전 발발 당시의 인구를 회복했다.

27장 2차 대전부터 소련 붕괴까지의 벨라루스

• 1945년-1985년 기간의 벨라루스

2차 대전에서의 승리로 벨라루스 국민들은 자신감과 애국심이 고양되었을 뿐 아니라 좀 더 나은 생활에 대한 기대도 커졌다. 유럽국가들을 보고 전선에서 돌아온 병사와 장교들은 소련이 처한 환경에 대해 비판적 생각을 갖게 되었다. 그래서 종전 후 몇 년 간 서부 벨라루스에서는 반공산당 지하조직을 만들려는 시도가 있었다. 브레스트와 바라노비치Baranovichy에서 학생들로 구성된 '갈매기(Chaika)'라는 지하단체가 결성되었고, 포스타비Postavy와 글루보코예Glubokoye에서는 '벨라루스애국자동맹(Union of Berarusian Patriots)'이 활동했다. 이러한 단체들은 테러행위로 정부를 전복하려는 시도는 하지 않았고, 대신 현 체제에 대한 통렬한 비판과 민주주의 가치를 옹호하고, 소련의 전체주의 체제에서는 대단한 용기를 필요로 한 정치적 토의를 벌였다. 종전 후 스탈린은 바로 잔혹한 전체주의적 정책을 다시 펴며 대량 체포와 처형을 자행하고, 많은 사람들을 강제수용소로 보냈다. 독일군에 포로가 되었다가 전쟁 후 귀환한 병사들은 모두 강제수용소로 보내졌다. 또한 적군이 점령했던 지역의 주민들은 사상을 의심받으며 감시의 대상이 되었다. 1947년에는 1930년대와 비슷하게 '인민의 적들'에 대한 조작된 재판이 열렸다. 1946-47년에 적발된 학생

지하조직 구성원들은 선배 반체제 인사들과 같은 운명에 처해져 강제수용소로 보내졌다. 전쟁 후 소규모 학생 지하조직뿐 아니라 무장테러그룹이 벨라루스에 형성되어 활동했다. 폴란드군 잔여세력이나 벨라루스로 도망 온 우크라이나 민족주의자들, 독일군을 공개적으로 지지해서 종전 후 처벌을 피할 수 없게 된 사람들이 이러한 무장그룹을 형성했다. 이러한 무장그룹은 전쟁 전 폴란드에 속했던 서부지역에서 활발하게 활동했다. 토지의 국유화와 집단농장 창설은 지역 주민들의 큰 반발을 야기했고, 이런 불만에 가득 찬 사람들도 전쟁 중 독일군과 싸우다가 지금은 소련 체제에 대항하는 게릴라부대에 가담했다. '숲속의 형제들(Forest Brothers)'은 마을 소비에트를 습격하고, 집단농장 관리자들을 처형하고, 곡물보관창고를 불태웠다. 소련 당국은 벨라루스 서부 지역에 다른 지역에 비해 세 배나 되는 경찰력을 투입했고, '숲속의 형제들'과 연계된 사람은 조사나 재판 없이 현장에서 사살할 수 있는 권한을 부여받았다. 그러나 이러한 무장그룹은 범죄집단처럼 행동하면서 점차 주민들의 지지를 잃게 되었다. 1952년이 되자 이러한 무장그룹들은 거의 소멸되거나 소탕되었다.

1946년부터 스탈린이 죽는 1953년까지 소련 전역에는 숙청과 탄압의 물결이 쓸고 지나갔다. 벨라루스에서 전쟁 전과 전후의 탄압은 내무인민위원인 짜나비I. Tsanavy가 주도했다. 그는 수천 명의 사람들을 체포했고, 고위관리들, 학자들, 지식인들에 대한 위장재판을 주도했다. 1947년 모스크바의 당 중앙위원회가 벨라루스 작가들이 소련의 현실을 왜곡되게 묘사하고 있다고 비판하자 짜나비는 바로 작가들에 대한 대대적 체포에 들어갔다. 2-3년 동안 100명이 넘는 작가들과 언론인들이 체포되었다. 흐루시초프 집권 후 스탈린 시대 숙청자들이 복권되었을 때 이들 중 약 20명만 강제수용소에서 돌아왔다. 벨라루스 교육장관인 사예비치P. Saevich는 유고슬라비아를 위한 간첩행위를 한 죄명으로 총살당했다. 벨라루스 과학원장인 쟈브락A. Zhabrak은 미국의 국제학술저널인 '사이언스(Science)'에 유전학에 대한 논문을 게재했다는 죄목으로 모든 직위를 박탈당했다. 이것은 학계와 문화계 인사들에 대한 자의적 탄압의 일부 예이다. 반면에 스탈린의 저술과 그의 전기는 벨라루스어로 번역되어 모든 학교에서 수업 자료로 쓰였다.

이념적 전선에서의 탄압으로 경제 분야의 많은 문제점이 다소 가려졌다. 집단농장 위주의 비효율적 영농체제는 필요한 곡물을 충분히 생산해 내지 못하였다. 1946년의 수확은 전쟁 전의 절반에도 미치지 못했다. 영농장비도 부족하고 노동력도 부족했다. 여성들과 나이든 농민들만 영농에 투입될 수 있었다. 1946-47년에 벨라루스에는 기근이 발생하여 식량이 배급 카드에 의해 엄격히 배급되었다. 농민들은 급여를 받지 못했고 '노동일 단위(work-day unit)'로 일하며 일한 날수에 비례해서 약간의 식량을 배급받았다. 1948년 6월에는 '영농에 종사하기를 거부하는 농민들의 오지 추방령(On the eviction to remote regions of persons refusing to work in agriculture)'이 발령되어 8천 가구 이상의 농민들이 카자흐스탄과 시베리아로 추방당했다. 이들의 농지는 몰수되어 집단농장으로 전환되었다. 계급투쟁 원칙에 따라 집단농장화에 반대하는 가장 생산성이 높은 개인 영농지는 몰수되었다. 이러한 모든 조치들로 인해 농민들의 생활수준은 농노제일 때보다 별로 낫지 못했다. 1960년대 후반이 되어서야 농업 상황은 다소 개선되었다.

벨라루스의 주

2차 대전에서 소련이 승리하자 소련제국의 영역은 벨라루스를 넘어 폴란드, 동독으로까지 확장되었다. 소련 당국은 벨라루스 내의 폴란드계 주민들을 모국으로 이주하도록 명령했다. 빌니우스에서만 10만 명의 폴란드인들이 폴란드로 이주했다. 2차 대전 발발 당시 벨라루스에는 약 100만 명의 폴란드계 주민이 거주했던 것으로 추정되었는데, 1959년 인구조사에서는 540,000명(벨라루스 인구의 약 7%)의 폴란드계 주민이 남아있는 것으로 나타났다. 대부분의 폴란드계 주민들은 그로드노 지방의 서부 지역과 몰로데츠노Molodechno 지방 북서쪽의 농촌 지역에 거주했다. 폴란드계 주민들의 이주로 벨라루스인이 전체 인구에서 차지하는 비중이 늘어났다. 벨라루스의 7개 지방 중 앞의 두 지방을 제외한 다섯 지방에서 벨라루스인이 차지하는 비중은 86-90%에 달했다. 러시아인이 폴란드인을 대신하여 벨라루스 내 가장 큰 소수민족이 되었다. 1959년 조사에서 660,000명의 러시아인이 벨라루스에 거주하는 것으로 나타났다.

2차 대전 후 벨라루스의 국제적 위상은 크게 높아졌다. 1945년 4월 UN을 창설하기 위한 국제회의가 샌프란시스코에서 열렸다. 여기에서 벨라루스는 러시아, 우크라이나와 함께 UN창설국이 되었다. 소련이 UN참가를 거부할 것을 염려한 연합국은 소련에 3개국 대표권을 주기로 함으로써 벨라루스가 UN에 대표단을 파견하게 된 것이다. 스탈린은 2차 대전 중 큰 희생을 겪은 벨라루스와 우크라이나를 UN에 포함시키는데 성공했다. 얄타회담에서 처칠 영국수상은 스탈린에게 나치독일과 싸워 승리하느라고 큰 희생을 치른 벨라루스에 동정을 표한다고 말하기도 했다. 벨라루스와 우크라이나는 회기 첫날부터 UN총회의 모든 회의에 참석했다. UN의 '원조복구기구(Relief and Rahabilitation Administration)'의 결정에 따라 1947년 벨라루스는 총 6,300만 달러 상당의 물품과 장비 원조를 받았으며 2,350만 달러의 재정원조를 받았다. 1946년 벨라루스의 발의에 따라 UN총회는 전쟁범죄자 재판과 처벌에 관한 결의안을 채택했다. 그러나 벨라루스의 대외관계는 당시의 여러 상황에 따라 크게 개선되지 못하였다. 먼저 미소간 냉전의 시작으로 벨라루스도 고립되었고, 소련 사회의 폐쇄성으로 적극적 대외활동을 할 수 없었다. 또한 UN의 다른 대표단과의 접촉에 대한 모스크바의 감시와 의심도 대외활동의 범위를 위축시켰다.

1953년 3월 5일 스탈린의 죽음은 소련 사회 모든 부문에 큰 전환점이 되었다. 1953년 흐루시초프가 당 제1서기가 되면서 권력을 잡았다. 그는 스탈린의 압제 정책을 비판하고 민주적 개혁조치를 취했다. 그는 내무부 내에 정치적 사찰과 탄압을 담당하던 기관들을 해체하고 공산당도 개인 독재보다는 집단적 결정과정을 채택하게 했다. 1956년 2월 20차 공산당대회의 비밀연설에서 흐루시초프는 스탈린의 과오를 비판하는 연설을 하고 스탈린 시대에 탄압받은 사람들에 대한 복권을 시작했다. 벨라루스에서는 1956년부터 1962년 사이 29,000명의 인사가 복권되어 수용소에서 돌아왔다. 나라 전체에서 스탈린 동상 제거 작업이 시작되었다. 민스크에서도 10월광장에 서있던 거대한 스탈린 동상이 제거되었다. 소련의 각 공화국의 권리와 위상을 강화하는 조치도 취해졌다. 공산당 중앙위원회는 각 공화국에 정치, 경제 문제에 대한 자율권의 범위를 확장시켰다. 1956년 벨라루스는 소련 출범 이후 처음으로 중앙에서 임명된 인사 대신에 벨라루스 출신의 마루조프K. Maruzov를 당 제1서기로 선출했다. 흐루시초프 집권 기간 동안의 '해빙'무드는 문화와 문학 분야에도 긍정적인 변화를 가져왔다. 출판이 금지되었던 작품들이 발행되었고, 체제 비판도 어느 정도 허용되었다. 서방 국가들과의 문화 교류도 다소 활발해졌다. 그러나 근본적인 체제의 변화는 이루어지지 않았고, 경제도 크게 개선되지 못해 1세대 안에 공산주의 사회가 달성될 것이라는 흐루시초프의 약속은 공허한 말로 끝나고 말았다.

전후 대규모 산업 시설의 건설이 벨라루스의 경제 발전을 이끌었다. 전쟁 직후부터 중앙에서 계획된 대규모 산업 투자가 이루어졌다. 동유럽 국가들을 위성국가로 장악하면서 벨라루스의 변경성과 안보 위협은 상대적으로 줄어들었다. 디젤 엔진과 중장비 트럭, 농업용 트랙터, 기계류, 전기 장비, 가정용품 생산 공장들이 도처에 세워졌다. 그러나 이러한 공장들에 공급되는 원료와 부품들은 다른 공화국에서 조달되었기 때문에, 벨라루스의 산업은 자생 능력을 갖지 못했다. 전쟁 후 40여 년 동안 다른 공화국들에 비해 벨라루스의 공업화는 집중적으로 지속되어 1970-1985년 기간 동안 벨라루스의 GDP 성장률은 소련 평균치의 1.5배에 이르렀다. 중앙에서 계획한 공업화 과정은 벨라루스 정치지도자들의 경력에도 영향을 미쳤다. 성과가 좋은 산업체 관리자들은 모스크바의 연방 고스플란(Gosplan)에 승진되어 올라가서 경력을 쌓은 후 다시 벨라루스로 내려왔다. 이러한 경력 코스로 인해 체제 내에서의 '상향 이동(upward mobility)'을 위해 민족적 정체성을 유지할 필요가 없었다. 오히려 반대로 '러시아어를 구사하는 민족(Russian-speaking people)'이라는 모호한 인종 정체성을 유지하는 것이 편리했다. 벨라루스의 산업화가 진전됨에 따라 벨라루스인들의 도시화도 빠르게 진행되었다. 1989년 인구조사에서는 도시에 거주하는 벨라루스인 비율이 48%나 되었다. 1959년 61%였던 농촌 거주 벨라루스인 비율은 1989년에는 30%로 줄어들었다.

• 페레스트로이카 시기의 벨라루스

1985년 3월 고르바초프가 공산당 제1서기가 되면서 '페레스트로이카'로 불린 과감한 개혁 정책이 추진되었다. '글라스노스찌'로 알려진 정보 공개와 열린 토론은 이데올로기에 대한 공산당의 독점을 무너뜨렸고 언론의 자유를 가져왔다. 언론과 출판에 대한 검열은 모두 사라지고, 과거 70년 간 공산당이 건설한 소련 사회의 문제점을 비판하는 많은 출판물이 쏟아져 나왔다.

고르바초프의 개혁이 시작되기 직전 벨라루스 공산당 1서기는 슬륜코프Nikolai Slyunkov가 맡고 있었다. 1983년 당 제1서기로 취임하기 이전 그는 8년 간 소련의 경제기획을 담당하는 고스플란에서 근무한 경험이 있는 경제, 행정 전문가였다. 1986년 2월 슬륜코프는 모스크바 당 정치국 준위원으로 임명되었고, 1년도 되지 않아 정치국원으로 승진되었다. 슬륜코프의 후임으로는 말로페예프Anatoly Malofeyev가 임명되었다.

고르바초프의 개혁 정책이 시작된 후에도 벨라루스에서는 현상을 변화시키고자 하는 시민적 열망이 눈에 띄지 않았다. 벨라루스 주민들은 도처에 산재한 소련 체제의 성과물에 거부감을 느끼지 않았다. 수만 명을 고용한 거대한 산업 시설들은 외부인들이 건설한 이질적인 시설들로 여기지 않았고, 수십 년 간 벨라루스를 현대적 산업 공화국으로 만든 활력 있는 소련 경제의 성과물로 받아들였다. 민스크 외곽에 있는 군사비행장에 배치된 백파이어 전략폭격기(Tu-22 Backfire Strategic bombers)도 크게 위협적으로 느끼지 않았다. 핵전쟁이 발생하는 경우 적국의 1차적 공격목표가 될 수 있는 군사시설이 수도 옆에 있는 것에 대한 항의나 불만의 표시가 나타나지 않았다. 벨라루스 주민들은 소련의 안보와 공화국의 안보를 동일시하였다. 모스크바의 국방 정책이 벨라루스에 도움이 되거나 최소한 자신들에게 해를 끼치지는 않는다고 생각했다.

1986년 4월 26일 벨라루스 국경에서 수십 킬로미터 떨어진 우크라이나 체르노빌Chernovyl의 원전이 폭발하면서 핵 재앙이 벨라루스에 닥쳤다. 소련 정부는 사고를 공표하고 주민들을 대피시키는 대신 침묵을 지켰고, 재난 구조 작업도 원전 현장의 화재 진압에 집중되었다. 비정상적으로 높아진 대기의 방사능 오염을 인지한 스웨덴 당국이 항의를 하자 모스크바는 핵원전 사고를 인정하였다. 바람이 북서쪽으로 방향을 바꾸면서 방사능 낙진의 70%가 벨라루스 땅에 떨어졌고, 후에 조사된 바로는 벨라루스 국토의 1/5이 방사능에 오염되는 사상 최악의 환경 재앙을 맞았다. 앞으로 수십 년 간 벨라루스 주민들의 건강과 생명, 생태계에 큰 피해를 줄 체르노빌 원전 사고의 잠재적 피해와 영향에 대해서 당시에는 아무도 제대로 인식하지 못했다.

벨라루스의 정치적 민주화와 민족주의 운동은 인근 발트 3국에 비해 늦게 시작되었다. 1985년 12월 28명의 벨라루스 학자, 작가, 예술가들이 벨라루스어가 교육과 일상생활에서 사라지지 않도록 보호 조치를 취하도록 청원하는 서한을 고르바초프에게 보낸 것이 문화적 민족주의 운동의 시작이라고 볼 수 있다. 1988년 민스크 인근 쿠라파티Kurapaty에서 대규모 매장지가 발견되면서 정치적 민족주의에 새롭게 불이 당겨졌다. 벨라루스 과학아카데미의 고고학자들은 시 경계에서 5마일 밖에 떨어지지 않은 소나무 숲에서 1930년대와 1940년대 초에 매장된 것으로 추정되는 유골로 가득 찬 여러 군데의 매장지를 발견했다. 유골의 머리 부분에는 한결같이 총알 자국이 나 있었다. 1936년부터 1941년 사이 재판 없이 NKVD(KGB의 전신)에 의해 즉결 처형된 주민들의 시신인 것이 확실한 유골들이 불과 수 주 사이에 만 개 이상 발견되었다. 정확한 희생자의 수는 밝혀지지 않았지만 최대 30만 명까지 추산하는 학자도 있다. 매장지 인근에 고속도로가 건설되고 가스관이 부설되어 매장지 전체의 규모는 파악될 수가 없었고, 발굴 작업도 당국의 명령으로 중단되었다. 당시 발굴팀을 이끌었던 파즈냑Zianon Pazniak과 슈미할레우Yauhen Shmylaleu는 발굴 결과를 민족주의적 성향을 가진 지식인들이 주로 구독하는 '문학과 예술(Literatura I Mastatstva)'에 발표했다. 파즈냑은 후에 시민전선(People's Front)의 리더가 되어 독립 후 민주 진영을 대표하는 인사로 부상했다. 발굴 작업 종료 4개월 후인 10월 19일 약 400명의 인사가 모여 '스탈린 시대 희생자를 추모하는 벨라루스 역사-교육 협회(Belarusian Historico-Educational Society in Memory of the Victims of Stalinism)'를 결성했다. 공산당 지도자들도 참여한 공식 모임이었던 이 협회의 발기인들은 바로 이웃 발트 3국에 설립된 시민전선을 모델로 하는 시민전선 조직 준비위원회를 결성했다. 그러나 시민전선 조직 모임은 광범위한 시민적 지지를 확보하지 못하였다. 참여범위가 주로 젊은 세대에 한정되었고, 전국적 운동으로 확산되는데도 실패하여 민스크 이외의 지역에서는 참여의 열기가 없었다. 시민전선 운동의 미약한 시작은 창립총회가 벨라루스 내가 아니라 리투아니아의 빌니우스에서 열린 사실에서도 반증되었다. 1989년 6월 24-25일 280명의 발기인이 벨라루스 시민전선(BPF Belarusian People's Front) 창립총회를 열고 파즈냑을 의장으로 선출하였다. 발기인 중 201명은 40세 이하였고, 118명은 학생, 교사, 과학자, 학자, 작가, 예술가였으며, 약 100명은 공장 기술자와 공공기관 근무자였다. 지역적으로는 민스크 출신이 190명이나 되었다. 시민전선은 정당 조직을 갖추고 55명으로 구성되는 집행위원회(Soym)을 조직하였다. 그러나 시민전선은 대중과의 연계가 약했고, 벨라루스 정치 지도부 출신 인사는 한 명도 가입시키지를 못했다. 시민전선이 내세운 벨라루스 민주화와 독립 목표는 일반 대중뿐만 아니라 시민전선의 핵심 지지세력이 되어야 하는 대학생들 사이에서도 큰 열의를 불러일으키지 못했다. 1989년 한 조사에 의하면 벨라루스 대학생 중 19%만이 소련시민권과 분리된 벨라루스시민권 도입을 찬성했다. 같은 조사에서 에스토니아 대학생 96%, 라트비아 대학생 91%, 리투아니아 대학생 84%가 자국 시민권 획득을 원한 것과 큰 차이를 보였다. 발트 3국의 대학생들은 1차대전과 2차대전 사이 존재했던 민주공화국 수립을 현대사의 가장 중요한 사건으로 꼽은 반면, 벨라루스 대학생들은 12%가 벨라루스소비에트사회주의공화국의 창설을 가장 중요한 사건으로 꼽았고, 민족주의 인사들이 중요시하는 벨라루스민족공화국(Belarusian People's Republic) 창설은 중요한 사건 리스트에 들어가지도 못하였다.

벨라루스 민족주의 야당 진영의 무기력은 1990년 봄 실시된 최고회의 의원 선거에서도 드러났다. 시민전선은 전력을 다해 풀뿌리 선거운동을 펼쳤음에도 불구하고 345석 중 27석을 얻는데 그쳤고, 대부분의 의석은 공산당 당료, 지역 행정관료, 국영 공업, 농업 기업의 간부들이 차지했다. 7월 27일 최고회의는 소련의 존속을 전제로 한 사회주의공화국연방 내에서의 '벨라루스 국가 주권 선언(Declaration of Belarusian State Sovereignty)'을 채택했다. 시민전선은 약 20명의 민주성향 의원들의 지원을 얻어 독립 벨라루스 국가 선언을 발표했지만, 다른 공화국들과의 연방 유지 문제는 언급하지 않았다. 시민전선은 'Talaka(cultural movement of nationalist youth)'나 'Marthrolah Belarusi(society for commemoration of the victims of Stalin's repression)' 같은 문화, 인권 단체들과 연계하여 활동했으나, 파급 효과는 크지 않았다. 민족주의 지도자들은 벨라루스의 독립을 최우선으로 하고 다른 사회 문제의 해결은 그 이후에 해결한다는 것만 정하고, 독립 후 어떠한 사회, 경제적 체제를 창설해야 할지는 깊이 있게 생각하지 않았다. 이러한 결과 소련이 붕괴하는 시점에 발트 3국의 민족주의자들은 권력을 장악하고 독립을 쟁취하는 길로 나아갔지만, 벨라루스의 민족주의자들은 1991년 12월 소련의 붕괴로 벨라루스가 독립되는 것을 관망하고, 소련 시대의 정치 엘리트들이 정치권력을 다시 차지하는 것을 방관할 수밖에 없었다.

1991년 8월 모스크바에서 구체제 회기 세력의 쿠데타가 실패로 끝나고, 이웃한 우크라이나가 8월 24일 독립을 선언하자 다음날 벨라루스 최고회의도 독립을 선언했다. 곧이어 공산당이 불법화되자 최고회의 의장인 데멘테이Nikolai Dementei가 물러나고 물리학 교수 출신인 슈슈케비치Stanislav Shushkivich가 최고회의 의장 자리에 올랐다. 1994년 독립 후 첫 대통령 선거가 실시되기 전까지 벨라루스의 행정은 내각회의 의장이자 수상인 케비치Vlacheslav Kevich가 주도했다. 국영기업과 당 중앙위원회 중공업분야에서 경험을 쌓은 케비치는 소련으로부터 물려받은 체제를 변화시키지는 못하고 소련 붕괴와 같이 무너진 벨라루스의 경제를 힘겹게 이끌고 나갔다.

벨라베쟈 회담

벨라루스 정치인들은 소련 체제의 변화를 주도하는 역할은 하지 못하였지만, 벨라루스는 소련 붕괴의 계기가 된 역사적 회담의 장소를 제공하였다. 1991년 12월 8일 러시아연방공화국의 대통령 옐친과 벨라루스 최고회의 의장 슈슈케비치S.

슈슈케비치

Shushkevich, 우크라이나 최고회의 의장 크라프추크L. Kravchuk는 벨라루스 비스쿨리Viskuli의 벨라베쟈Belavezha 숲 속의 휴양소에 모여 세 공화국의 소연방 탈퇴와 '독립국가연합(CIS, Commonwealth of Independents States)'의 창설을 선언하였다. 12월 31일 고르바초프가 소련 대통령직에서 물러나고 크렘린 첨탑에서 소련 국기가 하강되면서 소련은 역사 속으로 사라지고, 벨라루스는 새로운 국가건설(nation-building) 과정의 첫 발을 내딛었다.

7부 독립 벨라루스공화국

28장 1991-2000년

  1989-1990년부터 시작된 소련의 단일 경제 공간의 와해로 모든 공화국의 경제는 큰 어려움을 겪었다. 1991년 벨라루스의 산업, 농업 생산은 30-35% 감소했다. 상점은 텅텅 비고 식료품은 배급되었다. 독립 초기 이러한 급격한 생활수준의 하락으로 일부 주민들의 마음에는 독립에 대한 부정적 평가가 자리 잡았다. 나이든 세대들은 소련의 해체가 전체주의체제의 극적인 종결이기도 했지만, 친근한 사회구조의 몰락과 빈곤, 무법상태를 가져왔다고 생각하기도 했다. 대도시의 많은 공장과 작업장에서는 파업이 자주 일어났다. 파업참가자들은 지속적인 인플레이션으로 인한 실질소득 하락 보상을 위해 임금 인상을 요구했다. 행정 경험이 없는 새 정부는 주민들의 불만을 달래기 위해 인위적인 가격 통제 정책을 쓰기도 했지만, 경제 상황을 극적으로 회생시키거나 살인적인 인플레이션을 막을 방법이 없었다.

  독립 후 벨라루스는 새 정부를 구성했고, 소련 시절의 정부 부처들은 새 정부의 휘하로 들어갔다. 소련 시대 벨라루스에 주둔한 군대는 벨라루스군으로 재편되었고, 1991년부터 벨라루스 젊은이들은 벨라루스에서만 군복무를 하게 되었다. 새 정부는 출발 때부터 대외적 평화 정책을 선언했다. 1991년 가을 모든 핵미사일은 벨라루스에서 제거되어 러시아로 운반되었다. 1992년 5월 23일 벨라루스는 리스본 의정서(Lisbon Protocol)에 서명하여 비핵무장 국가 지위를 선언했다.

소련이 붕괴된 후 3년의 기간 동안 벨라루스의 상황을 정치학자 기본Edward Gibbon은 '고요한 무정부 상태(tranguil anarchy)'로 불렀다. 공산당이 빠진 것을 제외하고는 소련식 정치 문화가 지속되고, 새로 결성된 아마추어적인 군소정당들은 정치의 주변을 맴돌고 있는 상태를 '고요함(tranquility)'으로 본다면, '무정부 상태(anarchy)'는 경제를 지배했다. 소련 내 다른 공화국들과의 교역에 의존하고 있던 벨라루스는 소련 붕괴의 가장 큰 영향을 받았다. 붕괴되는 소련 경제 체제의 원심력적 와해를 과감한 개혁 조치로 극복하려는 노력 대신, 소련식의 체제를 유지하려는 지극히 비효과적인 노력이 지속되었다. 간단한 대비로 발트 3국이 고통스런 체제 전환 노력을 지속한 데 반해, 벨라루스는 1994년 새 대통령이 선출되면서 체제 전환 노력을 중단하였다. 1994년 발트 3국은 GNP의 50-55%를 사적 부문에서 생산한 데 반해, 벨라루스는 GNP의 15%만이 사적 부문에서 생산되었다. 이 시기에 발트 3국은 시장 경제로의 전환을 위한 경계점(critical mass)을 넘어선 대신, 벨라루스는 역으로 회기하여 2005년에는 사적 부문이 생산한 GNP가 8%로 줄어들었다. 초인플레이션의 만연으로 1989년부터 1995년 사이 물가는 6만 배 상승하였다. 국민들의 실질 소득은 1/4이상 감소하였고, 최저 생계비 이하에서 생활하는 주민의 비율도 1%(1990년)에서 36%(1995년)로 급속히 늘어났다. 그러나 이러한 모든 경제적 어려움이 개혁에 대한 열망을 강화시키기보다는 포퓰리즘적 정치 선동에 민심이 쏠릴 수 있는 여건을 마련해 주었다.

새로운 독립국가의 기초를 놓는데 중요한 것은 헌법이었다. 1994년 3월 15일 의회 역할을 하는 공화국 최고회의는 대통령제를 기반으로 하는 새로운 헌법을 채택했다. 독립 후 처음 실시된 대통령 선거에 시민전선의 파즈냑, 수상 케비치, 전 최고회의 의장 슈슈케비치, 최고회의 의원인 루카셴코Aleksandr Lukashenko, 농업당의 두브코 Aleksandr Dubko, 공산당의 노비코프Vasil Novikov가 후보로 나섰다. 6월 24일 실시된 1차 선거에서 파즈냑은 12.8%를 얻는데 그쳐 3위를 하였고, 17.3%를 얻은 케비치가 2위를 했고, 44.8%를 얻은 루카셴코가 1위를 차지했다. 두브코와 노비코프는 각각 5.9%와 4.3%를 얻는데 그쳤다. 1, 2위 간의 결선 투표에서 루카셴코는 80.1%를 얻어 일방적 승리를 거두었다.

알렉산드르 루카셴코는 대선 전 최고회의 내에서 '민주주의를 위한 공산주의자(Communists for Democracy)'정파를 이끌고 있었고, 논란이 많은 저속한 대중연설로 유명했다. 루카셴코는 KGB 국경수비대 장교로 군 생활을 마친 후 집단농장, 건자재공장 등의 관리자를 거쳐 페레스트로이카로 인한 혼란 시기인 1990년 최고회의 의원으로 선출되었다. 고르바초프가 글라스노스찌를 선언하고 검열을 폐기한 후, 의회의 주요 회의와 토론은 TV로 생중계되었다. 루카셴코는 부패에 대한 강력한 비판적 연설과 대중선동적 연설스타일로 대중들의 주목을 받았다. 벨라루스 최고회의가 소련의 해체를 결정한 '벨라베쟈 합의(Belavezha Accords)'를 인준할 때 이에 반대표를 던졌거나 기권을 했다는 설도 돌았다. 대통령에 취임하자마자 루카셴코는 러시아와의 화해정책을 취하고 민족주의적 성향의 발현에 대해 반대하는 입장을 보였다. 특히 그는 벨라루스 민족문화의 발전을 강력히 옹호하는 '벨라루스 시민전선(Berarusian Popular Front)'과 충돌했다.

1980년대 페레스트로이카 시절부터 논란이 된 '언어문제(language problem)'는 정치 논쟁의 중요한 주제가 되었다. 소련 시대 지속적으로 추진된 러시아화 정책으로 인해 벨라루스어의 사용은 급격히 줄어들었다. 시민전선은 이 문제를 진정한 독립, 민주화, 민족정책과 연계시켰다. 1990년 시민전선의 노력으로 최고회의는 벨라루스 언어법을 통과시켰다. 이 법에서는 벨라루스어만이 공식언어로 채택되고 러시아어는 "벨라루스에서 시민들이 사용하는 다른 언어들과 동등한 권리"를 보장받는다고 규정되었다. 주민의 80%가 러시아어를 쓰고 있고, 많은 사람들이 러시아어가 공식어의 지위를 상실하는 것에 반대하고 있었기 때문에 이 법은 많은 논란을 불러일으켰다. 시민전선의 많은 당원들조차도 이 법이 시기상조이고 내용이 극단적이라는 생각을 했다. 루카셴코는 언어법에 대한 대중적 불만을 이용하여 공식언어와 국가상징에 대한 국민투표를 실시했다. 그는 언어법에 대한 국민투표를 이용해 정적인 시민전선을 무력화시키고 자신의 대통령 권력을 강화하기로 했다. 국민투표에는 네 가지 질문이 포함되었다. 첫째, 러시아어를 공식언어로 인정할 것인가, 둘째, 국기와 국가문양을 바꾸는 문제, 셋째, 러시아와의 경제통합에 대한 대

루카셴코

통령의 정책을 지지하는가, 넷째, 최고회의가 헌법을 위반하는 경우 대통령에게 최고회의 해산권을 부여하도록 헌법 개정을 할 것인가였다. 언어문제를 국민투표 실시의 명분으로 내세웠지만 대통령 권력을 강화하기 위한 포석이 네 번째 질문에 깔려있었다. 야망이 큰 루카셴코는 러시아에서 자신의 인기를 높여 적당한 기회가 되면 러시아 대통령직이나 러시아와 벨라루스 연합국가의 대통령에 도전해 볼 생각이 있었다.

루카셴코의 국민투표안은 시민전선 소속 의원들의 큰 반발을 일으켰다. 헌법상으로 국민투표를 발의할 권한은 최고회의에만 있었다. 포즈냑이 이끄는 시민전선 의원 전원과 트루소프O. Trusov가 이끄는 사회민주당원들은 최고회의 건물에서 단식투쟁에 들어갔다. 1995년 4월 11-12일 밤 건물에 폭발물이 설치되었다는 핑계로 특수부대(OMON)와 대통령 경호실 병력들이 최고회의장에 난입하여 단식투쟁 중인 의원들을 구타하고 쫓아냈다. 다음날 루카셴코는 의원들의 안전을 위해 이러한 조치를 취했다고 설명했다. 5월 12일 시민전선은 국민투표의 모든 질문사항에 대해 반대표를 던지도록 국민들에게 호소했다. 1995년 5월 14일 국민투표가 실시되어, 네 가지 제안이 모두 통과되었다. 지역에 따라 편차가 있지만 75-83%의 투표자들이 네 가지 제안 모두에 찬성표를 던졌다. 소련 시대의 공화국 국기와 국가문양이 약간 수정되어 복원되었다. 이후로 폐기된 흰색-적색-흰색의 3색기와 리투아니아 대공국의 문양이었던 "파코냐"는 루카셴코에 대항하는 반대파의 상징이 되었다.

국민투표로 인해 대통령의 권력은 강화되고 의회 권력은 축소되었다. 시민전선의 민족주의적 플랫폼은 대중적 인기를 얻지 못했다. 국민투표의 결과에 대해서는 양측 모두 이의를 제기하지 않았다. 이 국민투표는 벨라루스공화국 역사상 처음이자 마지막으로 합법적인 것으로 인정된 국민투표였다. 1996년 모든 부문에서 대통령과 의회의 갈등이 전개되었고, 벨라루스의 정치적 위기는 심화되었다. 의회는 시장경제 도입, 광범위한 사유화 실시, 주권 보존, 민족주의에 입각한 사회통합을 주장하였다. 가장 논란이 많은 정치적 이슈 중 하나는 러시아와의 국가통합이었다. 1996년 4월 러시아와 벨라루스는 '주권국가연합(Union of Sovereign States)' 협정에 서명하였다. 이 협정에 의해 러시아는 벨라루스에 시장을 개방하였고, 원자재와 에너지를 저렴한 가격에 벨라루스에 공급했다. 벨라루스는 러시아에 지불해야 할 에너지 채무 10억 달러를 탕감받는 혜택도 받았다. 이 협정에 대한 반대 표시로 야당 세력은 4월 26일 체르노빌 원전 사고 10주기에 맞춰 민스크에 약 5만 명이 참가한 대규모 시위를 조직하였다. 시위대는 3색기를 흔들고 "우리는 러시아로 돌아가기 원하지 않는다", "루카셴코는 러시아의 첩자다", "독립 벨라루스를 위하여" 같은 구호를 외쳤다. 이것은 독립 이후 최대 규모의 반정부 시위였다. 상황을 반전시키기 위해 루카셴코는 자신이 가장 좋아하는 방법인 국민투표를 실시하기로 했다. 이번에는 헌법 개정을 국민투표의 대상으로 하였다. 핵심 내용은 정체를 대통령-의회제에서 순수 대통령제로 바꾸는 것이었다. 이에 대한 대응으로 최고회의는 반대되는 제안, 즉 대통령제를 폐지하는 안을 국민투표에 포함시킬 것을 주장했다. 양측의 갈등이 고조되자 헌법재판소가 나섰다. 헌법재판소는 최고회의 편을 들었고, 루카셴코 취임 이후 발효된 대통령령 18개가 헌법에 어긋난다고 판결했다. 헌법재판소는 국민투표에 의한 헌법 조항 개정은 제안적인 효과만 가질 뿐이라고 했다. 그 이유는 현행 헌법상 헌법 개정권한은 최고회의에만 있기 때문이었다. 루카셴코는 헌법재판소의 결정을 무시하고, 국민투표 조항의 구속력을 주장했다. 그는 헌법재판소가 "국민이 국민투표에 참여할 수 있는 헌법상 권리를 제한하려고 한다"고 비난했다. 이러한 대중선동적인 주장이 대통령의 헌법 위반 행위를 덮었다. 이에 더해 루카셴코는 "국민투표를 방해하는" 정부기관이나 단체는 폐쇄하거나 해산하겠다고 위협했다.

　10월 29-30일 산업체와 기관 대표 5천 명이 민스크에 모여 '벨라루스 국민회의(Belarusian People's Assmebly)'를 창설하였다. 이들은 대통령의 정책을 지지하는 결의안을 통과시키고 야당이 "사회를 분열시키고 국가의 안정을 해치려 한다"고 비난했다. 야당 세력은 10월 18-19일 '독재에 반대하는 헌법수호(In Defense of the Constitution against the Dictatorship)' 국민회의를 개최했다. 최고회의 의원들은 대통령 탄핵을 위한 표를 모으기 시작했다. 국가는 위기에 빠져들고 있었다. 이러한 상황에 처한 루카셴코는 헌법 개정 국민투표를 가능한 빨리 진행시키려고 하였다. 두 국가 기관의 대립으로 야기된 정치 위기는 벨라루스 뿐만 아니라 국외에서도 큰 반향을 일으켰다. 서구 국가들의 여론은 야당 세력을 지지하고 대통령의 월권을 비난했다. 일례로 10월 17일 미국 국무성은 "의회와의 협력을 포기한 루카셴코대통령은 국가를 분열시킨 장본인으로 남을 것이다"라는 성명을 발표했다. 국민투표를 며칠 앞둔 11월 14일 루카셴코는 선거관리위원장이자 야당 지도자이고 경험 많은 변호사인 곤차르V. Gonchar를 해임하고 자신의 충복인 에르모쉬나L. Ermoshina를 그 자리에 앉혔다. 선거관리위원장 선출 권한은 의회에 있으므로 이것도 위헌적 행위였다. 헌법재판소장 티히냐V. Tihinya는 대통령에게 선관위장을 해임한 행위를 취소하도록 요구했다. 최고회의 의장 샤레츠키S. Sharetsky도 "공화국이 반헌법적인 권력 탈취와 독재의 시작을 보고 있다"고 루카셴코의 행위를 비난했다.

루카셴코대통령 기념우표

루카셴코와 그가 제안한 헌법 개정을 지지하는 대규모 프로파간다가 전개되었다. 유럽미디어연구소(European Media Institute)에 따르면 모든 텔레비전과 라디오 방송 시간의 90% 이상이 대통령을 지지하는 사람들의 인터뷰로 채워졌다고 보고했다. 국민들은 하루에도 수십 차례씩 대통령의 행위를 찬양하고 동조하는 세뇌적 선전에 노출되었다. 모든 지역에서는 국민투표 준비사무소가 설치되고 모든 공무원들은 대통령의 선거운동원처럼 행동했다. 1996년 11월 24일 앞으로 벨라루스의 정치적 운명을 크게 좌우할 국민투표가 실시되었다. 국민투표의 핵심 조항인 헌법 개정에 대해서는 70.4%의 찬성과 9.3%의 반대가 나왔다. 농지사유화에 대해서는 82%가 반대했고, 사형제 폐지에 대해서는 80%가 반대했다.

자신에게 막강한 권력을 부여해 준다면 국민들에게 멋진 생활을 제공하겠다는 루카셴코의 장밋빛 약속과 대중선동적인 수사는 대중들의 지지를 받았다. 지속되는 경제 침체 상황에서 러시아와의 연합도 매력적으로 들렸다. 많은 사람들이 '강한 형님(big brother)'인 러시아가 자신들을 어려움 속에 방치하지 않을 것이라고 기대했다. 80% 이상의 주민이 러시아어를 사용하고, 두 나라의 공통의 역사, 문화적 연계성은 대중들의 의식에 큰 역할을 하였다. 루카셴코는 소련 시대를 그리워하는 나이 많은 세대에서 인기가 높았다. 루카셴코는 이러한 감정을 이용하여 민족주의적 반대세력을 효과적으로 제압했다. 11월 27일 새 헌법이 발효되자마자 루카셴코는 그의 5년 임기는 1994년 대선부터가 아니라 헌법 개정 시점부터 새로 시작된다고 선언했다. 11월 29일 루카셴코는 최고회의를 해산하고 직접 지명한 의원들로 구성된 어용의회인 '국가대표자의회(National Assembly House of Representatives)'를 구성하였다. 유럽연합과 미국은 대통령이 지명한 의원들로 구성된 새 의회의 정통성을 인정하지 않았다. 대통령의 지명을 받지 못한 샤레츠키 의장을 포함한 최고회의 의원들은 자신들이 합법적 의원이라고 천명하고 국제무대에서 벨라루스 의회를 대표했다. 2001년까지 OSCE 의회 회의에는 이들이 대표로 참석했다.

국민투표는 사실상 헌법쿠데타였다. 루카셴코의 독재적 행위에 항의하여 헌법재판소장 티히냐를 포함한 여덟 명의 헌법재판관이 사임했고, 국무총리 치기르M. Chigir, 고용부 장관 소스노프A. Sosnov, 외무차관 산니코프A. Sannikov도 사임했다. OSCE와 유럽의회는 국민투표의 결과를 인정하지 않았고, "벨라루스의 새 헌법은 최소한의 민주적 기준도 충족하지 못했고, 법의 지배와 권력 분산의 원칙을 지키지 않았다"라고 비난했다. 1999년에도 정치 위기는 계속되었다. 시민전선과 시민연합당(United Citizens' Party)은 새 헌법과 강화된 대통령의 권력을 인정하지 않았다. 이들은 이전 헌법에 의해 1999년 여름 대통령 선거를 치르기로 하였다. 모든 루카셴코의 반대 세력과 해산된 최고회의 의원들은 이 움직임을 지지하고 나섰다. 루카셴코로서는 이전 헌법대로 대통령선거가 치러지면 대통령직에서 물러나야 하는 상황에 처했다. 이런 가운데 주요 정치인들의 실종 사건이 발생했다. 1999년 전 내무장관 자카렌코Y. Zakharenko, 전 최고회의 의장이자 선거관리위원장 곤차르, 야당세력을 재정적으로 지원한 사업가 크라솝스키A. Krasovskiy가 실종되었다. 사법기관은 이들의 행방에 대해 수사를 했지만 아무것도 밝혀내지 못했다. 많은 사람들이 이들이 납치되어 살해되었을 것으로 믿었다. 벨라루스와 여러 유럽국가에서는 곤차르와 크라솝스키가 실종된 9월 16일을 기억하고 있다. 2010년 이 실종 사건을 다룬 영화 '대부(the Godfather)'가 러시아에서 제작되었다. 이 영화에서는 루카셴코와 공안기관이 이 야당 지도자들의 납치와 살해에 깊이 관여되었을 것이라는 것을 시사했다. 별도의 대통령 선거를 치르려는 야당 세력의 노력은 아무런 결과를 만들어내지 못했다. 서구 국가들은 루카셴코의 합법적 임기를 1999년까지만 인정하고 이후의 그의 임기는 불법이라고 선언했다.

  1999년 12월 모스크바 크렘린궁 안의 성 게오르기홀에서 러시아 대통령 옐친과 루카셴코는 연합국가(Union State)를 창설하는 조약에 서명했다. 이 조약에는 양국이 공동의회를 창설하는 안이 포함되어 있었다. 루카셴코는 2000년 러시아 대통령 선거에 출마하는 계획을 가지고 있었고, 이를 위해 양국이 동등한 권리로 통합하는 연합국가 안이 필요했다. 그는 병들고 인기 없는 옐친과 대결하면 승리할 수도 있다는 생각을 가진 듯하다. 그러나 러시아 대통령직은 푸틴에게 돌아갔다. 양국은 대중선동적인 통합안을 계속 내어놓았다. 2008년에는 공동 화폐 도입안이 논의되었으나 결코 실현되지는 않았다. 벨라

루카셴코대통령과 푸틴대통령

루스로서는 주권을 포기하지 않고 정치, 경제적으로 러시아와 통합할 수 있는 길은 없었다. 2002년 러시아 푸틴 대통령은 벨라루스를 러시아 연방의 구성원으로 통합할 수 있다고 선언하였으나 이것도 통합으로 이어지지는 않았다. 이러한 푸틴의 발언은 벨라루스에서 큰 파장을 일으켰다. 그러나 "형제인 두 슬라브 민족을 통합"한다는 수사는 계속 이어졌고, 국가가 당면한 심각한 문제에서 대중들의 관심을 돌리는 역할을 하였다. 벨라루스 경제는 러시아 시장과 러시아의 에너지 공급 없이는 지탱될 수가 없었다. 사람들은 러시아와의 통합에 대한 끊임없는 수사를 "키스와 교환한 기름과 가스(oil and gas in exchange for kisses)"라고 희화화했다.

1999년 벨라루스의 외교정책은 유고슬라비아 사태에 큰 영향을 받았다. 1999년 3월부터 6월까지의 유고슬라비아에서의 나토 군사 작전은 러시아와 벨라루스 정부의 큰 반발을 불러왔다. 루카셴코는 의회에서 행한 연설에서 나토의 공습으로 세계는 다시 양분되었고, 서구국가들이 다른 국가에 대한 징벌 행위를 한 것에 대한 형사적 책임을 져야한다고 비난했다. 같은 연설에서 그는 서방이 벨라루스의 야당 언론과 '보복(revanchist)' 세력에 대한 재정 지원을 중단해야 한다고 비난했다. 1999년 4월 유고슬라비아를 방문해 밀로세비치대통령을 만난 루카셴코는 러시아와 벨라루스 국가연합에 유고슬라비아가 가담하는 안을 제시했다. 이러한 안은 러시아 두마에서도 논의된 적이 있었다. 그러나 이러한 논의는 유고슬라비아가 해체되면서 에피소드가 되고 말았다.

1999년은 경제면에서 초인플레이션이 분출한 해로 역사에 남을 것이다. 벨라루스 중앙은행은 계속 돈을 찍어내어, 1999년에는 100만 루블과 500만 루블 지폐가 나왔다.(1991년 가장 가치가 큰 지폐는 100루블이었다) 미화 1달러는 320,000루블에 해당되었다. 100만 루블로 정해진 최저 임금은 미화 3달러에 불과했다. 2000년 1월 정부는 천분의 일로 화폐 평가절하를 해서 화폐에 붙은 0숫자 세 개를 줄였다.(2012년 미화 1달러는 8,100루블이었다) 1999년 벨라루스는 전국인구조사를 실시했다. 조사된 자료에 따르면 벨라루스의 인구는 10,045,000명이고 약 130민족이 거주하는 것으로 나타냈다. 인구의 81.2%는 자신을 벨라루스인이라고 응답했다. 2000년이 되자 경제에도 긍정적인 신호가 나타나기 시작했다. 산업 생산과 가계 수입은 1990년 이전 수준으로 회복되었다. 정부는 소련 시대와 마찬가지로 '5개년계획'을 내세우며 경제발전을 독려했다. 2,500명의 대표가 모인 2차 전벨라루스대회(All-Belarusian Assembly)가 민스크에 소집되어 '사회경제 발전을 위한 5개년 계획'을 채택했다. 이 '5개년 계획'에서는 2005년 임금은 250달러, 은퇴자 연금은 120달러 수준으로 올리기로 목표가 정해졌다.

29장 2000년 이후 벨라루스

2001년 대통령 선거가 시작되기 전 루카셴코는 모든 강력한 정적을 제거함으로써 아무도 자기에게 도전할 수 없게 만들었다. 야당 세력의 지도자인 곤차르는 흔적도 없이 실종되었고, 국민전선(National Front)의 지도자인 포즈냑은 국외로 망명하였다. 전 총리 치기르는 '직무 수행을 소홀히 한' 죄로 투옥되었다. 전 최고회의 부의장 카르펜코는 의심스러운 상황에서 49세의 나이로 죽었다. 루카셴코는 국가의 모든 경제와 정보 자원을 완전히 손에 장악했고, 러시아의 새 대통령 블라디미르 푸틴의 지지를 확보했다. 선거관리위원회는 1996년부터 루카셴코 하수인인 예르모쉬나가 장악하고 있었고, 선거관리위원들은 대통령에 대한 충성도를 기준으로 엄격하게 선발되었다. 이 모든 것이 2001년 대통령 선거의 승리를 보장했고, 루카셴코는 75%의 지지율로 당선되었다. 그의 라이벌인 벨라루스 직능조합 의장(Chairman of the Belarusian Federation of Trade Unions)인 곤차릭V. Goncharik은 15%를 득표했다. 벨라루스의 야당 세력과 미국, 유럽연합은 대선결과를 인정하지 않았고, 선거 과정에 많은 부정행위가 있었고, 민주적 기준에 맞지 않게 선거가 진행되었다고 비난했다. 당시의 헌법으로는 루카셴코는 2006년까지만 대통령직을 수행할 수 있고, 3선에 나설 수 없었다. 그는 다시 헌법을 바꾸기 위해 국민투표라는 전가의 보도를 사용하기로 했다. 2004년부터 루카셴코의 '어용의회(pocket parliament)'로 변한 의회는 국민투표에 반대하지 않았다. 갤럽/발티스조사(The Gallup Organization/Baltis Surveys)의 여론 조사에 따르면 대부분의 벨라루스 국민들은 루카셴코의 임기 연장을 찬성하지 않았다. 2004년 9월 7일 루카셴코는 국민투표에 대한 포고령을 발표하였다. 국민투표의 조항은 헌법 81조를 "대통령은 보통, 자유, 직접, 비밀 투표에 의해 5년 임기로 선출된다"로 바꾸는 것이었다. 이 문구 자체는 아무런 이상이 없어 보이지만, 81조 후반의 연임 제한 문구가 없어짐으로써 종신 집권의 길이 열리게 되었다.

헌법 개정 국민투표는 벨라루스와 서방의 관계를 크게 악화시켰다. 미국 의회는 벨라루스의 민주정치와 인권에 대한 우려를 표명했다. 국민투표는 10월 17일에 치러졌다. 국민투표 전날 공무원들의 월급과 노인연금이 50% 인상된다고 발표되었고, 투표 당일 날은 아침부터 투표소에서 상품들이 이윤 없이 염가에 팔린다는 공지에 가득 쌓인 소시지를 비춰주는 장면이 방영되었다. 국민투표 결과 투표자의 79%가 헌법 개정에 찬성하여 루카셴코의 종신집권의 길을 열어주었다. 대통령 선거가 다가오면서 형법에 새로운 조항이 추가되었다. '국가 명예훼손에 대한 형사적 책임(On criminal liability for defamation of the state)'이라는 새 조항은 벨라루스의 정치, 경제, 군사, 국제적 입장에 대해 '의도적으로 잘못된(deliberately false)' 정보를 외국이나 외국 기간에 제공하는 자는 2년의 징역형에 처하게 규정하였다. 야당 세력은 이 법안에 강력히 반대했으나 의회는 찬성 93, 반대 3으로 이 법안을 통과시켰다. 2006년 3월 1일 KGB책임자 수카렌코는 기자회견을 열어 민중 소요와 폭력적 방법으로 정부 전복을 꾀하는 테러리스트 집단을 적발하여 체포했다고 발표했다. 이들은 민중 집회를 개최한 후 폭탄을 터뜨려 집회 참가자들을 살상하고, 정부 건물들을 점거하여 정부 기능을 마비시킬 계획을 가지고 있다고 폭로했다. 또한 조지아, 우크라이나, 유고슬라비아에서 온 무장세력이 연관되어 있다고 주장했다. 3월 2-3일 정부 주도의 '시민대회(Popular Assembly)'가 세 번째로 열렸다. 이 대회에서 루카셴코는 몇 시간에 걸쳐 '국민을 위한 국가(A State for the People)' 계획안을 발표했다. 이 대회에서는 2006-2010년의 사회-경제개발 5개년 계획이 채택되었다. 이러한 상황에서 3월 19일 대통령 선거가 치러졌고, 루카셴코는 82%를 득표하여 대통령에 당선되었다. 경쟁자인 코줄린A. Kozulin, 가이두케비치S. Gaydukevich, 밀린케비치A. Milinkevich는 각각 3%-6%의 득표를 하였다. 선거 결과가 발표된 날 저녁 약 3만 명의 시민들이 시내 중심가에서 부정선거에 대한 항의데모를 벌였다. 특수진압부대는 무자비하게 시위를 진압했다. 3월 25일 사회민주당 당수이고 대선 후보였던 코줄린은 "사악한 폭력주의와 대중 선동을 교사"한 죄로 체포되어 5년 반 형을 선고받았다. 그는 감옥에서 단식투쟁을 벌였고, 유엔안전보장이사회가 벨라루스 상황을 다뤄줄 것을 요청했다. 벨라루스의 인권 상황에 대한 유엔안전보장이사회의 비공개회의 직후 미국 상원은 벨라루스에 대한 경제 제재를 결의하였다. 국제사면위원회는 코줄린을 정치범으로 인정하였다. 국제적 압력을 받은 루카셴코는 2년 반 후 코줄린을 사면했는데, 저명한 과학자이며 벨라루스국립대학의 총장을 역임한 코줄린은 8개월의 단식투쟁을 포함한 힘든 수감 생활로 건강을 크게 상하고 정치계를 떠났다. 루카셴코와 그의 측근 42명은 미국과 유럽연합에 '기피인물(persona non grata)'로 지정되어 입국이 금지되었다.

  2010년 12월 19일 치러진 대통령 선거는 미리 짜인 계획대로 진행되었다. 루카셴코의 승리가 선언되자 약 5만 명의 시민들이 부정선거에 항의하여 시위를 벌였다. 이번에도 특수진압부대는 무자비하게 시위를 진압하였고, 약 800명의 시위대를 체포하여 이 중 725명이 기소되었다. 대통령 선거 후보자였던 산니코프Andrey Sannikov(5년형 선고), 네클라예프Vladimir Neklyaev(2년형 선고), 스타트케비치Nikolay Statkevich(6년형 선고)도 투옥되었다. 12월 20일 아침, 경찰은 인권감시센터인 '베스나(Vesna)'와 인터넷 사이트 '차터-97(Charter-97)'의 사무실을 급습하여 직원들을 체포하고, 서류와 컴퓨터 등을 압수했다. OSCE가 대선 결과를 인정하지 않자, 이에 대한 보복으로 OSCE 민스크 사무실 운영허가를 취소했다. 대선 직후 체포된 민주 인사는 600여명에 달했다. 2010년 대통령 선거 이후 EU는 루카셴코의 두 아들을 비롯한 160명의 인사를 '기피인물'로 지정하였고 경제 제재도 확대하였다. 이에 대한 대응조치로 벨라루스 외무성은 폴란드의 벨라루스대사관과 EU본부의 외교관을 철수시켰다. 민스크에 주재하는 유럽 연합 27개국의 대사는 모두 본국으로 귀환하였다. 2012년 루카셴코가 베네수엘라를 방문하자, 베네수엘라의 차베스대통령은 이 날을 국가 경축일로 지정하며 루카셴코를 환영했다. 루카셴코는 자신의 아들이 함께 온 것이 양국 협력에 항구적 기초가 될 것이라고 선언함으로써 아들을 후계자로 내세울 것임을 밝혔다.

  2013년 11월 우크라이나에서 EU 협력협정 체결 번복 결정으로 촉발된 항의 시위가 반정부 시위로 격화되고 야누코비치 정권이 붕괴되었다. 2014년 3월 러시아의 크림 병합, 4월 우크라이나 동부에서의 교전이 발생하자 루카셴코는 중재자 역할을 자임하고 나섰다. 2014년 9월 5일 민스크에서 러시아, 우크라이나, EU 사이에 휴전회담이 열려, 우크라이나 동부 지역에서 휴전이 합의되고 우크라이나의 EU와의 경제협력협정 체결을 2016년 1월로 연기하는 내용을 골자로 한 소위 '민스크 협정'이 체결되었다. 민스크 협정으로 루카셴코는 평화중재자로서의 이미지를 효과적으로 내세웠고, 서방에서도 루카셴코에 대한 비판 수위가 낮아졌다. 휴전 협정에도 불구하고 우크라이나 동부에서 내전이 격화되자, 2015년 2월 재차 민스크에서 러시아, 우크라이나, 독일, 프랑스 정상이 참석한 가운데 휴전회담이 열려 소위 '민스크 평화협정'이 체결되었다. 2015년 1월 러시아, 벨라루스, 카자흐스탄 간의 관세동맹을 확대 발전시킨 유라시아경제연합(EEU, Eurasian Economic Union)이 정식으로 출범하였다. 후에 아르메니아와 키르기지아가 추가로 유라시아경제연합에 가입하였다.

민스크 협정 주선으로 러시아와 우크라이나 분쟁의 공정한 중재자 역할을 자처한 루카셴코는 2014년 12월 우크라이나를 방문하여 포로셴코 대통령과 회담을 가졌다. 루카셴코는 우크라이나 사태와 관련하여 일방적으로 러시아편만 들지 않았고, 고립을 탈피하고 서방의 제재를 완화시키기 위해 러시아와의 거리를 조정하는 시도를 하고 있다.

2015년 8월 5선을 위한 대선을 두 달 앞두고 루카셴코는 6명의 반정부 인사를 석방하는 등 유화조치를 취했다. 이러한 조치에 대한 화답으로 유럽 각국은 벨라루스에 대한 제재를 완화하는 방안을 고려했다. 10월 12일 실시된 대통령 선거에서 루카셴코는 83.5%의 지지를 얻어 5선에 성공했다. 대선 직후 유럽연합은 벨라루스에 대한 제재조치를 4개월 간 잠정 중단한다고 선언하여, 루카셴코의 당선에 정당성을 부여했다.

10월 9일 스웨덴 한림원은 2015년 노벨문학상 수상자로 벨라루스의 스베틀라나 알렉시예비치Svetlana Alexievich를 선정했다. 우크라이나 이바노-프란킵스크 주 출신인 알렉시예비치는 민스크 국립대학에서 언론학을 전공하고 기자로 활동하면서 르포 형식의 소설 장르를 개발하여 글을 써왔다. 대표작인 '체르노빌의 목소리'는 체르노빌 원전 사고 희생자들을 개별적으로 인터뷰하여 작성한 소설

스베틀라나 알렉시예비치

로 벨라루스에 가장 큰 피해를 입힌 체르노빌 사고를 재조명하고 있다. 루카셴코 정권의 탄압을 피해 파리 등 유럽 여러 도시에 거주하다가 2012년 벨라루스로 돌아온 알렉셰비치는 10월 12일 대선에 불참한다고 선언하며 루카셴코의 장기 집권에 대한 반대 의사를 간접적으로 표현하였다.

에필로그

• 루카셴코가 정권에 대한 도전을 거의 받지 않으면서 장기 집권에 성공하는 이유

벨라루스의 역사는 여러 이름 아래 잘못된 시작이 반복되었다. 벨라루스의 여러 영역은 크리비아Kryvia, 폴라츠크, 리트바Litva, 루테니아Ruthenia, 연합교회의 땅(Uniate-land), 서부 러시아, '크라이'krai, 소비에트 벨로러시아Belorussia, 그리고 최종적으로 독립 벨라루스라고 불렸다. 이와 유사한 재발명(reinvention)이 루카셴코대통령이 통치하는 벨라루스에서 일어나고 있다. 루카셴코가 선거를 조정하는 기술이 늘어나면서 선거의 중요성은 퇴색하였지만, 루카셴코는 매 선거가 끝난 후 자신을 재포장했다. 루카셴코는 1994년에는 범러시아 민족주의자(pan-Russian nationalist)로 자신을 내세웠고, 옐친 정권이 쇠락하는 기간에는 러시아의 구원자 역할을 자임했다. 2001년 이후에는 자신의 활동분야를 만들어 나갔고, 2004년 이후에는 '색깔혁명(color revolution)'(역주: 조지아의 장미 혁명, 키르기지아의 튤립 혁명, 우크라이나의 오렌지혁명을 지칭)에 대한 방어자 역할을 자임했다. 2006년 이후에는 최소한의 경제 자유를 실험해 보았고, 러시아가 경제 원조를 줄이자 다방향(multiwinged) 외교를 시험했다. 2013년 우크라이나 사태 이후에는 분쟁 조정자를 자임하고 나섰다. 루카셴코는 기회주의자인 것은 분명하지만, 생존 능력이 대단히 뛰어난 정치가이다. 그가 옐친과 지리놉스키Vladimir Zhirinovskii로부터 인기주의

전략의 많은 것을 배운 것은 아이러니이다. 생존에 강한 모든 정치가가 그러하듯이 그는 카멜레온적인 자기 변신 능력을 가졌다. 어떤 이들은 그의 상황에 대처하는 유연성을 강조하기도 하고, 어떤 이들은 국민들에게 메시지를 전하는 능력을 높이 평가하기도 한다.

루카셴코가 집권 이후 지지율 기반을 잃지 않고 정권 연장에 성공하는 이유는 무엇보다 '전제적 구원자(authoritarian savior)'로서 자신을 내세우는 능력과 많은 관련이 있다. 그는 자신을 벨라루스 국가와 국민의 '아버지(batka)'로 내세운다. '아버지' 역할을 하기 위해서는 몇 가지 역할 사이의 균형을 유지해야 한다. 먼저 그는 자신이 내세운 '평등적 벨라루스 민족주의(Belarussian egalitarian nationalism)'라는 유사 이데올로기(quasi-ideology)가 약속한 비공식적 사회계약을 달성했다고 자임한다. 공식 자료에 의하면 1996년 503달러였던 평균 임금은 2010년 4.9배 늘어났고, 2010년 구매력 기준 1인당 GDP는 13,685달러가 되었다.(벨라루스가 민주주의를 지지하는 소득 수준으로 자주 언급되는 만 달러 경계를 넘어선 것은 아주 흥미로운 현상이다) 복지, 교육, 보건에 대한 지출은 GDP의 11-12%를 유지하고 있다. 두 번째 역할은 생활용품을 공급하는 능력이다. 2004년에 내세운 '편안하고 안락한 가정(tranquil and cosy home)'이라는 슬로건은 많은 주민들에게 호소력이 있었다. 밀폐된 곳에서 진행되는 부패는 분명히 있지만, 우크라이나나 러시아에 만연한 길거리 범죄나 마피아에 의한 혼란은 없다. 민스크의 거리는 깨끗하고 겨울이면 쌓인 눈이 바로 청소된다. 2차 대전에서 큰 희생을 치른 주민들은 외국과의 분쟁에 휩쓸리지 않은 것을 큰 다행으로 여긴다. 2010년의 한 조사에 의하면 루카셴코에게 권력이 집중된 것이 국가에 이롭다고 생각하는 비율은 44%였고, 권력집

중에 반대하는 비율은 38.5%였다. 세 번째는 자신이 정한 코스로 국가 건설을 해나가는 능력이다. 독립 초기 시민전선이 내세운 민족적 정체성은 큰 공감을 얻지 못했다. 루카셴코가 내세운 국가 정체성은 '혼성곡(pot pourri)'과 같다. 그는 자신의 통치를 정당화하는 소비에트 벨라루스 정체성을 유지하는데 많은 노력을 기울이고, 특히 2차대전에서의 영광된 승리의 신화를 강조한다. 레쉬첸코Natalia Leshchenko는 '1990년대에 시민전선이 잘못 내세운 민족주의를 루카셴코가 제대로 방향을 잡았다(Lukashenko got it right).'라고 평했다. (*Belarus – The Last Dictatorship of Europe* 255-260쪽에서 발췌 번역)

• 벨라루스는 어디로 향하는가?

소련이 붕괴되었을 때, 모범적 소련의 공화국이었다는 벨라루스의 자의식은 미래를 위한 계획을 만드는데 큰 도움이 되지 못하였다. 벨라루스는 다시 유럽과 러시아 사이에서 선택을 해야 하는 상황에 처했다. 유럽은 매력적이지만 익숙하지 않은 모델이었고, 소련의 사실상 후계자인 러시아는 현대의 벨라루스의 민족국가 건설의 성과를 일부라도 보존할 수 있는 현실적 모델이었다. 유럽 지향은 소수의 교육수준이 높고, 신념이 확실한 열정적인 애국자들이 추구한 모델이었다. 이들은 인간은 가난과 노예제도보다는 번영과 자유를 선호한다는 합리적 가정을 전제로 한 이상주의자들이었다. 러시아 지향론자들은 이들만큼 열정적이거나 지적이지 않았다. 이들은 먼 과거나 미래에서가 아니라 현재, 이곳에서 벨라루스의 국가성이 가시적으로 실현된 업적에 눈을 맞췄다. 국가는 추상적 대상이 아니었다. 국가는 일자리를 만들어주고, 연금을 지불하며, 아파트, 학교, 병원을 건설하는 주체였다. 모든 면에서 보아 벨라루스 국가성은 자비심이 덜하며 전체주의적인 러시아나, 덜 부지런한 우크라이나 국가성보다는 나았다. 국가는 벨라루스인들의 매일매일 생활의 중심이었다. 만일 이들이 유럽을 택하면, 사회적 상향이동, 적절한 번영, 수입과 직업의 안정 등의 익숙한 대로를 잃어버릴 수 있었다. 벨라루스인들은 국가에 전적으로 의지하지 않는 생활에 대한 기억이 없었다. 사실상 벨라루스인의 새 세대는 국가 덕분에 생활수준이 향상되고, 도시로 이주했으며, 교육을 받고 일자리를 찾았다. 벨라루스인들에게는 불확실한 미래를 위해서 이런 것들을 잃을 수 있는 모험을 할 동기가 전혀 없었다. 역사는 다른 국가 모델을 보여준 적이 없었다. 전체적으로 보아 소비에트 벨라루스는 벨라루스 국가건설 모델 중 가장 좋은 것이었다. 대통령에 당선된 루카셴코는 자신이 국가를 이전의 안정 상태로 되돌려 놓을 위임권을 국민들로부터 받았다는 것을 잘 인식했고, 1996년 이후 그는 이러한 기대에 맞게 행동했다.

 포스트 소비에트 시대에 가장 소련 모델에 가까운 정치와 경제 체제를 유지하고 있는 루카셴코 정권은 단순히 억압 정책에 의존해서 체제를 유지하고 있는 것은 아니다. 억압 정책이 강도가 높기는 하지만, 사회주의 경제를 유지하는 정부의 능력이 경제적 중앙집권주의, 대중적 독재, 사회적 통일성을 공고하게 하는데 중요한 역할을 했다. 루카셴코는 능숙하게 러시아에 의한 전적인 병합을 피해 가기는 했지만, 러시아의 경제적, 정치적 지원 없이는 존속할 수 없는 체제를 만들었다. 이러한 약점이 포스트 소비에트 시대의 사회주의 벨라루스를 소멸시킬지는 지켜봐야 할 일이다.

"과거를 지배하는 자가 미래를 지배한다"는 조지 오웰의 예언이 벨라루스의 미래를 말해 줄 것 같다. 러시아의 변경 지역(border land)이라는 위상으로 가능했던 벨라루스의 1차원적인 현대 역사는 미래의 발전에 있어서도 다른 대체적 시나리오를 상상하기 어렵게 만들었다. 국가의 거의 모든 경제 활동을 통제하는 국가는 대부분의 근로 국민들을 국가 고용인으로 만들었기 때문에 이들이 자신들의 생업을 보장하는 정권에 대해 정치적 도전을 할 것 같지는 않다. 루카셴코는 이런 소련 시대의 체제를 복원시켜 놓은 듯하다. 러시아가 벨라루스를 서쪽의 전략적 전초기지로 간주하는 한, 벨라루스 경제는 러시아의 명시적, 묵시적 지원에 의해 유지될 것이다. 현재 러시아는 유럽과 미국에 대항하여 자신의 입장을 점점 더 강하게 내세우고 있기 때문에 벨라루스와의 군사적 협력을 강화하고 벨라루스를 자신의 궤도 안에 머물게 하는데 필요한 대가를 치를 것이다. 러시아의 지정학적 필요성이 벨라루스의 경제를 지탱할 것이다. 따라서 현 정권을 흔들 야당이나 반대세력이 부상할 가능성은 아주 낮다. 벨라루스는 러시아의 한 지방이 되지도 않을 것이다. 제도적 유사성으로 인해 두 나라는 완전한 합병 없이도 정치적 목표를 달성할 수 있다. 벨라루스는 러시아 지도부가 현 구도의 유효성에 대한 생각을 바꾸지 않을 때까지 러시아의 변경 지역으로 남아있을 것이다.

　벨라루스에 대한 다른 추론도 가능하다. 시민 사회는 고유의 작동 기제가 있다. 전제적인 성향에도 불구하고 현 정권은 소련으로부터 주민의 생각을 통제할 전체주의적인 의지를 이어받지는 않았다. 인터넷 같은 새로운 도구나 로마카톨릭 같은 오래된 서구의 제도에 접하게 되면서 민심이 러시아제국에서 멀어지고 통합된 유럽에 다가가

도록 벨라루스의 시민사회가 발전할 가능성도 얼마든지 있다. 그러나 현재로는 이러한 시나리오를 뒷받침할 만한 사실적 근거가 거의 없다. 아마도 이러한 시나리오에 대한 탐구는 좀 더 많은 정보가 제공된 다음에야 가능할 것이다.(Belarus – A Perpetual Borderland 225-230쪽에서 발췌 번역)

- 벨라루스에 왜 시민사회와 민주주의 정착이 이루어지지 않는가 – 발트 3국과의 비교

벨라루스는 유럽에 대하여 어중간한 위치를 차지하고 있다. 벨라루스는 지리적으로는 유럽에 속하는 국가이지만, 유럽과 같은 정치적, 경제적 제도들을 만들어내지는 못하였다. 벨라루스가 유럽과 유라시아 사이에서 차지하는 접경적 위치를 이해하기 위해서는 최근에 동쪽으로 확장되는 유럽 경계선 안에 포함된 이웃 국가들의 위치를 살펴보아야 한다. 소련의 연방공화국으로서의 경험을 벨라루스와 같이 공유하고 있지만 최근에 유럽연합의 일원이 된 라트비아, 리투아니아, 에스토니아는 벨라루스의 지정학적 여건에 대한 시사점을 제공하고 있다.

기원전 430년 경 헤로도토스가 우랄산맥과 코카사스 산악지역을 외연으로 정한 유럽의 경계는 유럽적이라고 간주되는 정치구조와 사회제도의 지리적 경계와 일치한 적이 없었다. 유럽은 자주 순수한 지리적 경계보다는 정치적, 문화적 경계에 의해 정의되었다. 정치적 경계와 문화적 경계는 대개 일치하지 않았고, 문화적 '이웃(neighborhoods)'은 정치적 경계선을 뛰어넘었다. 지난 2-3백년 간 러시아(처

음에는 러시아 제국, 다음에는 소련)의 지배하에 있었던 유럽의 동쪽 변경지역에 위치한 대부분의 민족과 인종은 자신들을 유럽의 특수한 '이웃(neighborhoods)'으로 생각하는 경향이 있었다. 에스토니아는 700년을 거슬러 올라가 핀란드와의 언어적 유사성, 스웨덴, 덴마크와의 연계성을 강조했다. 라트비아는 튜톤기사단과 한자 동맹(Hanseatic League)을 통해 독일과의 연계성을 회고한다. 리투아니아는 오랜 기간 폴란드와의 관계에도 불구하고, 발트, 즉 독일-스칸디나비아의 '이웃'으로서 유럽에 진입하는 길을 찾았다. 우크라이나의 많은 지식인들은 1세기 이상 다민족 오스트리아 제국의 일부였던 서부 지방을 통해 '중부유럽(Mitteleuropa)'의 운명, 역사, 지적 환경과의 연계를 찾는다.

발트해에서 흑해에 이르는 크고 작은 국가들의 긴 연결고리에서 벨라루스는 따로 위치를 잡고 있다. 벨라루스는 유럽의 변경으로서 민족국가(nation-state) 설립을 꿈 꾼 대중적 운동이나 영향력 있는 지식인 그룹을 갖지 못하였다. 유럽 공동체의 일원이 되는 것을 희망한 벨라루스인들도 개별 유럽 국가들과의 밀접한 관계보다는 EU나 NATO같은 초국가적 기구에 가입이 허용되기를 바랐다. 이러한 태도는 최근의 유럽연합의 내부적 발전 경향과도 일치한다. 민족국가 개념보다는 초국가적 기구를 지향하는 하는 것이 오늘의 유럽 정치질서의 주경향이다. 통합된 유럽에 들어가기 위해서는 민족국가로서의 제도를 보존할 능력을 갖추는 것이 선결 조건이다. 국가성을 부분적으로나 전체적으로 유럽연합에 양도하려는 국가들은 먼저 국가성을 확실히 소유하여야 한다. 오늘날 후민족적인(post-national) 유럽에 여전히 적용되는 구시대적 민족주의의 영향력을 간과해서는 안된다. 유럽 연합이 경계선을 동쪽으로 확장하는 것을 가능하게 해준 지정학적 여건을 조성한 소련의 붕괴에 민족주의가 핵심적 역할을 했다는 사실도 잊어서는 안된다.

1980년대 말과 1990년대 초 독립으로 가는 길을 닦은 반공산주의 운동은 민족적 사고를 떠난 포스트모던적 이상에 의해 추진된 것이 아니었다. 초민족적 지배 체제에서 벗어나기 위해 소련의 연방공화국과 위성국가들은 독립국가로서 자신들의 존재를 정당화할 상징과 제도를 찾았다. 소련 붕괴 후의 변화를 설명하는 적절한 용어를 찾던 하버마스Juergen Habermas는 '교정적 혁명(rectifying revolution)'이라는 용어를 도입했다. 하버마스는 이러한 발전을 "일정 부분 거꾸로 회귀하는 혁명, 즉 이전에 놓쳤던 발전과정을 따라잡기 위한 터전을 마련하는 혁명"으로 규정했다. 이러한 혁명의 본질과 따라잡아야 하는 발전과정을 하버마스는 "오래된, 민족적 상징으로의 회귀", "양차 대전 간의 정치적 전통과 정당 구조를 지속하는 것"으로 설명했다. 20년 이상의 시간이 지난 지금 우리는 하버마스의 통찰력에 경의를 표한다. 동유럽 국가들은 초국가적 공동체에 들어가기 위해 민족국가를 부활시켜야 했다. '교정적 혁명'에 성공한 나라들은 점점 더 통합되는 유럽적 정치체(polity)에 들어간 반면, 다시 돌아갈 민족적 상징을 갖지 못한 나라들은 아직도 유라시아 대륙의 어두운 외곽에 갇혀 있다. 슬로베니아를 제외하고 유럽연합의 새로운 일원이 된 나라들은 1945년 이전에 독립적 민족국가로 존재했던 나라들이다.

러시아 서쪽에 위치한 소련의 구 연방공화국들 중 유럽연합에 가입한 세 국가인 에스토니아, 라트비아, 리투아니아는 1차 대전과 2차 대전 사이 약 20년 간 민족국가로 존재했다. 유럽연합의 외부에 남아

있는 벨라루스, 우크라이나, 몰도바 같은 국가는 1991년 소련 붕괴 후에 독립적 민족국가가 되었다. 1919년 독립국가가 된 발트 3국은 2차 대전 전까지 20년 간 독립을 유지했고, 소련 붕괴 후 독립을 얻은 벨라루스를 비롯한 다른 국가들은 25년 간 독립을 유지하고 있다. 독립 후 첫 15년을 비교해 보면 발트 3국과 벨라루스는 비슷한 길을 갔다. 이 기간 동안 발트 3국은 각각 국가적 제도와 상징들을 만들어내었고, 벨라루스도 70년 뒤 같은 작업을 하였다. 발트 3국과 마찬가지로 벨라루스에서의 정치적 발전과정은 비효율적인 민주제도로 시작하여 경제적 어려움을 겪은 후 비교적 '자애로운 독재(benign dictatorship)'로 바뀌었다. 그러나 양자의 차이는 민족적 제도(national institutions)와 이것과 연관된 상징의 의미에 있었다.

칼 포퍼는 "제도는 요새와 같다, 이것들은 잘 지어져야 하고 사람들에 의해 제대로 지켜져야 한다(institutions are like fortresses: they must be well-constructed and adequately manned)"라고 설파했다. 제도의 항구화를 위해서는 구조적인 면과 인적인 면이 모두 중요하다. 먼저 구조적 면을 보도록 하자. 민족국가와 관련된 제도는 어떠한 것인가? 일단 우선적으로 안정적이고 자율적인 정치체(polity), 단일 제품이나 단일 시장에 생존을 의존하지 않는 예측 가능한 경제, 통합적 기능을 유지하면서 사회적 변화를 수용할 수 있는 민족적으로 형성된 시민사회 등을 들 수 있다.

의회 정치는 양차 대전 기간 중의 발트 3국과 소련 붕괴 후의 벨라루스의 사회, 정치적 차이를 가장 선명히 보여주는 지표가 될 것이다. 발트 3국은 독립을 얻은 직후 서구 국가들의 헌법을 신중하게 연구한 후 헌법을 제정하였다. 이 헌법들은 당대 관측가들로부터 '극도

민주주의(ultra-democratic)'라고 평가받았다. 입헌민주주의가 독재로 대체되기 전(리투아니아에서는 1927년, 에스토니아와 라트비아에서는 1934년) 에스토니아와 라트비아는 각각 네 번의 의회선거를 치렀고 리투아니아는 세 번의 선거를 치렀다. 각 선거 때마다 8-20개 정당이 의회에 진출하여 기독민주당부터 공산당에 이르는 폭넓은 정치적 사상을 대변하는 의회를 구성하였다. 세 국가에서 모두 어느 정당도 절대 다수를 확보하지 못한 가운데 농민당과 사회민주당이 다수당을 형성하였다. 이러한 의회제도는 무정부적 비능률로 떨어지기 쉬웠고, 결국 와해되기는 했지만 장애가 없는 정치적 대화의 존재를 보장하였다.

벨라루스는 소련으로부터 의회 제도를 이어받았다. 1991년 독립 후에도 벨라루스는 소련 시대인 1990년 구성된 의회를 계속 유지했다. 최고회의라고 불린 의회는 10%의 의원만 야당 출신이었고, 나머지는 소련 시대의 고위관리들로 구성되어 있었다. 의회 구성은 1995년 임기가 끝날 때까지 변화 없이 지속되었다. 2기 의회에는 야당 출신 의원들이 조금 더 진출했다. 결론적으로 말해 벨라루스는 1996년 권위주의 통치가 시작되기 전 단 한 번의 의회 선거를 치렀다. 그나마 이 선거에서도 정당과 연계가 없는 소련 시대 엘리트 출신들이 다수를 차지했다. 외양적으로 볼 때 양차 대전 기간 중의 발트 3국이나 소련 붕괴 후의 벨라루스는 의회민주주의를 실현하고 있었다. 그러나 중요한 차이는 발트 3국은 민주 정치 실험을 계속하는 동안, 벨라루스는 1인 독재체제로 바뀌기 전까지 소련 시대의 정치 구조를 계속 유지하고 있었다.

완전한 경제적 자급자족은 현대 산업국가에서 불가능하다. 그러나

한 국가가 단일 수출 상품이나 하나의 대외교역 파트너에 경제의 생존을 의존하지 않기 위해서는 교역 상품이나 시장 구성에서 대외교역의 다양한 구성이 필수적이다. 양차 대전 사이 기간 중 발트 3국은 농산품, 목재, 직물류(에스토니아, 라트비아)가 주요 수출 품목이었다. 대체성이 강한 이러한 수출품들은 특정한 시장으로만 수출되지 않았고, 따라서 발트 3국의 수출은 특정 국가에만 의존하지 않았다. 영국과 독일이 가장 큰 수출 시장이었지만, 어느 국가도 전체 수출액의 1/3이상을 차지하지 않았다. 수입도 마찬가지였다. 어느 국가도 수입액의 1/3 이상을 차지하지 않았다. 당시 발트 3국의 경제는 현재의 서유럽국가들에 비해 현저히 낙후되었지만, 그렇다고 제3세계 국가와 같이 단일 상품 의존도가 높지는 않았다. 발트 3국 중 어느 국가도 얼마 전까지 이 국가들을 지배했던 소련에의 대외교역 의존도가 높지 않았다.

소련 붕괴 후의 벨라루스는 양차 대전 기간 중의 발트 3국에 비해 훨씬 발달한 산업을 소유하고 있었지만, 경제 발전이 소련 시대의 철저한 분업 생산에 의존하고 있었다. 이로 인해 벨라루스의 수출 상품은 다양한 공업생산품으로 구성되기는 하였지만, 러시아와 CIS국가로만 주로 수출되었다. 독립 후 오랜 기간 동안 러시아는 벨라루스 수출 총액의 2/3를 차지했다. 수입에서도 러시아가 차지하는 비중이 2/3가 넘었고, 석유와 가스는 전적으로 러시아에 의존했다. 벨라루스 정부는 에너지 수입원을 분산시키지 못하였기 때문에 러시아에 대한 경제 의존도는 아주 높았고, 벨라루스의 독자적 경제 생존을 어렵게 했다. 러시아와의 교역 관계에 균열이 생기면 벨라루스의 경제는 바로 몰락할 수밖에 없는 구조를 벗어나지 못했다. 러시아는 여러 차례 이러한 벨라루스의 경제적 약점을 정치적 협상 과정에서 지렛대로 이용했다. 결론적으로 말해, 발트 3국은 정치적으로나 경제적으로 유럽으로 열린 전통을 만들어냈으나, 벨라루스는 독립 후에도 러시아만을 향해 열린 상태를 유지하고, 유럽의 영향으로부터는 스스로를 보호하고 있다.

정치적 발전 과정에서 상징이 갖는 중요성은 여러 학자들에 의해 강조되었다. 정치적 실제(political reality)는 상징에 의해 조직된다는 주장은 너무 포괄적인 것으로도 볼 수 있지만, 여론을 형성하고 유지하는데 상징이 갖는 중요성은 무시할 수 없다. 이런 관점에서 오늘날 벨라루스의 정치적 상징주의(political symbolism)의 중요한 면들을 분석해 볼 필요가 있다.

상징적 환경의 가장 지속적 요소들은 거리 이름, 국가적으로 중요한 건물의 복원, 기념물의 보존이나 건축 등 눈에 들어오는 도시 전경에 잘 반영되어 있다. 벨라루스에서 가장 큰 도시인 민스크는 수많은 거리, 도로, 공원 이름에 전 소련 시대의 상징들을 보여준다. 시내 중심부의 거리는 마르크스, 엥겔스, 레닌의 이름 뿐 아니라, 키로프, 쿠이비셰프, 제르진스키 등 소비에트 정권 초기 볼셰비키들의 이름을 가지고 있다. 이러한 상황은 벨라루스의 5대 도시인 고멜, 비텝스크, 모길레프, 그로드노에서도 발견된다. 이러한 소련 시대와 관련된 이름들은 행인들에게 소련 지배에 부상한 현대 벨라루스와 관련이 있는 사건, 개인, 사상들을 상기시킨다.

소련은 25년 전에 해체되었고, 소련을 승계한 러시아는 이웃 국가의 상징적 환경에 큰 관심을 가지고 있지 않다. 이미 사라진 소련의 정치인들, 철저한 오류로 증명된 사상들, 더 이상 존재하지 않는 기관들, 문명사회에서 불행으로 여겨지는 사건들을 기념하는 것은 벨라루스인들 자신이다. 천 년 이상 된 벨라루스의 역사에서 벨라루스는 70년간 만 지속된 소비에트 시대를 시민들의 생활을 규정하는 전통, 사상, 상징의 공급원으로 보고 있는 것이다. 강력한 통제 체제에 의해 지배되는 벨라루스에서 오래된 상징을 보존하고 새로운 상징을 도입하는 것을 결정하는 것은 정부라고 주장할 수도 있다. 이것이 사실이라도 벨라루스 주민들은 자신들의 생활에 소련의 상징들이 깊이 스며드는 것에 큰 저항을 보이지 않는다. 1995년 루카셴코가 소련 시대의 상징들을 복원시키기로 결정한 이후로도 그의 지지도는 하락하지 않았고, 야당보다 훨씬 높은 지지도를 유지해 왔다.

벨라루스는 경제적으로, 정치적으로, 상징적으로 반복적으로 소비에트 시대로 회귀하고 있고, 그만큼 유럽에서는 멀어지는 길을 택하고 있다. 베네틱트 앤더슨 Benedict Anderson이 민족국가들(nation-states)을 '상상적 공동체들(imagined communities)'로 서술했을 때, 상상은 역사적 공백에서 나오는 것이 아니다. 정치 지도자들이 현재와 미래의 정치적 구조를 정당화하기 위해 역사를 선택적으로 읽을 때, 그들은 실제로 일어난 사건들을 지적해야 한다. 한 국가의 역

민스크의 레닌 동상

사는 서로 경쟁하는 이미지들이 건축용 벽돌들(building blocks)과 같은 요소를 이룬다. 소련 시대는 현재의 정치 체제를 정당화하는데 유리한 위치를 점하고 있는 것은 사실이지만, 벨라루스 역사의 전 과정에서 현재의 민족국가 형성과 벨라루스 민족적 정체성을 형성하는데 소련 시대 이상으로 크게 기여한 시기와 과정이 있었는지를 찾는 것도 매우 중요하다.(*Belarus – A Perpetual Borderland* 15-25쪽에서 발췌 번역)

부록

벨라루스 역사 연표

5세기까지	슬라브인들 공통슬라브어(common Slavic) 사용
6-7세기	슬라브인들이 미래의 벨라루스 땅에 도착
862년	연대기 '지나간 시절의 이야기(Tale of the Bygone Years)'에 폴로츠크 최초로 언급
10세기	폴로츠크는 벨라루스 지역의 가장 중요한 권력 중심지로 부상하여 노브고로드, 키예프와 경쟁
988년	블라디미르 대공에 의해 키예프 루스 기독교화됨
1021년	브랴체슬라브와 야로슬라브의 수도마 강 전투
1044-66년	독자적 공국의 상징으로 폴로츠크에 성 소피아 성당 건립
11세기 후반	브세슬라브 치세. 폴로츠크공국 영토 확장
1067년	네미가 강의 혈전. 오늘날 벨라루스의 수도인 민스크가 최초로 언급됨
1116년	블라디미르 모노마흐 민스크공국 파괴
1120-73년	브세슬라브 공의 손녀인 성 유프로신의 교육자와 성직자로서의 생애
1127년	루스 공후 연합군 폴로츠크 공격
1161년	보석세공가 보그샤 벨라루스 예배의 가장 소중한 성물로 기념되는 유프로신 십자가

	제작
1201년	독일인들 리가에 요새 건설하여 폴로츠크공국의 발트해 진출 봉쇄
1203년	폴로츠크공국과 '검의 형제 기사단' 최초 충돌
1240-63년	동부 리투아니아와 서부 벨라루스 지역을 통합하여 리투아니아 대공국을 만든 민다우다스의 통치
1251년	민가우다스 카톨릭 수용
1293-1316년	비테니스 대공 재위
1316-41년	게데미나스의 통치
1323년	리투아니아 대공국의 수도를 빌나로 옮김
1341-77년	알기르다스 통치
1385년	크레보 연합. 요가일라는 폴란드 여왕과 결혼함으로써 폴란드와 개인적 연대를 이루고 리투아니아의 기독교화를 약속함
1386년	민스크, 나바흐루닥, 비텝스크를 관장하는 카톨릭교회 빌노 교구 설치
1390년	비타우타스와 튜톤기사단의 빌노 전투
1392년	비아투타스 대공 폴란드왕 야기예워(요가일라)에 의해 리투아니아 대공국의 지도자로 인정되어 1430년까지 통치
1410년	그룬발트 전투. 폴란드와 리투아니아 연합군은 튜톤기사단 격파
1432, 1434, 1447년	왕령으로 카톨릭교도와 정교회교도의 동등한 권리 선언

1432-40년	리투아니아 내전
1437년	카톨릭의 강제적 전파를 위한 대심문제도 도입
1440년	얀 카지미르 폴란드-리투아니아 왕위에 오름
1468년	리투아니아 대공국 최초의 형사법과 절차법인 카지미르 법령집 편찬
1498년	폴로츠크시 마그데부르그(자치시) 지위 획득
1499년	민스크시 마그데부르그 지위 획득. 빌나에 벨라루스 최초의 인쇄소 만들어짐
1517년	루터의 '95개항'이 종교 개혁 촉발
1517-19년	프란시스크 스카리나가 프라하에서 벨라루스어로 성경 번역·출판
1521년	이태리 출신의 리스마니니 리투아니아 궁정에 종교개혁 사상을 설파
1542년	지기스문트 1세 개신교 사상 전파 금지하는 포고령 발표
1544년	'세임' 지기스문트 2세 아우구스투스 왕으로 추대
1561년	2차 리투아니아 법령집 초안 세임에 제출
1566년	2차 리투아니아 법령집 효력 발생
1569년	루블린 연합. 폴란드와 리투아니아의 정치적 결합으로 폴란드-리투아니아 연합 성립. 1569년 마기를 단장으로 하는 20명의 예수회 사제들 빌나에 도착
1573년	바르샤바 연방회의(Warsaw Confederation) 종

	교 앞의 평등 선언
1573-76년	궐위 시대
1576-86년	귀족이자 뛰어난 군지휘관인 출신인 스테판 바토리 재위
1577년	모길례프시 마그데부르그 지위 획득
1579년	벨라루스의 첫 고등교육기관(대학)이라 할 수 있는 과학아카데미 빌노에 설립
1581년	민스크시 마그데부르그 지위 획득
	폴로츠크에 예수회 학교 설립
1587-1643년	지그스문트 3세 바사 재위
1597년	비텝스크시 마그데부르그 지위 획득
1648년	얀 카지미르가 폴란드와 리투아니아 대공국 왕으로 선출됨
1648-49년	우크라이나 코자크와의 전투
1654년	코자크 게트만 흐멜니츠키 러시아와 페레야슬라브 조약 맺음
1654-67년	폴란드-리투아니아 연합과 러시아 전쟁 지속
1655년	폴란드 의회 의원들 국정 마비의 원인이 된 '자유 비토권(liberum veto)' 획득
1667년	안드루소보 조약 체결로 벨라루스, 우크라이나에서 폴란드 영향력 약화
1669년	미하일 비쉬네베츠키가 폴란드와 리투아니아 대공국 왕으로 선출됨
1674년	얀 소비예스키 폴란드왕 즉위
1686년	러시아-폴란드 '영구평화' 조약 체결

1696년	리투아니아 대공국의 관청 언어가 벨라루스어에서 폴란드어로 바뀜
1697년	아우구스투스 2세 폴란드왕 즉위
1707-21년	북방 전쟁
1733-63년	폴란드왕 아우구스투스 3세 재위. 폴란드 국정 마비, 국력 급격히 약화
1764-95년	폴란드 마지막 왕 포냐토우스키 재위
1767년	러시아의 후원 아래 카톨릭에 반대하는 정교회, 캘빈주의자, 루터교 귀족들의 '종교연합' 결성
1772년	러시아, 프러시아, 오스트리아에 의한 폴란드 1차 분할
1776년	대부분의 벨라루스 시와 읍이 마그데부르그 지위 상실
1793년	폴란드 2차 분할
1794년	코쉬우스코가 이끄는 반러시아 봉기 발생
1795년	폴란드 3차 분할. 벨라루스 지역 러시아에 완전 복속
1796년	러시아에 의한 벨라루스 지역 행정 개혁
1812년	나폴레옹의 러시아 침공
1830-31년	반러시아 봉기
1832년	빌노대학 폐교
1839년	러시아 정부 벨라루스에 정교회 공의회 설립
1848년	2월 프랑스 혁명을 시발로 유럽 주요 국가에 자유주의 혁명 발생

1861년	러시아 농노제 폐지
1863-64년	폴란드, 벨라루스, 리투아니아에서 대규모 반러시아 봉기. 칼리노우스키 반란
1882-1942년	벨라루스의 민중 시인이자 민족적 예언가의 얀카 쿠팔라Yanka Kupala 생애
1882-1956년	벨라루스의 가장 위대한 시인 중 하나인 야콥 콜라스Yakob Kolas 생애
1882년	빌노에서 '인민의 의지(Narodnaya Volya)' 결성
1897년	벨라루스 전 지역의 유대인 대표자들 빌노에서 열려 '분트(Bund)'라고 불리는 '유대인 노동자총회(General Jewish Workers' Union)' 결성
1898년	민스크에서 '러시아 사회민주노동당(Russian Social Democratic Labor Party)' 창당대회 개최
1905년	1월 상트 페테르부르그 '피의 일요일'
1914년	7월 1차 세계 대전 발발
1917년	3월 러시아 혁명으로 니콜라이 2세 하야
1917년	11월 러시아 볼셰비키 혁명
1918년	타라쉬케비치의 벨라루스어 문법책 출간
1919년	1월 벨라루스 소비에트사회주의공화국 출범
1922년	1월 소비에트사회주의연방(USSR) 성립
1927년	4월 벨라루스사회주의공화국 헌법 채택
1930년	비밀경찰(Cheka) 반혁명 조직인 '벨라루스해방동맹' 적발 발표와 주요 인사 처벌

1939년 9월	2차 세계 대전 발발
1941-44년	독일군의 벨라루스 점령. 약 220만 명 희생, 209개 도시와 9,200개 마을 파괴
1945년 4월	벨라루스 UN 창립회원국 됨
1985년 3월	고르바초프 소련 공산당 서기장 취임
1986년 4월	26일 체르노빌 원전 사고
1989년 6월 24일	빌니우스에서 벨라루스 시민전선(People's Front) 창설
1991년 8월 25일	벨라루스 독립 선언
1991년 12월 8일	벨라루스, 러시아, 우크라이나 독립국가연합(CIS) 형성
1992년 5월 23일	벨라루스 리스본의정서(Lisbon Protocol)에 서명하여 비핵무장 선언
1994년 3월 15일	헌법 개정
1994년 7월 10일	루카셴코 대통령 당선
1996년 11월 24일	헌법 개정안 통과
1997년 4월	러시아-벨라루스 연합 조약 조인
1999년 12월 8일	벨라루스의 루카셴코대통령과 러시아 옐친대통령 공동 국가 협정 서명
2001년 9월 9일	루카셴코 2기 대통령 당선
2004년 10월 17일	연임제한 철폐 개헌
2006년 3월 19일	루카셴코 3기 대통령 당선
2010년 12월	루카셴코 4기 대통령 당선
2014년 9월 5일	우크라이나 사태 해결을 위한 '민스크 협정' 체결

2015년 2월	러, 우, 독, 불 정상 '민스크 평화협정' 체결
2015년 10월 9일	벨라루스 소설가 스베틀라나 알렉세비치 노벨 문학상 수상
2015년 10월 12일	루카셴코 5기 대통령 당선
2015년 10월	벨라루스에 대한 유럽연합의 제재 조치 잠정 해제